本专著的出版得到国家自然科学基金（71701065、71871228、51875503与51975512）与浙江省自然科学基金（LY20G010006）的资助

多值中智多准则决策方法及应用

彭娟娟　王坚强　张帅　张文宇◎著

知识产权出版社
全国百佳图书出版单位
—北京—

图书在版编目（CIP）数据

多值中智多准则决策方法及应用/彭娟娟等著．—北京：知识产权出版社，2020.4
ISBN 978-7-5130-6808-6

Ⅰ．①多…　Ⅱ．①彭…　Ⅲ．①决策方法—研究　Ⅳ．①C934

中国版本图书馆 CIP 数据核字（2020）第 040039 号

内容提要

本书共 8 章，以现有的中智集与模糊集相关理论为基础，对多值中智多准则决策方法与应用展开了系统研究。本书定义了多值中智集成算子、多值中智距离测度、多值中智占优关系与多值中智可能度，分别提出了相应的基于集成算子、距离测度、占优关系与可能度的多值中智多准则决策方法，并应用于不同的实际决策问题。本书可作为科研机构与高等院校科研工作者研究决策问题的参考书，也可作为管理科学与工程专业学生的参考教材。

策划编辑：李　瑾　　**责任校对**：王　岩
责任编辑：韩　冰　　**责任印制**：孙婷婷

多值中智多准则决策方法及应用

彭娟娟　王坚强　张　帅　张文宇　著

出版发行：知识产权出版社有限责任公司　**网　　址**：http://www.ipph.cn
社　　址：北京市海淀区气象路 50 号院　**邮　　编**：100081
责编电话：010-82000860 转 8126　**责编邮箱**：hanbing@cnipr.com
发行电话：010-82000860 转 8101/8102　**发行传真**：010-82000893/82005070/82000270
印　　刷：北京九州迅驰传媒文化有限公司　**经　　销**：各大网上书店、新华书店及相关专业书店
开　　本：720mm×1000mm　1/16　**印　　张**：12.25
版　　次：2020 年 4 月第 1 版　**印　　次**：2020 年 4 月第 1 次印刷
字　　数：205 千字　**定　　价**：69.00 元

ISBN 978-7-5130-6808-6

/前　言/

近年来，模糊多准则决策理论与方法被广泛应用于系统综合评价、旅游推荐、产品定价、风险投资以及医疗诊断方案评价等实际决策问题，其相关理论也被学者们深入研究。随着信息时代的来临，决策者个人知识结构、判断水平等主观能力持续提升，决策问题、决策环境等客观条件也日趋复杂，现有的模糊集理论已无法全面描述当前的决策信息。多值中智集作为决策理论的研究热点，不仅能从多个角度对事物进行评价，而且提供了更全面的模糊信息表达方式，有助于决策信息的收集与整理。因此，多值中智集的引入使决策者更容易且更准确地表达自己对事物属性的判断，从而对现实决策问题做出更合理、更有效的决策。本书结合中智集、单值中智集、直觉模糊集与犹豫模糊集的相关研究，提出一系列多值中智多准则决策方法，并应用于现实决策问题。本书可以作为管理科学与工程学科的科研工作者和研究生的参考书，也可以作为本科生与研究生决策方法相关课程的参考教材。

本书所提出的多值中智多准则决策方法是笔者近年来科研工作的概括和总结，主要包括以下几方面内容。

（1）基础理论：介绍了本书的研究背景、意义以及国内外研究现状，同时对直觉模糊集、犹豫模糊集以及中智集的定义、运算规则进行了简单的介绍，并对单值中智集运算规则存在的问题进行了分析，为后续研究提供了理论基础。

（2）基于集成算子的多值中智多准则决策方法：结合直觉模糊集、犹豫模糊集、单值中智集与 T 模、S 模，定义了基于 T 模、S 模的多值中智数的运算规则，并探讨不同 T 模与 S 模条件下的多值中智数的运算规则；定义了一系列基于 T 模、S 模的集成算子，包括加权平均算子、几何平均算子、有序加权平均算子、有序几何平均算子、混合加权平均算子与混合几何平均算子；定义了指数加权平均算子与指数几何平均算子，同时分别提出了基于 T 模、S 模集成算子的多值中智多准则决策方法与基于指数集成算子的多值中智多准则群决策方法，并结合实例对两种方法进行比较分析，验证所提方法的可行性和有效性。

（3）基于距离测度的多值中智多准则决策方法：定义了一般多值中智距

离、一般多值中智 Hausdorff 距离、一般加权多值中智距离与一般加权多值中智 Hausdorff 距离；结合所提距离公式，针对准则权重信息不完全确定的多值中智多准则决策问题提出了相应的决策方法，即基于 TOPSIS 的多值中智多准则决策方法；结合 VIKOR 方法原理，提出了基于 VIKOR 的多值中智多准则决策方法，得到最优折衷方案集，并用实例对两种方法进行比较分析。

（4）基于 ELECTRE 的多值中智多准则决策方法：结合 ELECTRE 方法原理，定义了多值中智数的一致性指数、非一致性指数与占优关系，讨论了相关性质，并结合 ELECTRE 方法原理，提出了基于占优关系的多值中智多准则决策方法，结合实例给出详细的决策过程。

（5）基于 QUALIFLEX 的多值中智多准则决策方法：结合 QUALIFLEX 方法定义了基于可能度的多值中智数偏好关系，给出了基于可能度的全序比较方法，讨论了相关性质，同时给出了多值中智数与理想解之间的距离；结合 QUALIFLEX 方法，分别提出了基于可能度的多值中智 QUALIFLEX 多准则决策方法与基于距离的多值中智 QUALIFLEX 多准则决策方法，并结合实例对两种方法进行比较分析。

（6）应用分析：将前面所提的一系列多值中智多准则决策方法应用于汽车零部件供应商选择问题，并结合已有方法进行比较分析，以验证方法的有效性和可行性。第 8 章对本书的主要工作进行总结，并对今后的研究方向做出展望。

本书对多值中智多准则决策方法及应用进行了系统研究，提出了一系列相应的多准则决策方法，并将其应用于汽车零部件供应商选择与其他实际决策问题。本书的研究内容不仅能丰富决策理论与方法体系，而且能提高实际问题的决策质量，具有重要的理论价值和现实意义。

本书是彭娟娟副教授博士阶段研究成果的总结，同时也体现了彭娟娟副教授与王坚强、张帅、张文宇三位教授合作的部分成果。本书的出版得到了国家自然科学基金项目（71701065、71871228、51875503 与 51975512）与浙江省自然科学基金项目（LY20G010006）的资助，特此致谢。同时，浙江财经大学的田超老师参与了本书的编辑与整理工作，在此表示感谢。若书中存在不足之处，殷切希望同行专家和广大读者批评指正。

彭娟娟

2020 年 3 月

目　录

1 绪论

1.1 引言

1.1.1 研究背景与意义

在日益复杂的社会系统中，一项成功的决策往往需要考虑多个影响因素（准则）。这种同时涉及多个准则，从有限的备选方案中选择决策者最满意方案的决策问题被称为多准则决策（Multi-Criteria Decision-Making，MCDM）问题。

近年来，多准则决策（群体或单人）理论与方法已经成为现代决策科学的重要研究内容，得到了快速发展，并广泛应用于企业投资方案的选择、供应商的选择与人力资源的评价等多准则决策问题。因现实决策问题的复杂性与不确定性以及决策者知识结构、判断水平和个人偏好等主观因素的影响，决策者很难用单个精确的数值对相关方案的准则进行评价，或使用数值评价的成本过高。此时，针对方案的部分准则，决策者采用直觉模糊集、犹豫模糊集等更容易表达自己的判断结果。然而，在决策过程中，决策者选择的目标需要尽可能地避免失望或后悔，获得尽可能高的满意程度，但由于信息的不确定性和不完全可得性，当多个决策者对方案的准则进行评价时，存在一定程度的支持、反对和不确定，三个因素之间相互独立，取值范围都在[0,1]内，且三者之和可能大于或小于1。此时，采用模糊集及其扩展形式（直觉/区间值直觉模糊集、犹豫/区间值犹豫模糊集等）都无法较好地处理这类问题，而采用中智集（单值中智集、区间值中智集、多值中智集等）能准确地描述这类信息。与采用模糊集及其扩展形式相比，采用中智集可从多个角度对事物进行评价，有助于信息的收集，并提供更全面的模糊信息表达方式，使决策者更容易且更准确地表达自己对事物属性的判断，从而对现实决策问题做出更合理、更有效的决策。例如，对医疗手术方案进行评价时，各相关科室专家根据自身知识背景，对手术难度、手术效果、术后并发症、医疗费用、住院时间等准则给出相应评价值，其既可以单独给出支持、反对或不确定程度，也可以同时给出支持和不确定程度等，且支持、反对和不确定程度三者相互独立，取值范围均在[0,1]内。同时，为了更准确地描述决策者的评价信息，可筛选若干有效的原始评价值等，以多值中智集的形式表示。除此之外，环境质量评价、城镇化程度评价和环境服务商选择等评价问题也可以采用多值中智多准则决策方法解决。

中智集及其相关多准则决策问题的研究才起步，涉及多值中智集的研究更少。多值中智集是直觉模糊集和犹豫模糊集的扩展，虽然基于直觉模糊集和犹豫模糊集的相关决策方法可以扩展到基于多值中智集的多准则决策问题中，但现有的关于模糊集及其相关多准则决策方法的研究还存在一些不足。同时，虽然多值中智集具有直觉模糊集、犹豫模糊集所不具有的特性，但若将直觉模糊决策方法直接应用到多值中智集决策环境中，则在大部分情况下是不可行的。此外，采用多值中智集对决策评价信息进行全面、准确的描述，能有效地提高决策的准确性。因此，对基于多值中智信息的多准则决策问题进行系统研究，不仅能丰富决策理论与方法，而且能提高实际问题的决策质量，具有重要的理论价值和现实意义。

1.1.2 研究目的

本书主要是针对多值中智集多准则决策问题，利用模糊集、直觉模糊集和犹豫模糊集等集合理论和方法，对多值中智集的运算规则、比较方法、距离以及相关测度等进行深入研究。根据中智集多准则决策问题的特点，借鉴现有不确定性决策理论的思想，提出一系列基于算子、测度、占优关系与可能度等的多值中智集多准则决策方法。同时，针对供应商选择、人力资源评价、科技项目评审等实际相关多准则决策问题，将所提方法应用到相关决策问题中，分析不同决策方法所得结果的差异，再与实际情形进行比较，以验证所提方法的有效性和可行性。

1.2 国内外研究现状

近年来，多准则决策问题研究已成为决策领域的研究热点，并取得了一些研究成果。然而，现有的多准则决策研究主要集中在模糊集、直觉/区间值直觉模糊集、犹豫/区间值犹豫模糊集等方面，这些表达方式还不能很好地表达决策者的意愿，如不同的专家会有不同的决策态度，有些趋于中立或不确定，有些趋于保守或反对，而有些则趋于冒险或支持。此时，中智集则是一种行之有效的解决办法。因此，下面分别从直觉模糊集、犹豫模糊集与中智集三个方面进行文献综述与分析。

1.2.1 直觉模糊多准则决策方法研究现状

1. 基于模糊数/区间值模糊数的多准则决策方法的研究现状

国内外有不少学者对准则权重系数确定或为模糊数且准则值为模糊数的多准则决策问题或群决策问题进行了研究[1-6]，如徐泽水、樊治平、李荣钧、李登峰、任雪昆、梁吉业、张尧、张强、徐玖平、刘业政、卫贵武、万树平、董九英、龚艳冰、魏翠萍、谭春桥、王坚强等。该部分的研究可以利用模糊数的排序方法，从而对决策方案进行排序[7]。但是仅利用模糊数进行决策有很大的局限性，现在更多的研究是对其进行扩展，以便更好地处理现实生活中的复杂问题。如 Renato 等[5]提出了一种基于前景理论和模糊数的复杂方法来解决不确定的多准则决策问题。Li[8]针对属性值是区间值直觉模糊数且偏好信息不完全的多属性决策问题，在非线性规划方法的基础上建立了接近程度来解决多属性决策问题。Li[9]针对属性值和权重均为直觉模糊数的多属性决策问题，提出了一种求解方法。Hu 等[6]提出了一种基于区间二型模糊数的多准则决策方法。

在实际决策中，决策者更容易给出准则权重系数的不完全确定信息，而对这种准则权重系数信息不完全确定且准则值为模糊数的多准则决策问题的研究并不很多，主要有徐泽水、梁昌勇、卫贵武、刘培德、王坚强等进行了相关的研究。王坚强[10,11]定义了模糊效用函数，提出了信息不完全确定的模糊多准则 UTA 方法，避免了对模糊数进行规范化处理的不足。准则权重系数信息不完全确定且准则值为模糊数的多准则决策方法主要是通过构建优化模型求得最优权重系数，之后再进行集成。由于模糊数存在局限性，近年来多集中在对其进行扩展的研究。

2. 基于直觉模糊集/区间值直觉模糊集的多准则决策方法的研究现状

直觉模糊集由 Atanassov[12] 提出，它同时考虑了隶属度、非隶属度和犹豫度这三方面信息，可描述非此非彼的模糊概念，是对 Zadeh 模糊集理论的扩展。由于直觉模糊集更容易用区间值表示，Atanassov 和 Gargov[13] 提出了区间值直觉模糊集的概念，定义了基本运算规则[14]，它的灵活性和实用性引起了众多学者的关注。国内外众多学者对直觉模糊集/区间值直觉模糊集的多准则决策方法进行了大量研究并取得了不少成果。如徐泽水、李登峰、樊治平、陈剑、达庆利、刘思峰、魏翠萍、卫贵武、龚艳冰、丁德臣、巩在武、谭春桥、张玉忠、Szmidt、Kacprzyk、王坚强等，其研究主要集中在以下几个方面。

（1）直觉模糊集/区间值直觉模糊集的基本理论研究

直觉模糊集/区间值直觉模糊集的基本理论研究主要集中在性质、运算规则、集成算子、相似性测度、距离测度、关联测度、模糊熵、记分函数、包含度等方面。这方面的文献很多，如 Zhao 与 Wei[15] 提出了基于直觉的 Einstein 混合集成算子；Reiser 等[16] 概括了区间值直觉模糊集的含义、结构和性质，并对其进行了描述；龚艳冰等[17] 定义了直觉模糊集的相似性测度；Zeng[18] 在 Xu 和 Chen[19] 有序加权距离算法的基础上，提出了其在直觉模糊和区间值直觉模糊环境下的新算法；Pal 等[20] 讨论了直觉模糊集的不确定性；Szmidt 等[21] 提出了针对直觉模糊集传递信息数量的测量方法；吕跃进和徐改丽[22] 利用灰色关联度的思想来确定专家权重，优化准则权重系数，以此对方案排序；Zhang 和 Xu[23] 利用直觉模糊集的相似度和准确度提出了一个新的排序规则；魏翠萍等[24] 定义了区间值直觉模糊点算子和一系列记分函数；Pei 和 Zheng[25] 针对直觉模糊提出了改进的记分函数和改进的准确度函数；Xu 和 Xia[26] 提出了基于逐渐消除占优候选项的多准则决策方法；Yue 和 Jia[27] 用脆值表示对每个属性的单个决定，提出了一个软计算模型；Zhang 等[28] 提出一个新的区间值直觉模糊熵的定义和计算方法，利用区间值直觉模糊熵来评估属性权重；Chen 等[29]利用余切函数提出新的区间值直觉模糊集的熵度量，克服了一些现存的区间值直觉模糊熵估量方法的限制，建立能确定熵权重的模型。

除此之外，直觉模糊集的集成算子以及应用也得到了大量的研究，如 Meng 和 Zhang[30]提出了广义直觉模糊混合 Choquet 平均算子；Li 和 He[31]提出了“与”模糊优先算子和“或”模糊优先算子；Yu 和 Xu[32]提出了新的直觉模糊数比较方法和直觉模糊优先集成算子以及直觉模糊有序加权平均优先集成算子；Meng 等[33]提出一个诱导广义区间值直觉模糊混合夏普利平均算子，在此基础上 Meng 等[34]进行了拓展，提出算术区间值直觉模糊广义夏普利 Choquet 算子和几何区间值直觉模糊广义夏普利 Choquet 算子；Wang 和 Liu[35]提出 Einstein 几何算子、区间值直觉模糊 Einstein 加权几何算子等；Zhou 等[36]提出连续区间值直觉模糊有序加权平均算子；Liu[37]提出 Hamacher 聚合算子，如区间值直觉模糊 Hamacher 加权算术平均算子、区间值直觉模糊 Hamacher 有序加权算术平均算子等；Qi 等[38]为了减少不公平参数的影响，提出基于高斯分布的一些区间值直觉模糊算子，并将相关算子应用到相应的多准则决策问题中；Su 等[39]提出了诱导广义直觉模糊有序加权平均算子；He 等[40]提出了基于直觉的中智平均算子，并应用于多准则决策问题。

（2）经典的多准则决策方法扩展到基于直觉模糊集/区间值直觉模糊集的多准则决策

已有不少多准则决策方法均扩展到基于直觉模糊集/区间值直觉模糊集的多准则决策中。如卫贵武[41]提出了基于投影的直觉模糊多准则决策方法；Wang 等[42]指出了现有直觉模糊记分函数的不足，给出了新的记分函数，针对区间值直觉模糊集提出了一种新的多属性决策方法；在直觉模糊集和交叉熵的基础上，Wang 和 Li[43]提出了记分函数法和加权记分函数法两种改进的多属性决策方法；Wu 等[44]提出基于 AHP 的区间值直觉模糊多准则决策问题；张尧和樊治平[45]基于随机占优思想，提出了具有混合信息的随机多属性决策方法；Liu 等[46]为了解决区间值直觉模糊多准则决策问题，引入拓展的 TOPSIS 方法；Joshi 和 Kumar[47]根据直觉模糊集的熵与距离，提出了基于 TOPSIS 的直觉模糊多准则决策方法。

（3）基于直觉模糊集/区间值直觉模糊集的群决策方法

一些学者将直觉模糊集/区间值直觉模糊集应用到群决策。如 Tan[48] 利用模糊测度定义了广义直觉模糊几何集成算子，较好地解决了多准则群决策中属性相依和专家偏好交互的问题；Xu[49] 提出了基于偏差的方法解决直觉模糊多准则群决策问题；Ye[50] 利用熵的权重模型来解决权重信息未知的情况；Wei[51] 定义了若干直觉模糊诱导几何集成算子，并将其扩展到区间值直觉模糊多准则群决策中；Yue 和 Jia[52] 根据 TOPSIS 方法，结合乐观系数解决了决策者的权重问题，提出了区间值直觉模糊数的群决策问题的解决方案；戚筱雯等[53,54] 针对决策信息为区间值直觉模糊数且属性权重完全未知的多准则群决策问题，分别提出了自收敛算法和基于信息熵的决策方法；Chen[55]、Wang 和 Liu[56] 提出了拓展的多维偏好分析的线性规划方法，在区间值直觉模糊框架下解决了多准则群决策问题；Wan 和 Dong[57] 基于 Karnik-Mendel 算法，定义了有序加权平均算子和混合加权平均算子，从而实现排序；Tan[58] 提出了 Choquet 积分的区间值直觉模糊多准则群体决策方法；Yadav[59] 提出了基于 ELECTRE 的直觉模糊多准则群决策方法。

虽然基于直觉模糊集/区间值直觉模糊集的决策方法有很多，但运算规则和比较规则还存在一些问题，主要是指使用不同的运算规则和比较规则将导致不同的决策结果。因此，寻求更合理、更适应的直觉模糊集/区间值直觉模糊集运算规则和比较规则已成为一个研究热点。除此之外，提出了很多解决问题的实际模型，怎样构造并选择适当的模型也成为当前的研究焦点。

1.2.2 基于犹豫模糊集的多准则决策方法研究现状

随着社会的快速发展，客观世界变得越来越复杂和不确定，由于人们思维能力和所掌握的知识水平的提高，用于表达信息的方式也发生了改变。在决策时，很多决策者常常在多个决策信息之间犹豫，同时决策者之间不能相互妥协，使得最终的决策结果难以达成一致[60]。于是，Torra[61] 提出了模糊集的另一种广义形式，即犹豫模糊集，犹豫模糊集的隶属度是几个可能的值的集合，更能表现出决策的实际情境。然而，由于犹豫模糊集理论比较新颖，对这方面的研究相对较少，且主要集中在运算规则、集成算子、相关测度和拓展形式等方面。

1. 犹豫模糊集运算规则与集成算子研究

Xia 和 Xu[62]根据犹豫模糊集与直觉模糊集之间的关系定义了犹豫模糊集的运算规则，但其不满足一些基本的运算性质；在此基础上，Xia 等[63]提出了一系列新的犹豫模糊信息集结算子，并且详细地讨论了这些算子的性质；Wei[64]提出了基于犹豫模糊优先级加权平均算子和犹豫模糊优先级加权几何算子的多准则决策方法；Yu 等[65]提出了基于广义犹豫模糊优先加权平均算子和广义犹豫模糊优先加权几何算子的多准则决策方法；针对准则关联的犹豫模糊决策问题，Zhu 等[66]提出了基于犹豫模糊几何 Bonferroni 平均算子和犹豫模糊 Choquet 几何 Bonferroni 平均算子的多准则决策方法；Yu 等[67]则提出了犹豫模糊 Choquet 积分算子，并讨论了准则间的关联性；金飞飞等[68]提出了犹豫模糊 Einstein 加权平均算子、犹豫模糊 Einstein 有序加权平均算子以及犹豫模糊 Einstein 混合平均算子，并将相关算子应用于多准则决策问题中；Liu 和 Sun[69]提出了广义幂犹豫模糊有序加权平均算子；Zhang[70]介绍了一些幂集结算子，并将这些算子扩展到了犹豫模糊环境；Zhang 等[71]针对犹豫模糊信息和区间值犹豫模糊信息，提出了一系列诱导的广义集结算子；Zhu 和 Xu[72]探讨了一些新的犹豫模糊 Bonferroni 平均算子，详细研究了它们的性质，并将其应用到多准则决策中；针对犹豫模糊元素的排序问题，Farhadinia[73]定义了一种新的记分函数，并将其应用到犹豫模糊多准则决策问题中。

2. 犹豫模糊集相关测度研究

在相关测度研究方面，Xu 和 Xia[74]定义了犹豫模糊距离公式，但这种距离计算公式需要对不同长度的犹豫模糊集进行人为转化，主观性太强，结果缺乏客观说服力；Peng 等[75]提出了一种广义的犹豫模糊协同加权距离测度；Baia[76]提出了区间犹豫模糊集的 Hamming 距离、Euclidean 距离、Hausdorff 距离、广义距离以及广义归一化距离相似度和广义归一化 Hausdorff 距离相似度；Zhang 和 Wei[77]在犹豫模糊集距离的基础上，提出了新的 E-VIKOR 方法和 TOPSIS 方法以解决犹豫模糊环境下多准则决策问题；Xu 和 Zhang[78]在犹豫模糊集的基础上，提出了一种基于 TOPSIS 的犹豫模糊多准则决策方法；Zhang 等[79]提出了一种改进的犹豫模糊距离测度，并建立了一种基于 TOPSIS 方法的犹豫模糊多准则群决策方法；同时，犹豫模糊集的一致性测度、关联系数、熵与交叉熵以及相似度等也得到了相关的研究[80-82]；Farhadinia[83]在此基础上提出了新的犹豫模糊集熵算法，并将其推广应用于区间值犹豫模糊集；Chen 等[84]建立了犹豫模糊 ELECTRE I 方法，并将其应用到了多准则决策问题中；Zhang 和 Xu[85]提出了一种新的犹豫模糊集凝聚聚类算法，并将其拓展到了区间值犹豫模糊集。但是相关测度均是基于徐泽水与夏梅梅定义的距离提出的，在犹豫模糊元素不相等时，需要主观地加入相同的元素，存在很强的主观性，同时也给决策结果带来了一定的影响。

3. 犹豫模糊集扩展应用研究

在犹豫模糊集扩展研究方面，Wei 等[86,87]定义了区间值犹豫模糊集，其元素的隶属度是一系列属于[0,1]的区间数集合，并给出了几种集结算子；Zhang[88]提出了区间值直觉犹豫模糊集，并对其集结算子进行了研究；Zhu 等[89,90]向犹豫模糊集中加入非隶属度，从而提出双重犹豫模糊集；Huang 等[91]建立了双犹豫模糊有序加权平均算子和双犹豫模糊有序加权几何算子；Qian 等[92]提出了广义犹豫模糊集，其元素的隶属度可以是一系列模糊数的集合，如实数、区间数、犹豫模糊数或几者的并集，并提出了基于广义犹豫模糊数的多准则决策方法；Farhadinia[93]对犹豫模糊集进行扩展得到了高阶犹豫模糊集，介绍了高阶犹豫模糊集相关的信息测度并将其应用到多准则决策问题中；Zhao 等[94]提出了犹豫三角模糊集的概念，并在 Einstein 算子的基础上提出了犹豫三角模糊多准则决策方法。

犹豫模糊集作为模糊集的最新扩展形式，有其独特的优势，因此引起了众多学者的关注。然而，现有的研究基本上均是基于徐泽水提出的运算规则和距离公式，而这些运算规则和距离公式存在一定的局限性。因此，有必要对其基本的运算问题和距离测度问题进行系统的研究。

1.2.3 基于中智集的多准则决策方法研究现状

自从 Zadeh[95]于 1965 年引入模糊集理论以来，模糊集理论得到了广泛的应用和更深入的研究，然而，在现实生活中仍然存在模糊集理论无法处理的不确定信息。应用中智集理论可以解决此类问题。近年来，有部分学者对中智集理论进行了相关研究。Smarandache[96,97]于 1995 年提出了中智逻辑和中智集的概念。中智逻辑作为直觉模糊集的一般化形式，代表的是一种中立的思想[98]。此时便需要一种更有机、平滑和准确的评估方法用于评估，而中智概率可以作为合适的评估模型。在后续的研究中，众多学者在 Smarandache 研究的基础上，对中智集理论展开了更深入的研究。Rivieccio[99]指出中智集是一个其中的元素的真实程度、不确定程度以及谬误度都分别存在于非标准单位区间] $0^-,1^+$[的集合，并给出了中智元素的逻辑运算。

为了简化中智集在现实生活中的应用，一些学者提出了相对简化的概念。例如，Wang 等[100]提出了单值中智集的概念，即集合中的元素的隶属度都存在于标准单位区间[0,1]之中而不是非标准单位区间]$0^-,1^+$[，并定义了关于单值中智集的集理论算子，以及多种相关的属性。在此基础上，Majumdar 等[101]给出了两个单值中智元素的距离公式、相似度的测量公式和单个中智集熵的测量公式。Ye[102]在模糊集交叉熵的基础上，提出单值中智集交叉熵的概念，以及基于单值中智集交叉熵的多准则决策方法。随后，Ye[103,104]基于直觉模糊集相互关系的延展，给出了两个单值中智集的相关系数，并构建了一种在单值中智环境下，应用单值中智集相关系数的多准则决策方法。此外，Ye[105]定义了精简中智集的概念和相应的计算法则，并提出了一种基于精简中智加权算术平均算子和精简中智加权几何平均算子的多准则决策方法。

在 Atanassov 提出直觉模糊集后，随后又将其扩展为区间值直觉模糊集。因此，Wang 等[106,107]通过定义语义网服务的容量、可信度和价格三个指标来评估语义网的服务质量，提出了区间值中智集的概念及其在计算中的应用。国内外学者对区间值中智集理论与应用也做了相关的研究。与区间值直觉模糊集有所不同的是，区间值中智集用三个区间值分别刻画真实程度、不确定程度以及谬误度。此外，Lupiáñez[108]则讨论了区间值中智集的一些运算规则，但是并没有提出区间值中智集的比较规则；Ye[109,110]定义了区间值中智集的距离公式和相似度公式，并在此基础上提出了区间值中智集的交叉模糊熵以及基于权重的最优决策方法；Kraipeerapun 等[111-114]指出了区间值中智集在神经网络集成的应用，以及区间值中智集和神经网络集成结合在二元分类、矿物勘测中的应用；Sengur 和 Guo 等[115-117]提出了基于中智集的新型彩色图像分割方法，并指出采用该方法进行图像分割更加有效；Smarandache[118]将中智逻辑应用到信息融合中；Khoshnevisan 和 Bhattacharya[119]将中智逻辑理论应用于金融市场的市场价格分析中。

由以上分析可知，尽管各种特殊形式的中智集已得到了一定程度的研究，但研究不够深入，且存在一定的问题。其中，单值中智集作为中智集的一种特殊形式，它可用于处理现实决策中很简单的一部分问题，对于复杂的决策问题，其运用显得有些不足，这点明显违背了中智集处理复杂不确定性问题的优势。再者，由于单值中智集的运算规则与相似度公式等都存在不合理的地方，关于区间值中智集的比较规则也存在类似的问题[120]。同时，在多准则决策问题中，由于人类思维的局限性，可能会出现决策者认为各个程度应该是一些离散值的集合的情况，即类似于犹豫模糊集中各个隶属度为多个离散值的集合。显然，无论是单值中智集、区间值中智集、精简中智集都不能解决此类问题。所以，另一种中智集的特殊形式——多值中智集被提出，且有必要对多值中智集多准则决策理论与应用进行系统研究。

1.3 研究内容与本书结构

鉴于上述背景，本书拟针对准则值为多值中智数的多准则决策方法进行较深入的分析，分别利用集成算子（T 模与 S 模）、距离测度（TOPSIS 与 VIKOR 方法）、占优关系（ELECTRE）、基于距离的 QUALIFLEX 方法与基于可能度的 QUALIFLEX 方法，提出准则权重信息确定或不完全确定的多值中智多准则决策方法，并利用案例分析来验证方法的有效性与可行性。

本书由 8 章内容组成，其结构如图 1-1 所示。具体的主要内容概括如下：第 1 章介绍了本书的研究背景、意义，国内外研究现状以及本书主要的研究内容。第 2 章根据本书研究的问题，对直觉模糊集、犹豫模糊集以及中智集的定义、运算规则进行了简单的介绍，并对单值中智集运算规则存在的问题进行了分析，为后面的研究提供理论基础。第 3 章首先结合直觉模糊集、犹豫模糊集、单值中智集与 T 模、S 模，定义了基于 T 模、S 模的多值中智集的运算规则，并在此基础上提出一系列基于 T 模、S 模的集成算子，同时分别提出基于 T 模、S 模的多值中智多准则决策方法与基于指数集成算子的多值多准则群决策方法，并通过不同的案例对两种方法进行对比分析，以检验方法的有效性。第 4 章首先定义了一系列多值中智距离公式，并在此基础上分别提出基于 TOPSIS 的多值中智多准则决策方法与基于 VIKOR 的多值中智多准则决策方法。第 5 章结合 ELECTRE 方法原理，定义了多值中智数的占优关系，并提出了基于 ELECTRE 的多值中智多准则决策方法。第 6 章定义了基于可能度的多值中智数偏好关系与比较方法，并结合 QUALIFLEX 方法，分别提出了基于可能度的多值中智 QUALIFLEX 多准则决策方法与基于距离的多值中智 QUALIFLEX 多准则决策方法。第 7 章将多值中智多准则决策方法应用到汽车零部件供应商选择问题中，并对本书中所提方法和现有方法进行比较分析，以验证方法的有效性和可行性。第 8 章对本书的主要工作与创新点进行总结，并对今后的研究方向做出展望。

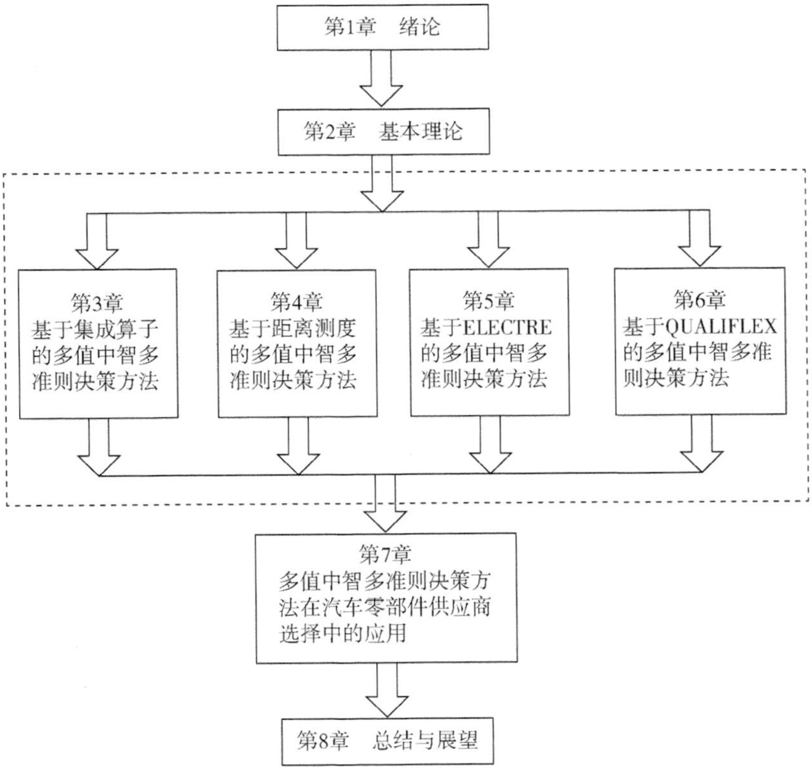

图 1-1 本书的主要结构

本书同一章节中的数学符号具有一致性，特此说明。

2 基本理论

对直觉模糊集、犹豫模糊集、中智集与单值中智集，以及 T 模与 S 模相关定义与运算规则进行介绍，为后续研究奠定基础。本章内容安排如下：2.1 节介绍直觉模糊集及相关运算规则；2.2 节介绍犹豫模糊集及相关运算规则；2.3 节介绍中智集、单值中智集及相关运算规则；2.4 节介绍 T 模与 S 模。

2.1 直觉模糊集

定义 2-1[12] 假定 X 是一个论域，则 X 上的直觉模糊集 A_{IFS} 的表达形式为：

$$A_{IFS}=\{\langle x,\mu_{A_{IFS}}(x),\nu_{A_{IFS}}(x)\rangle \mid x\in X\} \tag{2-1}$$

其中函数 $\mu_{A_{IFS}}$：$X\to[0,1]$ 与 $\nu_{A_{IFS}}$：$X\to[0,1]$ 分别表示元素 $x\in A_{IFS}$ 的隶属度与非隶属度。对于任意的元素 x 都满足条件 $0\leqslant\mu_{A_{IFS}}(x)+\nu_{A_{IFS}}(x)\leqslant1$。其中，元素 $x\in A_{IFS}$ 的犹豫度为：

$$\pi_{A_{IFS}}(x)=1-\mu_{A_{IFS}}(x)-\nu_{A_{IFS}}(x)$$

显然，对于任意的 $x\in X$，都有 $0\leqslant\pi_{A_{IFS}}(x)\leqslant1$。$X$ 中所有的直觉模糊集的集合记为 IFS（X）。若 X 中只有一个元素，则 $\langle\mu(x),\nu(x)\rangle$ 称为直觉模糊数（IFN），记为 $\alpha=\langle\mu_\alpha,\nu_\alpha\rangle$，其中 μ_α，$\nu_\alpha\geqslant0$ 且 $\mu_\alpha+\nu_\alpha\leqslant1$。

例 2-1 给定一个论域 $X=\{x_1,x_2\}$，X 上直觉模糊集 A_{IFS} 中对应的元素 x_1 与 x_2 分别为 $\langle x_1,0.4,0.2\rangle$ 与 $\langle x_2,0.3,0.1\rangle$，则 A_{IFS} 可以表示为：

$$A_{IFS}=\{\langle x_1,0.4,0.2\rangle,\langle x_2,0.3,0.1\rangle\}$$

定义 2-2[12] 直觉模糊集 A_{IFS} 的补集为 $A_{IFS}^C=\{\langle x,\nu_{A_{IFS}}(x),\mu_{A_{IFS}}(x)\rangle|x\in X\}$。

例 2-2 根据例 2-1 可得 $A_{IFS}^C=\{\langle x_1,0.2,0.4\rangle,\langle x_2,0.1,0.3\rangle\}$。

定义 2-3[12] 给定三个直觉模糊数 $\alpha=\langle\mu_\alpha,\nu_\alpha\rangle$，$\alpha_1=\langle\mu_{\alpha_1},\nu_{\alpha_1}\rangle$ 与 $\alpha_2=\langle\mu_{\alpha_2},\nu_{\alpha_2}\rangle$，且 $\lambda\geqslant 0$，则有下面的运算规则成立：

（1）$\lambda\alpha=\langle 1-(1-\mu_\alpha)^\lambda,\nu_\alpha^\lambda\rangle$，$\lambda>0$；

（2）$\alpha^\lambda=\langle\mu_\alpha^\lambda,1-(1-\nu_\alpha)^\lambda\rangle$，$\lambda>0$；

（3）$\alpha_1\oplus\alpha_2=\langle\mu_{\alpha_1}+\mu_{\alpha_2}-\mu_{\alpha_1}\cdot\mu_{\alpha_2},\ \nu_{\alpha_1}\cdot\nu_{\alpha_2}\rangle$；

（4）$\alpha_1\otimes\alpha_2=\langle\mu_{\alpha_1}\cdot\mu_{\alpha_2},\ \nu_{\alpha_1}+\nu_{\alpha_2}-\nu_{\alpha_1}\cdot\nu_{\alpha_2}\rangle$。

例 2-3 给定三个直觉模糊数 $\alpha=\langle 0.5,0.3\rangle$，$\alpha_1=\langle 0.4,0.3\rangle$ 与 $\alpha_2=\langle 0.6,0.2\rangle$，且 $\lambda=2$，则有：

（1）$2\alpha=\langle 0.75,0.09\rangle$；

（2）$\alpha^2=\langle 0.25,0.51\rangle$；

（3）$\alpha_1\oplus\alpha_2=\langle 0.76,0.06\rangle$；

（4）$\alpha_1\otimes\alpha_2=\langle 0.24,0.44\rangle$。

定义 2-4[120,121] 给定直觉模糊数 $\alpha=\langle\mu_\alpha,\nu_\alpha\rangle$，则其记分函数为 $S(\alpha)=\mu_\alpha-\nu_\alpha$，且 $-1\leqslant S(\alpha)\leqslant 1$。精度函数为 $H(\alpha)=\mu_\alpha+\nu_\alpha$，$0\leqslant S(\alpha)\leqslant 1$。则对任意两个直觉模糊数 $\alpha_1=\langle\mu_{\alpha_1},\nu_{\alpha_1}\rangle$ 与 $\alpha_2=\langle\mu_{\alpha_2},\nu_{\alpha_2}\rangle$，$\alpha_1<\alpha_2$ 当且仅当 $S(\alpha_1)<S(\alpha_2)$，或 $S(\alpha_1)=S(\alpha_2)$ 且 $H(\alpha_1)<H(\alpha_2)$。

例 2-4 根据例 2-3 可知，$S(\alpha_1)=0.1$，$S(\alpha_2)=0.4$，显然 $S(\alpha_1)<S(\alpha_2)$。因此，$\alpha_1<\alpha_2$。

2.2 犹豫模糊集

定义 2-5[61] 给定 X 是一个论域，X 上的一个犹豫模糊集 E 是一个函数，且是[0,1]的子集。为了便于理解，Xia 和 Xu[62] 给出了犹豫模糊集的数学表达形式：

$$E=\{\langle x,h_E(x)\rangle|x\in X\} \tag{2-2}$$

其中 $h_E(x)$ 是[0,1]中值的一个集合，表示 E 中元素 $x\in X$ 的可能度。E 称为犹豫模糊集，$h_E(x)$ 称为犹豫模糊元素[62]且 H 表示所有犹豫模糊元素的集合。特别地，若 X 中只有一个元素，则 E 称为犹豫模糊数，记为 $E=\{h_E(x)\}$。所有犹豫模糊数的集合记为 $HFNS$。

例 2-5 给定一个论域 $X=\{x_1,x_2,x_3\}$，$h_E(x_1)=\{0.1,0.2\}$，$h_E(x_2)=\{0.2,0.3\}$ 与 $h_E(x_3)=\{0.4,0.5,0.6\}$ 是犹豫模糊集 E 中的元素 $x_i(i=1,2,3)$。则 E 以犹豫模糊集表示为：

$$E=\{\langle x_1,\{0.1,0.2\}\rangle,\langle x_2,\{0.2,0.3\}\rangle,\langle x_3,\{0.4,0.5,0.6\}\rangle\}$$

定义 2-6[61] 犹豫模糊元素 $h(x)$ 的补集记为：$h^C(x)=\cup_{\gamma\in h(x)}\{1-\gamma\}$。

例 2-6 根据定义 2-6 可得，$h^C(x_1)=\langle x_1,\{0.9,0.8\}\rangle$，$h^C(x_2)=\langle x_2,\{0.8,0.7\}\rangle$ 与 $h^C(x_3)=\langle x_3,\{0.6,0.5,0.4\}\rangle$。

Torra[61]定义了犹豫模糊数的运算规则，且参考文献［62］中定义了新的犹豫模糊元素的新的运算规则与记分函数。

定义 2-7[62] 给定 $h=\cup_{\gamma\in h}\{\gamma\}$，$h_1=\cup_{\gamma_1\in h_1}\{\gamma_1\}$ 与 $h_2=\cup_{\gamma_2\in h_2}\{\gamma_2\}$ 三个犹豫模糊数，且 $\lambda\geqslant 0$，则有下面的运算规则：

（1）$h^\lambda=\cup_{\gamma\in h}\{\gamma^\lambda\}$；

（2）$\lambda h=\cup_{\gamma\in h}\{1-(1-\gamma)^\lambda\}$；

（3）$h_1\oplus h_2=\cup_{\gamma_1\in h_1,\gamma_2\in h_2}\{\gamma_1+\gamma_2-\gamma_1\gamma_2\}$；

（4）$h_1\otimes h_2=\cup_{\gamma_1\in h_1,\gamma_2\in h_2}\{\gamma_1\gamma_2\}$。

例 2-7 给定两个犹豫模糊数 $h_1=\{0.1,0.2\}$ 与 $h_2=\{0.1,0.3,0.5\}$，且 $\lambda=2$，则有以下结论：

（1）$h_1^2=\{0.01,0.04\}$；

（2）$2h_1=\{0.19,0.36\}$；

（3）$h_1\oplus h_2=\{0.19,0.37,0.55,0.28,0.44,0.60\}$；

（4）$h_1\otimes h_2=\{0.01,0.03,0.05,0.02,0.06,0.10\}$。

定义 2-8[58] 给定一个犹豫模糊数 $h=\cup_{\gamma\in h}\{\gamma\}$，则其记分函数为 $s(h)=\frac{1}{\#h}\sum_{\gamma\in h}\gamma$，其中#$h$ 表示 h 中元素的个数。对于任意两个犹豫模糊数 h_1

与 h_2，若 $s(h_1)<s(h_2)$，则 $h_1<h_2$；若 $s(h_1)=s(h_2)$，则 $h_1\sim h_2$。

例 2-8　根据例 2-7 可得，$s(h_1)=0.15$，$s(h_2)=0.3$。显然，$s(h_1)<s(h_2)$，则 $h_1<h_2$。

2.3　中智集与单值中智集

定义 2-9[96,97]　设 X 为论域，X 中的元素记为 x，则 X 中的一个中智集可以表示为：

$$A=\{\langle x,T_A(x),I_A(x),F_A(x)\rangle \mid x\in X\} \tag{2-3}$$

其中 $T_A(x)$，$I_A(x)$ 与 $F_A(x)$ 分别表示真实程度、不确定程度以及谬误度，是属于$]0^-,1^+[$的标准或非标准子集，即 $T_A(x):X\rightarrow]0^-,1^+[$，$I_A(x):X\rightarrow]0^-,1^+[$，$F_A(x):X\rightarrow]0^-,1^+[$，且满足 $0^-\leqslant \sup T_A(x)+\sup I_A(x)+\sup F_A(x)\leqslant 3^+$。

考虑到中智集应用的局限性，Ye[103]将中智集的非标准区间扩展到单值中智集的标准区间。

定义 2-10[103]　设 X 为论域，X 中的元素记为 x，X 的一个单值中智集 A 由三个从 X 到单位区间$[0,1]$的有限离散子集的函数 $T_A(x)$，$I_A(x)$与 $F_A(x)$组成，即 $T_A(x):X\rightarrow[0,1]$，$I_A(x):X\rightarrow[0,1]$且 $F_A(x):X\rightarrow[0,1]$。则单值中智集 A 可以表示为：

$$A=\{\langle x,T_A(x),I_A(x),F_A(x)\rangle \mid x\in X\} \tag{2-4}$$

显然，单值中智集是中智集的扩展。特别地，当 X 中只有一个元素时，A 称为单值中智数，简记为 $A=\langle T_A,I_A,F_A\rangle$。

例 2-9　假定 $X=\{x_1,x_2,x_3\}$为论域，其中 x_1 表示设备的质量，x_2 表示设备的可信度，x_3 表示设备的价格。x_1，x_2 与 x_3 的取值属于$[0,1]$。相关部门通过对本领域的专家进行问卷调查，让他们分别对设备进行评价，给出设备“好的程度”“不确定的程度”以及“不好的程度”。则可用单值中智集的形式表示：

$A=\{\langle\{0.2\},\{0.1\},\{0.5\}\rangle/x_1,\langle\{0.2\},\{0.2\},\{0.3\}\rangle/x_2,$
$\langle\{0.3\},\{0.4\},\{0.6\}\rangle/x_3\}$

定义 2-11[103] 单值中智集 A 的补集记为：$A^C=\{x\mid\langle F_A(x),1-I_A(x),T_A(x)\rangle\}$，对任意的 $x\in X$。

例 2-10 根据例 2-9 可得 $A^C=\{\langle\{0.5\},\{0.9\},\{0.2\}\rangle/x_1,\langle\{0.3\},\{0.8\},\{0.2\}\rangle/x_2,\langle\{0.6\},\{0.6\},\{0.3\}\rangle/x_3\}$。

定义 2-12[106] 给定两个单值中智数 A 与 B，对任意的 $x\in X$，则有：

（1）$A+B=\langle T_A+T_B-T_A\cdot T_B,\ I_A+I_B-I_A\cdot I_B,\ F_A+F_B-F_A\cdot F_B\rangle$；

（2）$A\cdot B=\langle T_A\cdot T_B,\ I_A\cdot I_B,\ F_A\cdot F_B\rangle$；

（3）$\lambda\cdot A=\langle 1-(1-T_A)^{\lambda},\ 1-(1-I_A)^{\lambda},\ 1-(1-F_A)^{\lambda}\rangle,\lambda>0$；

（4）$A^{\lambda}=\langle T_A^{\lambda},\ I_A^{\lambda},\ F_A^{\lambda}\rangle$，$\lambda>0$。

定义 2-12 存在一些缺陷，下面通过例子进行说明。

（1）定义中给出的运算规则存在一些疑问。

例 2-11 给定 $A=\langle 0.5,0.5,0.5\rangle$ 与 $B=\langle 1,0,0\rangle$ 两个单值中智数。显然，$B=\langle 1,0,0\rangle$ 是所有单值中智数中的最大值。那么最大值与任意值的和应大于或等于最大值。然而，根据定义 2-12，$A+B=\langle 1,0.5,0.5\rangle\neq B$，意味着“和”的运算规则存在一定的缺陷。同理可证明其他运算规则也存在不合理的地方。

（2）根据定义 2-12，参考文献［102］提出的单值交叉熵也存在一定的缺陷。

例 2-12 给定 $A_1=\langle 0.1,0,0\rangle$ 与 $A_2=\langle 0.9,0,0\rangle$ 两个单值中智数，且 $B=\langle 1,0,0\rangle$ 是最大值。$T_{A_2}>T_{A_1}$，$I_{A_2}=I_{A_1}$ 且 $F_{A_2}=F_{A_1}$，A_2 优于 A_1。但根据参考文献［102］中的单值交叉熵可得，$S_1(A_1,B)=S_2(A_2,B)=1$，即 A_1 与 A_2 相等，A_1 与 A_2 无法辨别。

（3）若 $I_A=I_B=\varnothing$，则 A 与 B 都应退化为直觉模糊数，然而，定义 2-12 中的运算规则与直觉模糊数的运算规则不一致[9,12,15,18,23,25]。

2.4 T 模与 S 模

T 模与其对偶模 S 模在构建中智集的运算规则与算子时发挥了重要的作

用，下面先给出相关概念。

定义 2-13[122,123] 函数 $T:[0,1]\times[0,1]\to[0,1]$ 称为 T 模，则需满足以下条件：

（1）$\forall x\in[0,1]$，$T(1,x)=x$；

（2）$\forall x,y\in[0,1]$，$T(x,y)=T(y,x)$；

（3）$\forall x,y,z\in[0,1]$，$T(x,T(y,z))=T(T(x,y),z)$；

（4）若 $x\leqslant x',y\leqslant y'$，则 $T(x,y)\leqslant T(x',y')$。

定义 2-14[122,123] 函数 $S:[0,1]\times[0,1]\to[0,1]$ 称为 S 模，则需满足以下条件：

（1）$\forall x\in[0,1]$，$S(0,x)=x$；

（2）$\forall x,y\in[0,1]$，$S(x,y)=S(y,x)$；

（3）$\forall x,y,z\in[0,1]$，$S(x,S(y,z))=S(S(x,y),z)$；

（4）若 $x\leqslant x',y\leqslant y'$，则 $S(x,y)\leqslant S(x',y')$。

定义 2-15[121,124] 若 T 模 $T(x,y)$ 是连续的且对于所有的 $x\in(0,1)$，有 $T(x,x)<x$，则其称为阿基米德 T 模。若阿基米德 T 模对于每一个变量 $x,y\in(0,1)$ 都是严格递增的，则其称为严格的阿基米德 T 模。若 S 模是连续的且对任意的 $x\in(0,1)$，有 $S(x,x)>x$，则 $S(x,y)$ 称为阿基米德 S 模；若阿基米德 S 模对于任意的变量 $x,y\in(0,1)$ 是严格递增的，则其称为严格的阿基米德 S 模。

在参考文献［121，124］中提出严格的阿基米德 T 模通过加法生成器 k 来表示，即 $T(x,y)=k^{-1}(k(x)+k(y))$，类似地，其对偶的 S 模表示为 $S(x,y)=l^{-1}(l(x)+l(y))$ 且 $l(t)=k(1-t)$。显然，连续的阿基米德 T 模的加法生成器是一个严格递增函数 $k:[0,1]\to[0,+\infty)$。

下面给出常见的几种阿基米德 T 模与阿基米德 S 模[125]：

（1）令 $k(t)=-\ln(t)$，$l(t)=-\ln(1-t)$，$k^{-1}(t)=\mathrm{e}^{-t}$，则 $l^{-1}(t)=1-\mathrm{e}^{-t}$，可得 Algebraic T 模与 S 模：$T(x,y)=xy$，$S(x,y)=1-(1-x)(1-y)$；

（2）令 $k(t)=\ln\left(\frac{2-t}{t}\right)$，$l(t)=\ln\left(\frac{2-(1-t)}{1-t}\right)$，$k^{-1}(t)=\frac{2}{\mathrm{e}^{t}+1}$，则 $l^{-1}(t)=1-\frac{2}{\mathrm{e}^{t}+1}$，可得 Einstein T 模与 S 模：$T(x,y)=\frac{xy}{1+(1-x)(1-y)}$，$S(x,y)=\frac{x+y}{1+xy}$。

3 基于集成算子的多值中智多准则决策方法

虽然中智集以及单值中智集在现实决策问题中得到了广泛的应用，但当决策者以单值中智集的形式给出评价信息时，往往会在多个评价值之间犹豫，从而不得不选取其中一个而放弃其他的决策信息。例如，决策者对某一准则评价的真实程度可能是 0.6 或者 0.7，认为谬误度是 0.2 或者 0.3 且不确定程度则是 0.1 或者 0.2，这样就超出了单值中智集的范围。同时，若将已有的单值中智集中的运算规则扩展到多值，则会存在第 2 章中同样的缺陷。因此，王坚强和李新娥[126]提出了多值中智集的概念。在此基础上，本章结合 T 模与 S 模提出了相应的运算规则以及基于 T 模与 S 模的集成算子，并讨论了相关性质，给出了基于 T 模与 S 模的多值中智多准则决策方法。同时，根据 Yager[127]提出的指数平均算子，给出了多值中智数的指数集成算子，分析了相关性质并提出了相应的基于指数集成算子的多值中智多准则决策方法。

本章内容安排如下：3.1 节介绍多值中智集的定义及相关运算规则；3.2 节提出了基于 T 模与 S 模的多值中智集成算子以及多值中智多准则决策方法；3.3 节提出了多值中智指数集成算子以及多值中智多准则决策方法；3.4 节提出了基于 Heronian 均值算子的多值中智多准则决策方法；3.5 节对两种方法进行了比较分析；3.6 节对本章进行了小结。

3.1 多值中智集

在本节中将介绍多值中智集的定义、运算规则以及相应的比较方法。

3.1.1 多值中智集定义

定义 3-1[126] 设 X 为论域，X 的一个多值中智集 A 由三个从 X 到单位区间[0,1]的有限离散子集的函数 $\tilde{T}_A(x)$，$\tilde{I}_A(x)$ 与 $\tilde{F}_A(x)$ 组成。A 可以表示为：

$$A=\{\langle x,\tilde{T}_A(x),\tilde{I}_A(x),\tilde{F}_A(x)\rangle \mid x\in X\} \tag{3-1}$$

其中 $\tilde{T}_A(x)$，$\tilde{I}_A(x)$ 与 $\tilde{F}_A(x)$ 是属于[0,1]的三个有限离散值的集合，分别表示真实程度、不确定程度以及谬误度，并满足 $0\leqslant\gamma$，η，$\xi\leqslant1$，$0\leqslant\gamma^{+}+\eta^{+}+\xi^{+}\leqslant3$，$\gamma\in\tilde{T}_A(x)$，$\eta\in\tilde{I}_A(x)$，$\xi\in\tilde{F}_A(x)$，$\gamma^{+}=\sup\tilde{T}_A(x)$，$\eta^{+}=\sup\tilde{I}_A(x)$，$\xi^{+}=\sup\tilde{F}_A(x)$。如果 X 中只含有一个元素，则 A 称为多值中智数，记为 $A=\langle\tilde{T}_A(x),\tilde{I}_A(x),\tilde{F}_A(x)\rangle$。为了方便起见，多值中智数简记为 $A=\langle\tilde{T}_A,\tilde{I}_A,\tilde{F}_A\rangle$。所有中智数的集合记为 *MVNSS*。

显然，多值中智集是中智集的一种扩展形式。同时，若所有的 x，$\tilde{T}_A(x)$，$\tilde{I}_A(x)$与 $\tilde{F}_A(x)$ 都只含有一个值，且 γ，η 与 ξ 满足 $0\leqslant\gamma+\eta+\xi\leqslant3$，则多值中智集退化为单值中智集；若对于所有的 x 都满足 $\tilde{I}_A(x)=\varnothing$，则多值中智集退化为对偶犹豫模糊集；若对于所有的 x 都满足 $\tilde{I}_A(x)=\tilde{F}_A(x)=\varnothing$，则多值中智集退化为犹豫模糊集。因此，多值中智集是单值中智集、对偶犹豫模糊集与犹豫模糊集的一种扩展形式。

例 3-1　假定论域 $X=\{x_1,x_2,x_3\}$，其中 x_1 表示技术，x_2 表示市场的潜力，x_3 表示风险，x_1，x_2 与 x_3 的值都属于[0,1]。专家们通过市场调查对其进行评价，给出“优秀的程度”“不确定的程度”以及“低劣的程度”，则用多值中智集可表示为：

$$A=\{\langle\{0.2,0.3\},\{0.1\},\{0.5\}\rangle/x_1,\langle\{0.4\},\{0.2\},\{0.3\}\rangle/x_2,\langle\{0.3\},\{0.2,0.4\},\{0.6\}\rangle/x_3\}$$

3.1.2　多值中智数的运算规则

根据直觉模糊数与犹豫模糊数的运算规则，以及 Algebraic T 模与 S 模和

Einstein T 模与 S 模[122-125]，下面给出多值中智数的运算规则。

定义 3-2 给定 $A=\langle \tilde{T}_A, \tilde{I}_A, \tilde{F}_A \rangle$ 与 $B=\langle \tilde{T}_B, \tilde{I}_B, \tilde{F}_B \rangle$ 两个多值中智数，且 $\lambda>0$，则有基于阿基米德 T 模与 S 模的多值中智数运算规则：

（1）$\lambda A=\langle \cup_{\gamma_A \in \tilde{T}_A}\{l^{-1}(\lambda l(\gamma_A))\}, \cup_{\eta_A \in \tilde{I}_A}\{k^{-1}(\lambda k(\eta_A))\}, \cup_{\xi_A \in \tilde{F}_A}\{k^{-1}(\lambda k(\xi_A))\} \rangle$；

（2）$A^{\lambda}=\langle \cup_{\gamma_A \in \tilde{T}_A}\{k^{-1}(\lambda k(\gamma_A))\}, \cup_{\eta_A \in \tilde{I}_A}\{l^{-1}(\lambda l(\eta_A))\}, \cup_{\xi_A \in \tilde{F}_A}\{l^{-1}(\lambda l(\xi_A))\} \rangle$；

（3）$A \oplus B=\langle \cup_{\gamma_A \in \tilde{T}_A, \gamma_B \in \tilde{T}_B}\{l^{-1}(l(\gamma_A)+l(\gamma_B))\}, \cup_{\eta_A \in \tilde{I}_A, \eta_B \in \tilde{I}_B}\{k^{-1}(k(\eta_A)+k(\eta_B))\}, \cup_{\xi_A \in \tilde{F}_A, \xi_B \in \tilde{F}_B}\{k^{-1}(k(\xi_A)+k(\xi_B))\} \rangle$；

（4）$A \otimes B=\langle \cup_{\gamma_A \in \tilde{T}_A, \gamma_B \in \tilde{T}_B}\{k^{-1}(k(\gamma_A)+k(\gamma_B))\}, \cup_{\eta_A \in \tilde{I}_A, \eta_B \in \tilde{I}_B}\{l^{-1}(l(\eta_A)+l(\eta_B))\}, \cup_{\xi_A \in \tilde{F}_A, \xi_B \in \tilde{F}_B}\{l^{-1}(l(\xi_A)+l(\xi_B))\} \rangle$。

若 k 取不同的形式，则可得相应的运算规则。

定义 3-3 给定 $A=\langle \tilde{T}_A, \tilde{I}_A, \tilde{F}_A \rangle$ 与 $B=\langle \tilde{T}_B, \tilde{I}_B, \tilde{F}_B \rangle$ 两个多值中智数，且 $\lambda>0$，$k(x)=-\ln(x)$，则有：

（1）$\lambda A=\langle \cup_{\gamma_A \in \tilde{T}_A}\{1-(1-\gamma_A)^{\lambda}\}, \cup_{\eta_A \in \tilde{I}_A}\{\eta_A{}^{\lambda}\}, \cup_{\xi_A \in \tilde{F}_A}\{\xi_A{}^{\lambda}\} \rangle$；

（2）$A^{\lambda}=\langle \cup_{\gamma_A \in \tilde{T}_A}\{\gamma_A{}^{\lambda}\}, \cup_{\eta_A \in \tilde{I}_A}\{1-(1-\eta_A)^{\lambda}\}, \cup_{\xi_A \in \tilde{F}_A}\{1-(1-\xi_A)^{\lambda}\} \rangle$；

（3）$A \oplus B=\langle \cup_{\gamma_A \in \tilde{T}_A, \gamma_B \in \tilde{T}_B}\{\gamma_A+\gamma_B-\gamma_A \cdot \gamma_B\}, \cup_{\eta_A \in \tilde{I}_A, \eta_B \in \tilde{I}_B}\{\eta_A \cdot \eta_B\}, \cup_{\xi_A \in \tilde{F}_A, \xi_B \in \tilde{F}_B}\{\xi_A \cdot \xi_B\} \rangle$；

（4）$A \otimes B=\langle \cup_{\gamma_A \in \tilde{T}_A, \gamma_B \in \tilde{T}_B}\{\gamma_A \cdot \gamma_B\}, \cup_{\eta_A \in \tilde{I}_A, \eta_B \in \tilde{I}_B}\{\eta_A+\eta_B-\eta_A \cdot \eta_B\}, \cup_{\xi_A \in \tilde{F}_A, \xi_B \in \tilde{F}_B}\{\xi_A+\xi_B-\xi_A \cdot \xi_B\} \rangle$。

若 $\tilde{T}_A$，$\tilde{I}_A$ 与 $\tilde{F}_A$ 中只含有一个确定的数值，则定义 3-3 中的运算规则退化为：

（5）$\lambda A=\langle 1-(1-T_A)^{\lambda}, I_A{}^{\lambda}, F_A{}^{\lambda} \rangle$；

（6）$A^{\lambda}=\langle T_A{}^{\lambda}, 1-(1-I_A)^{\lambda}, 1-(1-F_A)^{\lambda} \rangle$；

（7）$A \oplus B=\langle T_A+T_B-T_A \cdot T_B, I_A \cdot I_B, F_A \cdot F_B \rangle$；

（8）$A \otimes B=\langle T_A \cdot T_B, I_A+I_B-I_A \cdot I_B, F_A+F_B-F_A \cdot F_B \rangle$。

例 3-2 给定 $A=\langle\{0.6\},\{0.1,0.2\},\{0.2\}\rangle$ 与 $B=\langle\{0.5\},\{0.3\},\{0.2,0.3\}\rangle$ 两个多值中智数，且 $\lambda=2$，则有：

（1）$2A=\langle\{0.84\},\{0.01,0.04\},\{0.04\}\rangle$；

（2）$A^2=\langle\{0.36\},\{0.19,0.36\},\{0.36\}\rangle$；

（3）$A\oplus B=\langle\{0.8\},\{0.03,0.06\},\{0.04,0.06\}\rangle$；

（4）$A\otimes B=\langle\{0.3\},\{0.37,0.44\},\{0.36,0.44\}\rangle$。

显然，不同的集成算子是建立在不同的 T 模与 S 模基础之上的，反映了集成参数之间的不同关系，且都满足加法与乘法的要求。Einstein 运算就是 T 模与 S 模中的一种，其中 Einstein 加法表示为：$a\oplus b=(a+b)/(1+ab)$，Einstein 乘法表示为：$a\otimes b=(ab)/[1+(1-a)(1-b)]\ (a,b\in[0,1])$[128]。下面将结合 Einstein 算子定义多值中智数的运算规则。

定义 3-4 给定 $A=\langle\tilde{T}_A,\tilde{I}_A,\tilde{F}_A\rangle$ 与 $B=\langle\tilde{T}_B,\tilde{I}_B,\tilde{F}_B\rangle$ 两个多值中智数，且 $\lambda>0$，$k(x)=\ln\left(\dfrac{2-x}{x}\right)$，则有：

（1）$$\lambda A=\left\langle\cup_{\gamma_A\in\tilde{T}_A}\left\{\frac{(1+\gamma_A)^\lambda-(1-\gamma_A)^\lambda}{(1+\gamma_A)^\lambda+(1-\gamma_A)^\lambda}\right\},\ \cup_{\eta_A\in\tilde{I}_A}\left\{\frac{2\cdot\eta_A{}^\lambda}{(2-\eta_A)^\lambda+\eta_A{}^\lambda}\right\},\ \cup_{\xi_A\in\tilde{F}_A}\left\{\frac{2\cdot\xi_A{}^\lambda}{(2-\xi_A)^\lambda+\xi_A{}^\lambda}\right\}\right\rangle;$$

（2）$$A^\lambda=\left\langle\cup_{\gamma_A\in\tilde{T}_A}\left\{\frac{2\cdot\gamma_A{}^\lambda}{(2-\gamma_A)^\lambda+\gamma_A{}^\lambda}\right\},\ \cup_{\eta_A\in\tilde{I}_A}\left\{\frac{(1+\eta_A)^\lambda-(1-\eta_A)^\lambda}{(1+\eta_A)^\lambda+(1-\eta_A)^\lambda}\right\},\ \cup_{\xi_A\in\tilde{F}_A}\left\{\frac{(1+\xi_A)^\lambda-(1-\xi_A)^\lambda}{(1+\xi_A)^\lambda+(1-\xi_A)^\lambda}\right\}\right\rangle;$$

（3）$$A\oplus B=\left\langle\cup_{\gamma_A\in\tilde{T}_A,\gamma_B\in\tilde{T}_B}\left\{\frac{\gamma_A+\gamma_B}{1+\gamma_A\cdot\gamma_B}\right\},\ \cup_{\eta_A\in\tilde{I}_A,\eta_B\in\tilde{I}_B}\left\{\frac{\eta_A\cdot\eta_B}{1+(1-\eta_A)\cdot(1-\eta_B)}\right\},\ \cup_{\xi_A\in\tilde{F}_A,\xi_B\in\tilde{F}_B}\left\{\frac{\xi_A\cdot\xi_B}{1+(1-\xi_A)\cdot(1-\xi_B)}\right\}\right\rangle;$$

（4）$$A\otimes B=\left\langle\cup_{\gamma_A\in\tilde{T}_A,\gamma_B\in\tilde{T}_B}\left\{\frac{\gamma_A\cdot\gamma_B}{1+(1-\gamma_A)\cdot(1-\gamma_B)}\right\},\right.$$

$$\cup_{\eta_A \in \tilde{I}_A,\eta_B \in \tilde{I}_B}\left\{\frac{\eta_A+\eta_B}{1+\eta_A \cdot \eta_B}\right\},\cup_{\xi_A \in \tilde{F}_A,\xi_B \in \tilde{F}_B}\left\{\frac{\xi_A+\xi_B}{1+\xi_A \cdot \xi_B}\right\}\right\rangle。$$

若 $\tilde{T}_A$，$\tilde{I}_A$ 与 $\tilde{F}_A$ 中只含有一个确定的数值，则定义 3-4 中的运算规则退化为：

（5）$\lambda A=\left\langle\left\{\frac{(1+\gamma_A)^\lambda-(1-\gamma_A)^\lambda}{(1+\gamma_A)^\lambda+(1-\gamma_A)^\lambda}\right\},\left\{\frac{2\cdot\eta_A{}^\lambda}{(2-\eta_A)^\lambda+\eta_A{}^\lambda}\right\},\left\{\frac{2\cdot\xi_A{}^\lambda}{(2-\xi_A)^\lambda+\xi_A{}^\lambda}\right\}\right\rangle$；

（6）$A^\lambda=\left\langle\left\{\frac{2\cdot\gamma_A{}^\lambda}{(2-\gamma_A)^\lambda+\gamma_A{}^\lambda}\right\},\left\{\frac{(1+\eta_A)^\lambda-(1-\eta_A)^\lambda}{(1+\eta_A)^\lambda+(1-\eta_A)^\lambda}\right\},\right.$

$\left.\left\{\frac{(1+\xi_A)^\lambda-(1-\xi_A)^\lambda}{(1+\xi_A)^\lambda+(1-\xi_A)^\lambda}\right\}\right\rangle$；

（7）$A\oplus B=\left\langle\left\{\frac{\gamma_A+\gamma_B}{1+\gamma_A\cdot\gamma_B}\right\},\left\{\frac{\eta_A\cdot\eta_B}{1+(1-\eta_A)\cdot(1-\eta_B)}\right\},\left\{\frac{\xi_A\cdot\xi_B}{1+(1-\xi_A)\cdot(1-\xi_B)}\right\}\right\rangle$；

（8）$A\otimes B=\left\langle\left\{\frac{\gamma_A\cdot\gamma_B}{1+(1-\gamma_A)\cdot(1-\gamma_B)}\right\},\left\{\frac{\eta_A+\eta_B}{1+\eta_A\cdot\eta_B}\right\},\left\{\frac{\xi_A+\xi_B}{1+\xi_A\cdot\xi_B}\right\}\right\rangle$。

显然，上述运算规则与直觉模糊集的运算规则一致。

例 3-3 给定任意两个多值中智数 $A=\langle\{0.6\},\{0.1,0.2\},\{0.2\}\rangle$ 与 $B=\langle\{0.5\},\{0.3\},\{0.2,0.3\}\rangle$，且 $\lambda=2$，则可以得到如下结果：

（1）$2A=\langle\{0.8824\},\{0.1105,0.2439\},\{0.2439\}\rangle$；

（2）$A^2=\langle\{0.3103\},\{0.1980,0.3846\},\{0.3846\}\rangle$；

（3）$A\oplus B=\langle\{0.8462\},\{0.0184,0.0385\},\{0.0244,0.0385\}\rangle$；

（4）$A\otimes B=\langle\{0.2500\},\{0.3884,0.4717\},\{0.3884,0.4717\}\rangle$。

定理 3-1 给定任意的三个多值中智数 $A=\langle\tilde{T}_A,\tilde{I}_A,\tilde{F}_A\rangle$，$B=\langle\tilde{T}_B,\tilde{I}_B,\tilde{F}_B\rangle$ 与 $C=\langle\tilde{T}_C,\tilde{I}_C,\tilde{F}_C\rangle$，则有以下结论成立：

（1）$A\oplus B=B\oplus A$；

（2）$A\otimes B=B\otimes A$；

（3）$\lambda(A\oplus B)=\lambda A\oplus\lambda B,\lambda>0$；

（4）$(A\otimes B)^\lambda=A^\lambda\otimes B^\lambda,\lambda>0$；

（5）$\lambda_1A\oplus\lambda_2A=(\lambda_1\oplus\lambda_2)A,\lambda_1>0,\lambda_2>0$；

（6）$A^{\lambda_1}\otimes A^{\lambda_2}=A^{(\lambda_1+\lambda_2)},\lambda_1>0,\lambda_2>0$；

(7) $(A\oplus B)\oplus C=A\oplus(B\oplus C)$；

(8) $(A\otimes B)\otimes C=A\otimes(B\otimes C)$。

证明 结论（1）、（2）、（7）与（8）显然成立。

结论（3）$\lambda(A\oplus B)$

$$=\lambda\cdot\langle\cup_{\gamma_A\in\tilde{T}_A,\gamma_B\in\tilde{T}_B}\{l^{-1}(l(\gamma_A)+l(\gamma_B))\},\cup_{\eta_A\in\tilde{I}_A,\eta_B\in\tilde{I}_B}\{k^{-1}(k(\eta_A)+k(\eta_B))\},$$
$$\cup_{\xi_A\in\tilde{F}_A,\xi_B\in\tilde{F}_B}\{k^{-1}(k(\xi_A)+k(\xi_B))\}\rangle$$
$$=\langle\cup_{\gamma_A\in\tilde{T}_A,\gamma_B\in\tilde{T}_B}\{l^{-1}(\lambda l(l^{-1}(l(\gamma_A)+l(\gamma_B))))\},$$
$$\cup_{\eta_A\in\tilde{I}_A,\eta_B\in\tilde{I}_B}\{k^{-1}(\lambda k(k^{-1}(k(\eta_A)+k(\eta_B))))\},$$
$$\cup_{\xi_A\in\tilde{F}_A,\xi_B\in\tilde{F}_B}\{k^{-1}(\lambda k(k^{-1}(k(\xi_A)+k(\xi_B))))\}\rangle$$
$$=\langle\cup_{\gamma_A\in\tilde{T}_A,\gamma_B\in\tilde{T}_B}\{l^{-1}(\lambda(l(\gamma_A)+l(\gamma_B)))\},$$
$$\cup_{\eta_A\in\tilde{I}_A,\eta_B\in\tilde{I}_B}\{k^{-1}(\lambda(k(\eta_A)+k(\eta_B)))\},$$
$$\cup_{\xi_A\in\tilde{F}_A,\xi_B\in\tilde{F}_B}\{k^{-1}(\lambda(k(\xi_A)+k(\xi_B)))\}\rangle$$
$$=\langle\cup_{\gamma_A\in\tilde{T}_A,\gamma_B\in\tilde{T}_B}\{l^{-1}(\lambda l(\gamma_A)+\lambda l(\gamma_B))\},$$
$$\cup_{\eta_A\in\tilde{I}_A,\eta_B\in\tilde{I}_B}\{k^{-1}(\lambda k(\eta_A)+\lambda k(\eta_B))\},$$
$$\cup_{\xi_A\in\tilde{F}_A,\xi_B\in\tilde{F}_B}\{k^{-1}(\lambda k(\xi_A)+\lambda k(\xi_B))\}\rangle$$
$$=\lambda A\oplus\lambda B$$

因此，$\lambda(A\oplus B)=\lambda A\oplus\lambda B$。

结论（4）$(A\otimes B)^{\lambda}$

$$=(\langle\cup_{\gamma_A\in\tilde{T}_A,\gamma_B\in\tilde{T}_B}\{k^{-1}(k(\gamma_A)+k(\gamma_B))\},\cup_{\eta_A\in\tilde{I}_A,\eta_B\in\tilde{I}_B}\{l^{-1}(l(\eta_A)+l(\eta_B))\},$$
$$\cup_{\xi_A\in\tilde{F}_A,\xi_B\in\tilde{F}_B}\{l^{-1}(l(\xi_A)+l(\xi_B))\}\rangle)^{\lambda}$$
$$=\langle\cup_{\gamma_A\in\tilde{T}_A,\gamma_B\in\tilde{T}_B}\{k^{-1}(\lambda k(k^{-1}(k(\gamma_A)+k(\gamma_B))))\},$$
$$\cup_{\eta_A\in\tilde{I}_A,\eta_B\in\tilde{I}_B}\{l^{-1}(\lambda l(l^{-1}(l(\eta_A)+l(\eta_B))))\},$$
$$\cup_{\xi_A\in\tilde{F}_A,\xi_B\in\tilde{F}_B}\{l^{-1}(\lambda l(l^{-1}(l(\xi_A)+l(\xi_B))))\}\rangle$$
$$=\langle\cup_{\gamma_A\in\tilde{T}_A,\gamma_B\in\tilde{T}_B}\{k^{-1}(\lambda(k(\gamma_A)+k(\gamma_B)))\},$$
$$\cup_{\eta_A\in\tilde{I}_A,\eta_B\in\tilde{I}_B}\{l^{-1}(\lambda(l(\eta_A)+l(\eta_B)))\},$$
$$\cup_{\xi_A\in\tilde{F}_A,\xi_B\in\tilde{F}_B}\{l^{-1}(\lambda(l(\xi_A)+l(\xi_B)))\}\rangle$$
$$=\langle\cup_{\gamma_A\in\tilde{T}_A,\gamma_B\in\tilde{T}_B}\{k^{-1}(\lambda k(\gamma_A)+\lambda k(\gamma_B))\},$$
$$\cup_{\eta_A\in\tilde{I}_A,\eta_B\in\tilde{I}_B}\{l^{-1}(\lambda l(\eta_A)+\lambda l(\eta_B))\},$$

$\cup_{\xi_A \in \tilde{F}_A, \xi_B \in \tilde{F}_B}\{l^{-1}(\lambda l(\xi_A)+\lambda l(\xi_B))\}\rangle$

$=A^\lambda \otimes B^\lambda$

则$(A \otimes B)^\lambda = A^\lambda \otimes B^\lambda$。

结论（5）$\lambda_1 A \oplus \lambda_2 A$

$=\langle \cup_{\gamma_A \in \tilde{T}_A}\{l^{-1}(\lambda_1 l(\gamma_A))\}, \cup_{\eta_A \in \tilde{I}_A}\{k^{-1}(\lambda_1 k(\eta_A))\},$

$\cup_{\xi_A \in \tilde{F}_A}\{k^{-1}(\lambda_1 k(\xi_A))\}\rangle \oplus \langle \cup_{\gamma_A \in \tilde{T}_A}\{l^{-1}(\lambda_2 l(\gamma_A))\},$

$\cup_{\eta_A \in \tilde{I}_A}\{k^{-1}(\lambda_2 k(\eta_A))\}, \cup_{\xi_A \in \tilde{F}_A}\{k^{-1}(\lambda_2 k(\xi_A))\}\rangle$

$=\langle \cup_{\gamma_A \in \tilde{T}_A}\{l^{-1}(l(l^{-1}(\lambda_1 l(\gamma_A)))+l(l^{-1}(\lambda_2 l(\gamma_A))))\},$

$\cup_{\eta_A \in \tilde{I}_A}\{k^{-1}(k(k^{-1}(\lambda_1 k(\eta_A)))+k(k^{-1}(\lambda_2 k(\eta_A))))\},$

$\cup_{\xi_A \in \tilde{F}_A}\{k^{-1}(k(k^{-1}(\lambda_1 k(\xi_A)))+k(k^{-1}(\lambda_2 k(\xi_A))))\}\rangle$

$=\langle \cup_{\gamma_A \in \tilde{T}_A}\{l^{-1}(\lambda_1 l(\gamma_A)+\lambda_2 l(\gamma_A))\}, \cup_{\eta_A \in \tilde{I}_A}\{k^{-1}(\lambda_1 k(\eta_A)+\lambda_2 k(\eta_A))\},$

$\cup_{\xi_A \in \tilde{F}_A}\{k^{-1}(\lambda_1 k(\xi_A)+\lambda_2 k(\xi_A))\}\rangle$

$=\langle \cup_{\gamma_A \in \tilde{T}_A}\{l^{-1}((\lambda_1+\lambda_2) l(\gamma_A))\}, \cup_{\eta_A \in \tilde{I}_A}\{k^{-1}((\lambda_1+\lambda_2) k(\eta_A))\},$

$\cup_{\xi_A \in \tilde{F}_A}\{k^{-1}((\lambda_1+\lambda_2) k(\xi_A))\}\rangle$

$=(\lambda_1+\lambda_2)A$

则$\lambda_1 A \oplus \lambda_2 A = (\lambda_1+\lambda_2)A$。

结论(6)$A^{\lambda_1} \otimes A^{\lambda_2}$

$=\langle \cup_{\gamma_A \in \tilde{T}_A}\{k^{-1}(\lambda_1 k(\gamma_A))\}, \cup_{\eta_A \in \tilde{I}_A}\{l^{-1}(\lambda_1 l(\eta_A))\},$

$\cup_{\xi_A \in \tilde{F}_A}\{l^{-1}(\lambda_1 l(\xi_A))\}\rangle \otimes \langle \cup_{\gamma_A \in \tilde{T}_A}\{k^{-1}(\lambda_2 k(\gamma_A))\},$

$\cup_{\eta_A \in \tilde{I}_A}\{l^{-1}(\lambda_2 l(\eta_A))\}, \cup_{\xi_A \in \tilde{F}_A}\{l^{-1}(\lambda_2 l(\xi_A))\}\rangle$

$=\langle \cup_{\gamma_A \in \tilde{T}_A}\{k^{-1}(k(k^{-1}(\lambda_1 k(\gamma_A)))+k(k^{-1}(\lambda_2 k(\gamma_A))))\},$

$\cup_{\eta_A \in \tilde{I}_A}\{l^{-1}(l(l^{-1}(\lambda_1 l(\eta_A)))+l(l^{-1}(\lambda_2 l(\eta_A))))\},$

$\cup_{\xi_A \in \tilde{F}_A}\{l^{-1}(l(l^{-1}(\lambda_1 l(\xi_A)))+l(l^{-1}(\lambda_2 l(\xi_A))))\}\rangle$

$=\langle \cup_{\gamma_A \in \tilde{T}_A}\{k^{-1}(\lambda_1 k(\gamma_A)+\lambda_2 k(\gamma_A))\}, \cup_{\eta_A \in \tilde{I}_A}\{l^{-1}(\lambda_1 l(\eta_A)+\lambda_2 l(\eta_A))\},$

$\cup_{\xi_A \in \tilde{F}_A}\{l^{-1}(\lambda_1 l(\xi_A)+\lambda_2 l(\xi_A))\}\rangle$

$=\langle \cup_{\gamma_A \in \tilde{T}_A}\{k^{-1}((\lambda_1+\lambda_2) k(\gamma_A))\}, \cup_{\eta_A \in \tilde{I}_A}\{l^{-1}((\lambda_1+\lambda_2) l(\eta_A))\},$

$\cup_{\xi_A \in \tilde{F}_A}\{l^{-1}((\lambda_1+\lambda_2) l(\xi_A))\}\rangle$

$=A^{\lambda_1+\lambda_2}$

因此，$A^{\lambda_1} \otimes A^{\lambda_2} = A^{(\lambda_1+\lambda_2)}$。证毕。

定义 3-5 若 $A \in MVNSS$，则多值中智数 A 的补集记为 A^C，且可以表示为：

$$A^C = \{\langle \cup_{\xi \in \tilde{F}_A}\{\xi\}, \cup_{\eta \in \tilde{I}_A}\{1-\eta\}, \cup_{\gamma \in \tilde{T}_A}\{\gamma\} \rangle\} \tag{3-2}$$

定义 3-6 给定任意的两个多值中智数 $A = \langle \tilde{T}_A, \tilde{I}_A, \tilde{F}_A \rangle$ 与 $B = \langle \tilde{T}_B, \tilde{I}_B, \tilde{F}_B \rangle$，则 A 与 B 之间的 Hamming-Hausdorff 距离定义为：

$$\begin{aligned} d(A,B) = \frac{1}{6}\Big(& \max_{\gamma_A \in \tilde{T}_A} \min_{\gamma_B \in \tilde{T}_B} |\gamma_A - \gamma_B| + \max_{\gamma_B \in \tilde{T}_B} \min_{\gamma_A \in \tilde{T}_A} |\gamma_B - \gamma_A| + \\ & \max_{\eta_A \in \tilde{I}_A} \min_{\eta_B \in \tilde{I}_B} |\eta_A - \eta_B| + \max_{\eta_B \in \tilde{I}_B} \min_{\eta_A \in \tilde{I}_A} |\eta_B - \eta_A| + \\ & \max_{\xi_A \in \tilde{F}_A} \min_{\xi_B \in \tilde{F}_B} |\xi_A - \xi_B| + \max_{\xi_B \in \tilde{F}_B} \min_{\xi_A \in \tilde{F}_A} |\xi_B - \xi_A| \Big) \end{aligned} \tag{3-3}$$

例 3-4 给定两个多值中智数 $A = \langle \{0.4, 0.5\}, \{0.2\}, \{0.3\} \rangle$ 与 $B = \langle \{0.8\}, \{0.8\}, \{0.5\} \rangle$，则根据公式（3-3），可得 $d(A,B) = \frac{0.4+0.3+0.6+0.2}{6} = 0.25$。

3.1.3 比较方法

定义 3-7 给定一个任意的多值中智数 $A = \langle \tilde{T}_A, \tilde{I}_A, \tilde{F}_A \rangle$，则其记分函数 $s(A)$ 与精度函数 $a(A)$ 定义为：

（1）$s(A) = \dfrac{1}{l_{\tilde{T}_A} \cdot l_{\tilde{I}_A} \cdot l_{\tilde{F}_A}} \sum\limits_{\gamma_A \in \tilde{T}_A, \eta_A \in \tilde{I}_A, \xi_A \in \tilde{F}_A} (\gamma_A - \eta_A - \xi_A)/3$

（2）$a(A) = \dfrac{1}{l_{\tilde{T}_A} \cdot l_{\tilde{I}_A} \cdot l_{\tilde{F}_A}} \sum\limits_{\gamma_A \in \tilde{T}_A, \eta_A \in \tilde{I}_A, \xi_A \in \tilde{F}_A} (\gamma_A + \eta_A + \xi_A)/3$

其中 $\gamma_A \in \tilde{T}_A$，$\eta_A \in \tilde{I}_A$ 与 $\xi_A \in \tilde{F}_A$，$l_{\tilde{T}_A}$，$l_{\tilde{I}_A}$ 与 $l_{\tilde{F}_A}$ 分别表示 $\tilde{T}_A$，$\tilde{I}_A$ 与 $\tilde{F}_A$ 中元素的个数。

记分函数是多值中智数排序的一项重要工具。对于任意的多值中智数 A，其肯定程度越高，则多值中智数越大；不确定程度越小，多值中智数越大；否定程度越小，多值中智数越大。对于记分函数，$\tilde{T}_A$ 与 $\tilde{I}_A$，$\tilde{F}_A$ 之间的差值越大，则肯定程度越高；对于精度函数，$\tilde{T}_A$ 与 $\tilde{I}_A$，$\tilde{F}_A$ 三者的和越大，则肯定程度越高。

根据定义 3-7，下面定义多值中智数之间的比较规则。

定义 3-8 给定任意的两个多值中智数 A 与 B，则其比较规则可定义为如下几种形式：

（1）如果 $s(A)>s(B)$ 或者 $s(A)=s(B)$ 且 $a(A)>a(B)$，则 A 优于 B，记为 $A>B$；

（2）如果 $s(A)=s(B)$ 且 $a(A)=a(B)$，则 A 与 B 无差别，记为 $A\sim B$；

（3）如果 $s(A)=s(B)$ 且 $a(A)<a(B)$ 或者 $s(A)<s(B)$，则 A 劣于 B，记为 $A<B$。

例 3-5 给定任意的两个多值中智数 A 与 B。

（1）若 $A=\langle\{0.6,0.5\},\{0.3\},\{0.2\}\rangle$，$B=\langle\{0.5\},\{0.1,0.2\},\{0.4\}\rangle$，则可得 $s(A)=0.017$ 与 $s(B)=-0.017$。显然 $s(A)>s(B)$，因此 $A>B$；

（2）若 $A=\langle\{0.6,0.5\},\{0.4\},\{0.2\}\rangle$ 与 $B=\langle\{0.5\},\{0.1,0.2\},\{0.4\}\rangle$，则 $s(A)=s(B)=-0.017$，$a(A)=0.383$ 且 $a(B)=0.35$。$a(A)>a(B)$，因此 $A>B$；

（3）若 $A=\langle\{0.6,0.7\},\{0.3\},\{0.2\}\rangle$，$B=\langle\{0.6,0.7\},\{0.2\},\{0.3\}\rangle$，则 $s(A)=s(B)=0.05$，$a(A)=a(B)=0.3833$。因此 $A\sim B$；

（4）若 $A=\langle\{0.5\},\{0.1,0.2\},\{0.1\}\rangle$，$B=\langle\{0.6\},\{0.2\},\{0.1\}\rangle$，则 $s(A)=0.0833, s(B)=0.1$。$s(A)<s(B)$，因此 $A<B$；

（5）若 $A=\langle\{0.5\},\{0.1,0.2\},\{0.1\}\rangle$，$B=\langle\{0.7\},\{0.2,0.3\},\{0.2\}\rangle$。则 $s(A)=s(B)=0.0833$，$a(A)=0.25$，$a(B)=0.3833$。$a(A)<a(B)$，因此 $A<B$。

3.2 基于T模与S模的多值中智多准则决策方法

本节将利用多值中智数的运算规则提出相应的集成算子，给出基于T模与S模的多值中智集决策方法，并结合案例进行阐述。

3.2.1 多值中智数的集成算子

定义 3-9 给定一组多值中智数 $A_j=\langle \tilde{T}_{A_j},\tilde{I}_{A_j},\tilde{F}_{A_j}\rangle\ (j=1,2,\cdots,n)$，且 $w=(w_1,w_2,\cdots,w_n)$ 是各多值中智数 $A_j\ (j=1,2,\cdots,n)$ 的权重系数，满足 $w_j\geqslant 0\ (j=1,2,\cdots,n)$ 且 $\sum_{j=1}^{n}w_j=1$。则多值中智加权平均（简记为 *MVNWA*）算子是 $MVNWA: MVNN^n\rightarrow MVNN$ 的一个映射，满足以下形式：

$$MVNWA_w(A_1,A_2,\cdots,A_n)=\sum_{j=1}^{n}w_jA_j \tag{3-4}$$

定理 3-2 给定一组多值中智数 $A_j=\langle \tilde{T}_{A_j},\tilde{I}_{A_j},\tilde{F}_{A_j}\rangle\ (j=1,2,\cdots,n)$，且 $w=(w_1,w_2,\cdots,w_n)$ 是各多值中智数 $A_j\ (j=1,2,\cdots,n)$ 的权重系数，满足 $w_j\geqslant 0\ (j=1,2,\cdots,n)$ 且 $\sum_{j=1}^{n}w_j=1$。则利用 *MVNWA* 算子集成的结果仍然是一个多值中智数，且

$$\begin{aligned}&MVNWA_w(A_1,A_2,\cdots,A_n)\\&=\langle \cup_{\gamma_{A_j}\in\tilde{T}_{A_j}}\{l^{-1}(\sum_{j=1}^{n}w_jl(\gamma_{A_j}))\},\cup_{\eta_{A_j}\in\tilde{I}_{A_j}}\{k^{-1}(\sum_{j=1}^{n}w_jk(\eta_{A_j}))\},\\&\quad\cup_{\xi_{A_j}\in\tilde{F}_{A_j}}\{k^{-1}(\sum_{j=1}^{n}w_jk(\xi_{A_j}))\}\rangle\end{aligned} \tag{3-5}$$

其中 k 是加法生成器，且 $l(x)=k(1-x)$。

若 $k(x)=-\ln(x)$，则 $l(x)=-\ln(1-x)$，$k^{-1}(x)=\mathrm{e}^{-x}$ 且 $l^{-1}(x)=1-\mathrm{e}^{-x}$。因此，*MVNWA* 算子可以表示为：

$$MVNWA_w(A_1,A_2,\cdots,A_n)$$
$$=\langle \cup_{\gamma_{A_j}\in \tilde{T}_{A_j}}\{1-\prod_{j=1}^{n}(1-\gamma_{A_j})^{w_j}\},\cup_{\eta_{A_j}\in \tilde{I}_{A_j}}\{\prod_{j=1}^{n}\eta_{A_j}^{w_j}\},\tag{3-6}$$
$$\cup_{\xi_{A_j}\in \tilde{F}_{A_j}}\{\prod_{j=1}^{n}\xi_{A_j}^{w_j}\}\rangle$$

若 $k(x)=\ln\left(\frac{2-x}{x}\right)$，则定理 3-2 可以表示为：

$$MVNWA_w(A_1,A_2,\cdots,A_n)$$
$$=\langle \cup_{\gamma_{A_j}\in \tilde{T}_{A_j}}\left\{\frac{\prod_{j=1}^{n}(1+\gamma_{A_j})^{w_j}-\prod_{j=1}^{n}(1-\gamma_{A_j})^{w_j}}{\prod_{j=1}^{n}(1+\gamma_{A_j})^{w_j}+\prod_{j=1}^{n}(1-\gamma_{A_j})^{w_j}}\right\},$$
$$\cup_{\eta_{A_j}\in \tilde{I}_{A_j}}\left\{\frac{2\prod_{j=1}^{n}\eta_{A_j}^{w_j}}{\prod_{j=1}^{n}(2-\eta_{A_j})^{w_j}+\prod_{j=1}^{n}\eta_{A_j}^{w_j}}\right\},\tag{3-7}$$
$$\cup_{\xi_{A_j}\in \tilde{F}_{A_j}}\left\{\frac{2\prod_{i=1}^{n}\xi_{A_j}^{w_j}}{\prod_{j=1}^{n}(2-\xi_{A_j})^{w_j}+\prod_{j=1}^{n}\xi_{A_j}^{w_j}}\right\}\rangle$$

证明　利用数学归纳法证明：

（1）$n=2$，由于

$$w_1A_1\oplus w_2A_2$$
$$=\langle \cup_{\gamma_{A_1}\in \tilde{T}_{A_1}}\{l^{-1}(w_1l(\gamma_{A_1}))\},\cup_{\eta_{A_1}\in \tilde{I}_{A_1}}\{k^{-1}(w_1k(\eta_{A_1}))\},$$
$$\cup_{\xi_{A_1}\in \tilde{F}_{A_1}}\{k^{-1}(w_1k(\xi_{A_1}))\}\rangle\oplus\langle \cup_{\gamma_{A_2}\in \tilde{T}_{A_2}}\{l^{-1}(w_2l(\gamma_{A_2}))\},$$
$$\cup_{\eta_{A_2}\in \tilde{I}_{A_2}}\{k^{-1}(w_2k(\eta_{A_2}))\},\cup_{\xi_{A_2}\in \tilde{F}_{A_2}}\{k^{-1}(w_2k(\xi_{A_2}))\}\rangle$$
$$=\langle \cup_{\gamma_{A_1}\in \tilde{T}_{A_1},\gamma_{A_2}\in \tilde{T}_{A_2}}\{l^{-1}(l(l^{-1}(w_1l(\gamma_{A_1})))+l(l^{-1}(w_2l(\gamma_{A_2}))))\},$$
$$\cup_{\eta_{A_1}\in \tilde{I}_{A_1},\eta_{A_2}\in \tilde{I}_{A_2}}\{k^{-1}(k(k^{-1}(w_1k(\eta_{A_1})))+k(k^{-1}(w_2k(\eta_{A_2}))))\},$$
$$\cup_{\xi_{A_1}\in \tilde{F}_{A_1},\xi_{A_2}\in \tilde{F}_{A_2}}\{k^{-1}(k(k^{-1}(w_1k(\xi_{A_1})))+k(k^{-1}(w_2k(\xi_{A_2}))))\}\rangle$$
$$=\langle \cup_{\gamma_{A_1}\in \tilde{T}_{A_1},\gamma_{A_2}\in \tilde{T}_{A_2}}\{l^{-1}(w_1l(\gamma_{A_1})+w_2l(\gamma_{A_2}))\},$$

$$\cup_{\eta_{A_1}\in\tilde{I}_{A_1},\eta_{A_2}\in\tilde{I}_{A_2}}\{k^{-1}(w_1k(\eta_{A_1})+w_2k(\eta_{A_2}))\},$$
$$\cup_{\xi_{A_1}\in\tilde{F}_{A_1},\xi_{A_2}\in\tilde{F}_{A_2}}\{k^{-1}(w_1k(\xi_{A_1})+w_2k(\xi_{A_2}))\}\rangle$$

则

$$MVNWA_w(A_1,A_2)$$
$$=\langle\cup_{\gamma_{A_1}\in\tilde{T}_{A_1},\gamma_{A_2}\in\tilde{T}_{A_2}}\{l^{-1}(w_1l(T_{A_1})+w_2l(T_{A_2}))\},$$
$$\cup_{\eta_{A_1}\in\tilde{I}_{A_1},\eta_{A_2}\in\tilde{I}_{A_2}}\{k^{-1}(w_1k(I_{A_1})+w_2k(I_{A_2}))\},$$
$$\cup_{\xi_{A_1}\in\tilde{F}_{A_1},\xi_{A_2}\in\tilde{F}_{A_2}}\{k^{-1}(w_1k(F_{A_1})+w_2k(F_{A_2}))\}\rangle$$

（2）当 $n=k$ 时，公式（3-5）成立，则

$$MVNWA_w(A_1,A_2,\cdots,A_k)$$
$$=w_1A_1\oplus w_2A_2\oplus\cdots\oplus w_kA_k$$
$$=\langle\cup_{\gamma_{A_j}\in\tilde{T}_{A_j}}\{l^{-1}(\sum_{j=1}^{k}w_jl(\gamma_{A_j}))\},\cup_{\eta_{A_j}\in\tilde{I}_{A_j}}\{k^{-1}(\sum_{j=1}^{k}w_jk(\eta_{A_j}))\},$$
$$\cup_{\xi_{A_j}\in\tilde{F}_{A_j}}\{k^{-1}(\sum_{j=1}^{k}w_jk(\xi_{A_j}))\}\rangle$$

当 $n=k+1$ 时，根据定义 3-3 中的运算规则（1）与（3），

$$MVNWA_w(A_1,A_2,\cdots,A_k,A_{k+1})$$
$$=(w_1A_1\oplus w_2A_2\oplus\cdots\oplus w_kA_k)\oplus w_{k+1}A_{k+1}$$
$$=\langle\cup_{\gamma_{A_1}\in\tilde{T}_{A_1},\cdots,\gamma_{A_k}\in\tilde{T}_{A_k}}\{l^{-1}(\sum_{i=1}^{k}w_il(\gamma_{A_i}))\},$$
$$\cup_{\eta_{A_1}\in\tilde{I}_{A_1},\cdots,\eta_{A_k}\in\tilde{I}_{A_k}}\{k^{-1}(\sum_{i=1}^{k}w_ik(\eta_{A_i}))\},$$
$$\cup_{\xi_{A_1}\in\tilde{F}_{A_1},\cdots,\xi_{A_k}\in\tilde{F}_{A_k}}\{k^{-1}(\sum_{i=1}^{k}w_ik(\xi_{A_i}))\}\rangle\oplus$$
$$\langle\cup_{\gamma_{A_{k+1}}\in\tilde{T}_{A_{k+1}}}\{l^{-1}(w_{k+1}l(\gamma_{A_{k+1}}))\},\cup_{\eta_{A_{k+1}}\in\tilde{I}_{A_{k+1}}}\{k^{-1}(w_{k+1}k(\eta_{A_{k+1}}))\},$$
$$\cup_{\xi_{A_{k+1}}\in\tilde{F}_{A_{k+1}}}\{k^{-1}(w_{k+1}k(\xi_{A_{k+1}}))\}\rangle$$
$$=\langle\cup_{\gamma_{A_1}\in\tilde{T}_{A_1},\cdots,\gamma_{A_{k+1}}\in\tilde{T}_{A_{k+1}}}\{l^{-1}(l(l^{-1}(\sum_{j=1}^{k}w_jl(\gamma_{A_j})))+l(l^{-1}(w_{k+1}l(\gamma_{A_{k+1}}))))\},$$
$$\cup_{\eta_{A_1}\in\tilde{I}_{A_1},\cdots,\eta_{A_{k+1}}\in\tilde{I}_{A_{k+1}}}\{k^{-1}(k(k^{-1}(\sum_{j=1}^{k}w_jk(\eta_{A_j})))+k(k^{-1}(w_{k+1}k(\eta_{A_{k+1}}))))\},$$
$$\cup_{\xi_{A_1}\in\tilde{F}_{A_1},\cdots,\xi_{A_{k+1}}\in\tilde{F}_{A_{k+1}}}\{k^{-1}(k(k^{-1}(\sum_{j=1}^{k}w_jk(\xi_{A_j})))+k(k^{-1}(w_{k+1}k(\xi_{A_{k+1}}))))\}\rangle$$
$$=\langle\cup_{\gamma_{A_j}\in\tilde{T}_{A_j}}\{l^{-1}(\sum_{j=1}^{k+1}w_jl(\gamma_{A_j}))\},\cup_{\eta_{A_j}\in\tilde{I}_{A_j}}\{k^{-1}(\sum_{j=1}^{k+1}w_jk(\eta_{A_j}))\},$$
$$\cup_{\xi_{A_j}\in\tilde{F}_{A_j}}\{k^{-1}(\sum_{j=1}^{k+1}w_jk(\xi_{A_j}))\}\rangle$$

即当 $n=k+1$ 时，公式（3-5）也成立。因此，对于所有的 n，公式（3-5）都成立，则

$$MVNWA_w(A_1,A_2,\cdots,A_n)$$
$$=\langle \cup_{\gamma_{A_j}\in \tilde{T}_{A_j}}\{l^{-1}(\sum_{j=1}^{n}w_jl(\gamma_{A_j}))\},\cup_{\eta_{A_j}\in \tilde{I}_{A_j}}\{k^{-1}(\sum_{j=1}^{n}w_jk(\eta_{A_j}))\},$$
$$\cup_{\xi_{A_j}\in \tilde{F}_{A_j}}\{k^{-1}(\sum_{j=1}^{n}w_jk(\xi_{A_j}))\}\rangle$$

证毕。

下面给出 $MVNWA$ 算子所具有的性质。

性质 3-1 令 $A_j=\langle \tilde{T}_{A_j},\tilde{I}_{A_j},\tilde{F}_{A_j}\rangle(j=1,2,\cdots,n)$ 是一组多值中智数。

（1）若 $A_j'(j=1,2,\cdots,n)$ 是 $A_j(j=1,2,\cdots,n)$ 的任意一个排列组合，则

$$MVNWA_w(A_1,A_2,\cdots,A_n)=MVNWA_w(A_1',A_2',\cdots,A_n')$$

（2）若 $A=\langle \tilde{T}_A,\tilde{I}_A,\tilde{F}_A\rangle$ 是一个多值中智数，对任意 j，$\gamma_j=\gamma$，$\eta_j=\eta$ 且 $\xi_j=\xi$，则

$$MVNWA_w(A_1,A_2,\cdots,A_n)=A$$

其中 γ_j，η_j 与 ξ_j 分别表示 $\tilde{T}_{A_j}$，$\tilde{I}_{A_j}$ 与 $\tilde{F}_{A_j}$ 中的元素，γ，η 与 ξ 分别表示 $\tilde{T}_A$，$\tilde{I}_A$ 与 $\tilde{F}_A$ 中的元素。

（3）若 $A_j^*=\langle \tilde{T}_{A_j^*},\tilde{I}_{A_j^*},\tilde{F}_{A_j^*}\rangle(j=1,2,\cdots,n)$ 是一组多值中智数，且对所有的 j，$\gamma_j\leqslant\gamma_j^*$，$\eta_j\geqslant\eta_j^*$ 且 $\xi_j\geqslant\xi_j^*$，则

$$MVNWA_w(A_1,A_2,\cdots,A_n)\leqslant MVNWA_w(A_1^*,A_2^*,\cdots,A_n^*)$$

其中 γ_j，η_j 与 ξ_j 分别表示 $\tilde{T}_{A_j}$，$\tilde{I}_{A_j}$ 与 $\tilde{F}_{A_j}$ 中的元素，γ_j^*，η_j^* 与 ξ_j^* 分别表示 $\tilde{T}_{A_j^*}$，$\tilde{I}_{A_j^*}$ 与 $\tilde{F}_{A_j^*}$ 中的元素。

证明 略。

定义 3-10 给定一组多值中智数 $A_j=\langle \tilde{T}_{A_j},\tilde{I}_{A_j},\tilde{F}_{A_j}\rangle$ $(j=1,2,\cdots,n)$，且 $w=(w_1,w_2,\cdots,w_n)$ 是各多值中智数 A_j $(j=1,2,\cdots,n)$ 的权重系数，满足 $w_j\geqslant 0$ $(j=1,2,\cdots,n)$ 且 $\sum_{j=1}^{n}w_j=1$。则多值中智几何平均（简记为 *MVNWG*）算子是 $MVNWG:MVNN^n\rightarrow MVNN$ 的一个映射，满足以下形式：

$$MVNWG_w(A_1,A_2,\cdots,A_n)=\prod_{j=1}^{n}A_j^{w_j} \tag{3-8}$$

定理 3-3 给定一组多值中智数 $A_j=\langle \tilde{T}_{A_j},\tilde{I}_{A_j},\tilde{F}_{A_j}\rangle$ $(j=1,2,\cdots,n)$，且 $w=(w_1,w_2,\cdots,w_n)$ 是各多值中智数 A_j $(j=1,2,\cdots,n)$ 的权重系数，满足 $w_j\geqslant 0$ $(j=1,2,\cdots,n)$ 且 $\sum_{j=1}^{n}w_j=1$。则利用 *MVNWG* 算子集成的结果仍然是一个多值中智数，且

$$\begin{aligned}&MVNWG_w(A_1,\ A_2,\ \cdots,\ A_n)\\&=\Big\langle \cup_{\gamma_{A_j}\in\tilde{T}_{A_j}}\{k^{-1}(\sum_{j=1}^{n}w_jk(\gamma_{A_j}))\},\ \cup_{\eta_{A_j}\in\tilde{I}_{A_j}}\{l^{-1}(\sum_{j=1}^{n}w_jl(\eta_{A_j}))\},\\&\quad \cup_{\xi_{A_j}\in\tilde{F}_{A_j}}\{l^{-1}(\sum_{j=1}^{n}w_jl(\xi_{A_j}))\}\Big\rangle\end{aligned} \tag{3-9}$$

令$k(x)=-\ln(x)$，则定理 3-3 表示为：

$$\begin{aligned}&MVNWG_w(A_1,A_2,\cdots,A_n)\\&=\Big\langle \cup_{\gamma_{A_j}\in\tilde{T}_{A_j}}\{\prod_{j=1}^{n}\gamma_{A_j}^{w_j}\},\cup_{\eta_{A_j}\in\tilde{I}_{A_j}}\{1-\prod_{j=1}^{n}(1-\eta_{A_j})^{w_j}\},\\&\quad \cup_{\xi_{A_j}\in\tilde{F}_{A_j}}\{1-\prod_{j=1}^{n}(1-\xi_{A_j})^{w_j}\}\Big\rangle\end{aligned} \tag{3-10}$$

令$k(x)=\ln\left(\dfrac{2-x}{x}\right)$，则定理 3-3 表示为：

$$MVNWG_w(A_1,A_2,\cdots,A_n)$$

$$=\left\langle \cup_{\gamma_{A_j}\in \tilde{T}_{A_j}}\left\{\frac{2\prod_{j=1}^{n}\gamma_{A_j}^{w_j}}{\prod_{j=1}^{n}(2-\gamma_{A_j})^{w_j}+\prod_{j=1}^{n}\gamma_{A_j}^{w_j}}\right\},\right.$$

$$\cup_{\eta_{A_j}\in \tilde{I}_{A_j}}\left\{\frac{\prod_{j=1}^{n}(1+\eta_{A_j})^{w_j}-\prod_{j=1}^{n}(1-\eta_{A_j})^{w_j}}{\prod_{j=1}^{n}(1+\eta_{A_j})^{w_j}+\prod_{j=1}^{n}(1-\eta_{A_j})^{w_j}}\right\}, \tag{3-11}$$

$$\left.\cup_{\xi_{A_j}\in \tilde{F}_{A_j}}\left\{\frac{\prod_{j=1}^{n}(1+\xi_{A_j})^{w_j}-\prod_{j=1}^{n}(1-\xi_{A_j})^{w_j}}{\prod_{j=1}^{n}(1+\xi_{A_j})^{w_j}+\prod_{j=1}^{n}(1-\xi_{A_j})^{w_j}}\right\}\right\rangle$$

证明　定理 3-3 可以通过数学归纳法证明，过程省略。

类似地，$MVNWG$ 算子具有以下性质。

性质 3-2　令 $A_j=\langle \tilde{T}_{A_j},\tilde{I}_{A_j},\tilde{F}_{A_j}\rangle\,(j=1,2,\cdots,n)$ 是一组多值中智数。

（1）若 $A_j'\ (j=1,2,\cdots,n)$ 是 $A_j\,(j=1,2,\cdots,n)$ 的任意一个排列组合，则

$$MVNWG_w(A_1,A_2,\cdots,A_n)=MVNWG_w(A_1',A_2',\cdots,A_n')$$

（2）若 $A=\langle \tilde{T}_A,\tilde{I}_A,\tilde{F}_A\rangle$ 是一个多值中智数，对任意 j，$\gamma_j=\gamma$，$\eta_j=\eta$ 且 $\xi_j=\xi$，则

$$MVNWG_w(A_1,A_2,\cdots,A_n)=A$$

其中 γ_j，η_j 与 ξ_j 分别表示 $\tilde{T}_{A_j}$，$\tilde{I}_{A_j}$ 与 $\tilde{F}_{A_j}$ 中的元素，γ，η 与 ξ 分别表示 $\tilde{T}_A$，$\tilde{I}_A$ 与 $\tilde{F}_A$ 中的元素。

（3）若 $A_j^*=\langle \tilde{T}_{A_j^*},\tilde{I}_{A_j^*},\tilde{F}_{A_j^*}\rangle\,(j=1,2,\cdots,n)$ 是一组多值中智数，且对所有的 j，$\gamma_j\leqslant\gamma_j^*$，$\eta_j\geqslant\eta_j^*$ 且 $\xi_j\geqslant\xi_j^*$，则

$$MVNWG_w(A_1,A_2,\cdots,A_n)\leqslant MVNWG_w(A_1^*,A_2^*,\cdots,A_n^*)$$

其中 γ_j，η_j 与 ξ_j 分别表示 $\tilde{T}_{A_j}$，$\tilde{I}_{A_j}$与 $\tilde{F}_{A_j}$中的元素，γ_j^*，η_j^* 与 ξ_j^* 分别表示 $\tilde{T}_{A_j^*}$，$\tilde{I}_{A_j^*}$与 $\tilde{F}_{A_j^*}$中的元素。

证明　略。

定义 3-11　给定 $A_j=\langle\tilde{T}_{A_j},\tilde{I}_{A_j},\tilde{F}_{A_j}\rangle\ (j=1,2,\cdots,n)$ 是一组多值中智数，且 $\omega=(\omega_1,\omega_2,\cdots,\omega_n)$ 是与集成算子相关联的位置系数，满足 $\omega_j\geqslant 0\ (j=1,2,\cdots,n)$ 且 $\sum_{j=1}^{n}\omega_j=1$。多值中智有序加权平均（*MVNOWA*）算子是一个映射 *MVNOWA*：$MVNN^n\to MVNN$，则

$$MVNOWA_{\omega}(A_1,A_2,\cdots,A_n)=\sum_{j=1}^{n}\omega_j A_{\sigma(j)} \tag{3-12}$$

其中 $\sigma(1),\sigma(2),\cdots,\sigma(n)$ 是 $(1,2,\cdots,n)$ 的一个置换，$A_{\sigma(j)}$ 表示第 j 个值，且 $A_{\sigma(1)}\geqslant A_{\sigma(2)}\geqslant\cdots\geqslant A_{\sigma(n)}$。

定理 3-4　给定一组多值中智数 $A_j=\langle\tilde{T}_{A_j},\tilde{I}_{A_j},\tilde{F}_{A_j}\rangle\ (j=1,2,\cdots,n)$，且 $\omega=(\omega_1,\omega_2,\cdots,\omega_n)$ 是与集成算子相关联的位置系数，满足 $\omega_j\geqslant 0\ (j=1,2,\cdots,n)$ 且 $\sum_{j=1}^{n}\omega_j=1$。则利用 *MVNOWA* 算子集成的结果仍然是一个多值中智数，且

$$\begin{aligned}&MVNOWA_{\omega}(A_1,A_2,\cdots,A_n)\\&=\Big\langle\cup_{\gamma_{A_{\sigma(j)}}\in\tilde{T}_{A_{\sigma(j)}}}\{l^{-1}(\sum_{j=1}^{n}\omega_j l(\gamma_{A_{\sigma(j)}}))\},\\&\quad\cup_{\eta_{A_{\sigma(j)}}\in\tilde{I}_{A_{\sigma(j)}}}\{k^{-1}(\sum_{j=1}^{n}\omega_j k(\eta_{A_{\sigma(j)}}))\},\\&\quad\cup_{\xi_{A_{\sigma(j)}}\in\tilde{F}_{A_{\sigma(j)}}}\{k^{-1}(\sum_{j=1}^{n}\omega_j k(\xi_{A_{\sigma(j)}}))\}\Big\rangle\end{aligned} \tag{3-13}$$

令 $k(x)=-\ln(x)$，则定理 3-4 为：

$$\begin{aligned}&MVNOWA_{\omega}(A_1,A_2,\cdots,A_n)\\&=\Big\langle\cup_{\gamma_{A_{\sigma(j)}}\in\tilde{T}_{A_{\sigma(j)}}}\{1-\prod_{j=1}^{n}(1-\gamma_{A_{\sigma(j)}})^{\omega_j}\},\cup_{\eta_{A_{\sigma(j)}}\in\tilde{I}_{A_{\sigma(j)}}}\{\prod_{j=1}^{n}\eta_{A_{\sigma(j)}}^{\omega_j}\},\\&\quad\cup_{\xi_{A_{\sigma(j)}}\in\tilde{F}_{A_{\sigma(j)}}}\{\prod_{j=1}^{n}\xi_{A_{\sigma(j)}}^{\omega_j}\}\Big\rangle\end{aligned} \tag{3-14}$$

令 $k(x)=\ln\left(\frac{2-x}{x}\right)$，则定理 3-4 为：

$$
\begin{aligned}
&MVNOWA_{\omega}(A_1,A_2,\cdots,A_n)\\
&=\left\langle \bigcup_{\gamma_{A_{\sigma(j)}}\in\tilde{T}_{A_{\sigma(j)}}}\left\{\frac{\prod_{j=1}^{n}(1+\gamma_{A_{\sigma(j)}})^{\omega_j}-\prod_{j=1}^{n}(1-\gamma_{A_{\sigma(j)}})^{\omega_j}}{\prod_{j=1}^{n}(1+\gamma_{A_{\sigma(j)}})^{\omega_j}+\prod_{j=1}^{n}(1-\gamma_{A_{\sigma(j)}})^{\omega_j}}\right\},\right.\\
&\quad \bigcup_{\eta_{A_{\sigma(j)}}\in\tilde{I}_{A_{\sigma(j)}}}\left\{\frac{2\prod_{j=1}^{n}\eta_{A_{\sigma(j)}}^{\omega_j}}{\prod_{j=1}^{n}(2-\eta_{A_{\sigma(j)}})^{\omega_j}+\prod_{j=1}^{n}\eta_{A_{\sigma(j)}}^{\omega_j}}\right\},\\
&\quad \left.\bigcup_{\xi_{A_{\sigma(j)}}\in\tilde{F}_{A_{\sigma(j)}}}\left\{\frac{2\prod_{j=1}^{n}\xi_{A_{\sigma(j)}}^{\omega_j}}{\prod_{j=1}^{n}(2-\xi_{A_{\sigma(j)}})^{\omega_j}+\prod_{j=1}^{n}\xi_{A_{\sigma(j)}}^{\omega_j}}\right\}\right\rangle
\end{aligned}
\tag{3-15}
$$

其中 $\sigma(1),\sigma(2),\cdots,\sigma(n)$ 是 $(1,2,\cdots,n)$ 的一个置换，$A_{\sigma(j)}$ 表示第 j 个值，且 $A_{\sigma(1)}\geqslant A_{\sigma(2)}\geqslant\cdots\geqslant A_{\sigma(n)}$。

证明　定理 3-4 可以利用数学归纳法证明，过程省略。

性质 3-3　令 $A_j=\langle\tilde{T}_{A_j},\tilde{I}_{A_j},\tilde{F}_{A_j}\rangle(j=1,2,\cdots,n)$ 是一组多值中智数。

（1）若 $A_j'(j=1,2,\cdots,n)$ 是 $A_j(j=1,2,\cdots,n)$ 的任意一个排列组合，则

$$MVNOWA_{\omega}(A_1,A_2,\cdots,A_n)=MVNOWA_{\omega}(A_1',A_2',\cdots,A_n')$$

（2）若 $A=\langle\tilde{T}_A,\tilde{I}_A,\tilde{F}_A\rangle$ 是一个多值中智数，对任意 j，$\gamma_j=\gamma$，$\eta_j=\eta$ 且 $\xi_j=\xi$，则

$$MVNOWA_{\omega}(A_1,A_2,\cdots,A_n)=A$$

其中 γ_j，η_j 与 ξ_j 分别表示 $\tilde{T}_{A_j}$，$\tilde{I}_{A_j}$ 与 $\tilde{F}_{A_j}$ 中的元素，γ，η 与 ξ 分别表示 $\tilde{T}_A$，$\tilde{I}_A$ 与 $\tilde{F}_A$ 中的元素。

（3）若 $A_j^*=\langle\tilde{T}_{A_j^*},\tilde{I}_{A_j^*},\tilde{F}_{A_j^*}\rangle(j=1,2,\cdots,n)$ 是一组多值中智数，且对所有

的 j，$\gamma_j \leqslant \gamma_j^*$，$\eta_j \geqslant \eta_j^*$ 且 $\xi_j \geqslant \xi_j^*$，则

$$MVNOWA_\omega(A_1, A_2, \cdots, A_n) \leqslant MVNOWA_\omega(A_1^*, A_2^*, \cdots, A_n^*)$$

其中 γ_j，η_j 与 ξ_j 分别表示 $\tilde{T}_{A_j}$，$\tilde{I}_{A_j}$ 与 $\tilde{F}_{A_j}$ 中的元素，γ_j^*，η_j^* 与 ξ_j^* 分别表示 $\tilde{T}_{A_j^*}$，$\tilde{I}_{A_j^*}$ 与 $\tilde{F}_{A_j^*}$ 中的元素。

证明 略。

定义 3-12 给定一组多值中智数 $A_j = \langle \tilde{T}_{A_j}, \tilde{I}_{A_j}, \tilde{F}_{A_j} \rangle (j=1,2,\cdots,n)$，且 $\omega = (\omega_1, \omega_2, \cdots, \omega_n)$ 是与集成算子相关联的位置系数，满足 $\omega_j \geqslant 0 (j=1,2,\cdots,n)$ 且 $\sum_{j=1}^{n} \omega_j = 1$。多值中智有序几何平均（$MVNOWG$）算子是一个映射 $MVNOWG$：$MVNN^n \to MVNN$，则

$$MVNOWG_\omega(A_1, A_2, \cdots, A_n) = \prod_{j=1}^{n} A_{\sigma(j)}^{\omega_j} \tag{3-16}$$

其中 $\sigma(1), \sigma(2), \cdots, \sigma(n)$ 是 $(1,2,\cdots,n)$ 的一个置换，$A_{\sigma(j)}$ 表示第 j 个值，且 $A_{\sigma(1)} \geqslant A_{\sigma(2)} \geqslant \cdots \geqslant A_{\sigma(n)}$。

定理 3-5 给定一组多值中智数 $A_j = \langle \tilde{T}_{A_j}, \tilde{I}_{A_j}, \tilde{F}_{A_j} \rangle (j=1,2,\cdots,n)$，且 $\omega = (\omega_1, \omega_2, \cdots, \omega_n)$ 是与集成算子相关联的位置系数，满足 $\omega_j \geqslant 0 (j=1,2,\cdots,n)$ 且 $\sum_{j=1}^{n} \omega_j = 1$。则利用 $MVNOWG$ 算子集成的结果仍然是一个多值中智数，且

$$\begin{aligned} & MVNOWG_\omega(A_1, A_2, \cdots, A_n) \\ & = \Big\langle \cup_{\gamma_{A_{\sigma(j)}} \in \tilde{T}_{A_{\sigma(j)}}} \{k^{-1}(\sum_{j=1}^{n} \omega_j k(\gamma_{A_{\sigma(j)}}))\}, \\ & \quad \cup_{\eta_{A_{\sigma(j)}} \in \tilde{I}_{A_{\sigma(j)}}} \{l^{-1}(\sum_{j=1}^{n} \omega_j l(\eta_{A_{\sigma(j)}}))\}, \\ & \quad \cup_{\xi_{A_{\sigma(j)}} \in \tilde{F}_{A_{\sigma(j)}}} \{l^{-1}(\sum_{j=1}^{n} \omega_j l(\xi_{A_{\sigma(j)}}))\} \Big\rangle \end{aligned} \tag{3-17}$$

若 $k(x) = -\ln(x)$，则定理 3-5 为：

$$
\begin{aligned}
& MVNOWG_{\omega}(A_1, A_2, \cdots, A_n) \\
& = \left\langle \cup_{\gamma_{A_{\sigma(j)}} \in \tilde{T}_{A_{\sigma(j)}}} \left\{ \prod_{j=1}^{n} \gamma_{A_{\sigma(j)}}^{\omega_j} \right\}, \right. \\
& \quad \cup_{\eta_{A_{\sigma(j)}} \in \tilde{I}_{A_{\sigma(j)}}} \left\{ 1 - \prod_{j=1}^{n} (1 - \eta_{A_{\sigma(j)}})^{\omega_j} \right\}, \\
& \quad \left. \cup_{\xi_{A_{\sigma(j)}} \in \tilde{F}_{A_{\sigma(j)}}} \left\{ 1 - \prod_{j=1}^{n} (1 - \xi_{A_{\sigma(j)}})^{\omega_j} \right\} \right\rangle
\end{aligned}
\tag{3-18}
$$

若 $k(x) = \ln\left(\frac{2-x}{x}\right)$，则定理 3-5 为：

$$
\begin{aligned}
& MVNOWG_{\omega}(A_1, A_2, \cdots, A_n) \\
& = \left\langle \cup_{\gamma_{A_{\sigma(j)}} \in \tilde{T}_{A_{\sigma(j)}}} \left\{ \frac{2\prod_{j=1}^{n} \gamma_{A_{\sigma(j)}}^{\omega_j}}{\prod_{j=1}^{n} (2 - \gamma_{A_{\sigma(j)}})^{\omega_j} + \prod_{j=1}^{n} \gamma_{A_{\sigma(j)}}^{\omega_j}} \right\}, \right. \\
& \quad \cup_{\eta_{A_{\sigma(j)}} \in \tilde{I}_{A_{\sigma(j)}}} \left\{ \frac{\prod_{j=1}^{n} (1 + \eta_{A_{\sigma(j)}})^{\omega_j} - \prod_{j=1}^{n} (1 - \eta_{A_{\sigma(j)}})^{\omega_j}}{\prod_{j=1}^{n} (1 + \eta_{A_{\sigma(j)}})^{\omega_j} + \prod_{j=1}^{n} (1 - \eta_{A_{\sigma(j)}})^{\omega_j}} \right\}, \\
& \quad \left. \cup_{\xi_{A_{\sigma(j)}} \in \tilde{F}_{A_{\sigma(j)}}} \left\{ \frac{\prod_{j=1}^{n} (1 + \xi_{A_{\sigma(j)}})^{\omega_j} - \prod_{j=1}^{n} (1 - \xi_{A_{\sigma(j)}})^{\omega_j}}{\prod_{j=1}^{n} (1 + \xi_{A_{\sigma(j)}})^{\omega_j} + \prod_{j=1}^{n} (1 - \xi_{A_{\sigma(j)}})^{\omega_j}} \right\} \right\rangle
\end{aligned}
\tag{3-19}
$$

其中 $\sigma(1), \sigma(2), \cdots, \sigma(n)$ 是 $(1, 2, \cdots, n)$ 的一个置换，$A_{\sigma(j)}$ 表示第 j 个值，且 $A_{\sigma(1)} \geqslant A_{\sigma(2)} \geqslant, \cdots, \geqslant A_{\sigma(n)}$。

证明 定理 3-5 可以用数学归纳法进行证明，证明过程省略。

性质 3-4 令 $A_j = \langle \tilde{T}_{A_j}, \tilde{I}_{A_j}, \tilde{F}_{A_j} \rangle (j = 1, 2, \cdots, n)$ 是一组多值中智数。

（1）若 $A_j' (j = 1, 2, \cdots, n)$ 是 $A_j (j = 1, 2, \cdots, n)$ 的任意一个排列组合，则

$$
MVNOWG_{\omega}(A_1, A_2, \cdots, A_n) = MVNOWG_{\omega}(A_1', A_2', \cdots, A_n')
$$

（2）若 $A = \langle \tilde{T}_A, \tilde{I}_A, \tilde{F}_A \rangle$ 是一个多值中智数，对任意 j，$\gamma_j = \gamma$，$\eta_j = \eta$ 且 ξ_j

$=\xi$，则

$$MVNOWG_{\omega}(A_1,A_2,\cdots,A_n)=A$$

其中 γ_j，η_j 与 ξ_j 分别表示 $\tilde{T}_{A_j}$，$\tilde{I}_{A_j}$与 $\tilde{F}_{A_j}$中的元素，γ，η 与 ξ 分别表示 $\tilde{T}_A$，$\tilde{I}_A$ 与 $\tilde{F}_A$ 中的元素。

（3）若 $A_j^*=\langle\tilde{T}_{A_j^*},\tilde{I}_{A_j^*},\tilde{F}_{A_j^*}\rangle(j=1,2,\cdots,n)$ 是一组多值中智数，且对所有的 j，$\gamma_j\leqslant\gamma_j^*$，$\eta_j\geqslant\eta_j^*$ 且 $\xi_j\geqslant\xi_j^*$，则

$$MVNOWG_{\omega}(A_1,A_2,\cdots,A_n)\leqslant MVNOWG_{\omega}(A_1^*,A_2^*,\cdots,A_n^*)$$

其中 γ_j，η_j 与 ξ_j 分别表示 $\tilde{T}_{A_j}$，$\tilde{I}_{A_j}$与 $\tilde{F}_{A_j}$中的元素，γ_j^*，η_j^* 与 ξ_j^* 分别表示 $\tilde{T}_{A_j^*}$，$\tilde{I}_{A_j^*}$与 $\tilde{F}_{A_j^*}$中的元素。

证明　略。

定义 3-13　给定一组多值中智数 $A_j=\langle\tilde{T}_{A_j},\tilde{I}_{A_j},\tilde{F}_{A_j}\rangle(j=1,2,\cdots,n)$，且 $w=(w_1,w_2,\cdots,w_n)$ 是各多值中智数 $A_j(j=1,2,\cdots,n)$ 的权重系数，满足 $w_j\geqslant 0$ $(j=1,2,\cdots,n)$ 且 $\sum_{j=1}^{n}w_j=1$，$\omega=(\omega_1,\omega_2,\cdots,\omega_n)$ 是与集成算子相关联的位置系数，满足 $\omega_j\geqslant 0(j=1,2,\cdots,n)$ 且 $\sum_{j=1}^{n}\omega_j=1$。多值中智混合加权平均（$MVNHWA$）算子是一个映射 $MVNHWA:MVNN^n\to MVNN$，则

$$MVNHWA_{\omega}(A_1,A_2,\cdots,A_n)=\sum_{j=1}^{n}\omega_j\dot{A}_{\sigma(j)}\tag{3-20}$$

其中 $\dot{A}_{\sigma(j)}$ 表示 $\dot{A}_j(\dot{A}_j=nw_jA_j,\ j=1,2,\cdots,n)$ 的第 j 大的加权值，n 是平衡系数。

定理 3-6　给定一组多值中智数 $A_j=\langle\tilde{T}_{A_j},\tilde{I}_{A_j},\tilde{F}_{A_j}\rangle(j=1,2,\cdots,n)$，且 $w=(w_1,w_2,\cdots,w_n)$ 是各多值中智数 $A_j(j=1,2,\cdots,n)$ 的权重系数，满足 $w_j\geqslant 0$ $(j=1,2,\cdots,n)$ 且 $\sum_{j=1}^{n}w_j=1$，$\omega=(\omega_1,\omega_2,\cdots,\omega_n)$ 是与集成算子相关联的位置系数，满足 $\omega_j\geqslant 0(j=1,2,\cdots,n)$ 且 $\sum_{j=1}^{n}\omega_j=1$。则利用 $MVNHWA$ 算子集成的结果仍

然是一个多值中智数，且

$$
\begin{aligned}
&MVNHOWA_{\omega}(A_1,A_2,\cdots,A_n)\\
&=\left\langle \cup_{\gamma_{A_{\sigma(j)}}\in \tilde{T}_{A_{\sigma(j)}}}\{l^{-1}(\sum_{j=1}^{n}\omega_j l(\gamma_{\dot{A}_{\sigma(j)}}))\},\right.\\
&\quad \cup_{\eta_{A_{\sigma(j)}}\in \tilde{I}_{A_{\sigma(j)}}}\{k^{-1}(\sum_{j=1}^{n}\omega_j k(\eta_{\dot{A}_{\sigma(j)}}))\},\\
&\quad \left.\cup_{\xi_{A_{\sigma(j)}}\in \tilde{F}_{A_{\sigma(j)}}}\{k^{-1}(\sum_{j=1}^{n}\omega_j k(\xi_{\dot{A}_{\sigma(j)}}))\}\right\rangle
\end{aligned}
\tag{3-21}
$$

若 $k(x)=-\ln(x)$，定理 3-6 为：

$$
\begin{aligned}
&MVNHWA_{\omega}(A_1,A_2,\cdots,A_n)\\
&=\left\langle \cup_{\gamma_{A_{\sigma(j)}}\in \tilde{T}_{A_{\sigma(j)}}}\{1-\prod_{j=1}^{n}(1-\gamma_{\dot{A}_{\sigma(j)}})^{\omega_j}\},\right.\\
&\quad \cup_{\eta_{A_{\sigma(j)}}\in \tilde{I}_{A_{\sigma(j)}}}\left\{\prod_{j=1}^{n}\eta_{\dot{A}_{\sigma(j)}}^{\omega_j}\right\},\\
&\quad \left.\cup_{\xi_{A_{\sigma(j)}}\in \tilde{F}_{A_{\sigma(j)}}}\left\{\prod_{j=1}^{n}\xi_{\dot{A}_{\sigma(j)}}^{\omega_j}\right\}\right\rangle
\end{aligned}
\tag{3-22}
$$

若 $k(x)=\ln\left(\dfrac{2-x}{x}\right)$，定理 3-6 为：

$$
\begin{aligned}
&MVNHWA_{\omega}(A_1,A_2,\cdots,A_n)\\
&=\left\langle \cup_{\gamma_{A_{\sigma(j)}}\in \tilde{T}_{A_{\sigma(j)}}}\left\{\frac{\prod_{j=1}^{n}(1+\gamma_{\dot{A}_{\sigma(j)}})^{\omega_j}-\prod_{j=1}^{n}(1-\gamma_{\dot{A}_{\sigma(j)}})^{\omega_j}}{\prod_{j=1}^{n}(1+\gamma_{\dot{A}_{\sigma(j)}})^{\omega_j}+\prod_{j=1}^{n}(1-\gamma_{\dot{A}_{\sigma(j)}})^{\omega_j}}\right\},\right.\\
&\quad \cup_{\eta_{A_{\sigma(j)}}\in \tilde{I}_{A_{\sigma(j)}}}\left\{\frac{2\prod_{j=1}^{n}\eta_{\dot{A}_{\sigma(j)}}^{\omega_j}}{\prod_{j=1}^{n}(2-\eta_{\dot{A}_{\sigma(j)}})^{\omega_j}+\prod_{j=1}^{n}\eta_{\dot{A}_{\sigma(j)}}^{\omega_j}}\right\},\\
&\quad \left.\cup_{\xi_{A_{\sigma(j)}}\in \tilde{F}_{A_{\sigma(j)}}}\left\{\frac{2\prod_{j=1}^{n}\xi_{\dot{A}_{\sigma(j)}}^{\omega_j}}{\prod_{j=1}^{n}(2-\xi_{\dot{A}_{\sigma(j)}})^{\omega_j}+\prod_{j=1}^{n}\xi_{\dot{A}_{\sigma(j)}}^{\omega_j}}\right\}\right\rangle
\end{aligned}
\tag{3-23}
$$

其中 $A_{\sigma(j)}$ 表示 A_j 中第 j 大的值，满足 $A_{\sigma(1)} \geqslant A_{\sigma(2)} \geqslant \cdots \geqslant A_{\sigma(n)}$，$\dot{A}_{\sigma(j)}$ 为 $\dot{A}_j$ $(\dot{A}_j = nw_j A_j, j=1,2,\cdots,n)$ 中第 j 大的加权值。n 为平衡系数。

证明 略。

性质 3-5 令 $A_j = \langle \tilde{T}_{A_j}, \tilde{I}_{A_j}, \tilde{F}_{A_j} \rangle (j=1,2,\cdots,n)$ 是一组多值中智数。

（1）若 $A_j^{'} (j=1,2,\cdots,n)$ 是 $A_j (j=1,2,\cdots,n)$ 的任意一个排列组合，则

$$MVNHWA_{\omega}(A_1, A_2, \cdots, A_n) = MVNHWA_{\omega}(A_1^{'}, A_2^{'}, \cdots, A_n^{'})$$

（2）若 $A = \langle \tilde{T}_A, \tilde{I}_A, \tilde{F}_A \rangle$ 是一个多值中智数，对任意 j，$\gamma_j = \gamma$，$\eta_j = \eta$ 且 $\xi_j = \xi$，则

$$MVNHWA_{\omega}(A_1, A_2, \cdots, A_n) = A$$

其中 γ_j，η_j 与 ξ_j 分别表示 $\tilde{T}_{A_j}$，$\tilde{I}_{A_j}$ 与 $\tilde{F}_{A_j}$ 中的元素，γ，η 与 ξ 分别表示 $\tilde{T}_A$，$\tilde{I}_A$ 与 $\tilde{F}_A$ 中的元素。

（3）若 $A_j^* = \langle \tilde{T}_{A_j^*}, \tilde{I}_{A_j^*}, \tilde{F}_{A_j^*} \rangle (j=1,2,\cdots,n)$ 是一组多值中智数，且对所有的 j，$\gamma_j \leqslant \gamma_j^*$，$\eta_j \geqslant \eta_j^*$ 且 $\xi_j \geqslant \xi_j^*$，则

$$MVNHWA_{\omega}(A_1, A_2, \cdots, A_n) \leqslant MVNHWA_{\omega}(A_1^*, A_2^*, \cdots, A_n^*)$$

其中 γ_j，η_j 与 ξ_j 分别表示 $\tilde{T}_{A_j}$，$\tilde{I}_{A_j}$ 与 $\tilde{F}_{A_j}$ 中的元素，γ_j^*，η_j^* 与 ξ_j^* 分别表示 $\tilde{T}_{A_j^*}$，$\tilde{I}_{A_j^*}$ 与 $\tilde{F}_{A_j^*}$ 中的元素。

证明 略。

定义 3-14 给定一组多值中智数 $A_j = \langle \tilde{T}_{A_j}, \tilde{I}_{A_j}, \tilde{F}_{A_j} \rangle (j=1,2,\cdots,n)$，且 $w = (w_1, w_2, \cdots, w_n)$ 是各多值中智数 $A_j (j=1,2,\cdots,n)$ 的权重系数，满足 $w_j \geqslant 0$ $(j=1,2,\cdots,n)$ 且 $\sum_{j=1}^{n} w_j = 1$，$\omega = (\omega_1, \omega_2, \cdots, \omega_n)$ 是与集成算子相关联的位置系数，满足 $\omega_j \geqslant 0 (j=1,2,\cdots,n)$ 且 $\sum_{j=1}^{n} \omega_j = 1$。多值中智混合几何平均（$MVNHWG$）算子是一个映射 $MVNHWG: MVNN^n \rightarrow MVNN$，则

$$MVNHWG_{\omega}(A_1,A_2,\cdots,A_n)=\prod_{j=1}^{n}\dot{A}_{\sigma(j)}^{\omega_j} \tag{3-24}$$

其中 $\dot{A}_{\sigma(j)}$ 表示 $\dot{A}_j(\dot{A}_j=A_j^{nw_j},j=1,2,\cdots,n)$ 第 j 大的加权值，n 是平衡系数。

定理 3-7 给定一组多值中智数 $A_j=\langle\tilde{T}_{A_j},\tilde{I}_{A_j},\tilde{F}_{A_j}\rangle(j=1,2,\cdots,n)$，且 $w=(w_1,w_2,\cdots,w_n)$ 是各多值中智数 $A_j(j=1,2,\cdots,n)$ 的权重系数，满足 $w_j\geqslant 0(j=1,2,\cdots,n)$ 且 $\sum_{j=1}^{n}w_j=1$，$\omega=(\omega_1,\omega_2,\cdots,\omega_n)$ 是与集成算子相关联的位置系数，满足 $\omega_j\geqslant 0(j=1,2,\cdots,n)$ 且 $\sum_{j=1}^{n}\omega_j=1$。则利用 $MVNHWG$ 算子集成的结果仍然是一个多值中智数，且

$$\begin{aligned}&MVNHWG_{\omega}(A_1,A_2,\cdots,A_n)\\&=\Big\langle\cup_{\gamma_{A_{\sigma(j)}}\in\tilde{T}_{A_{\sigma(j)}}}\{k^{-1}(\sum_{j=1}^{n}\omega_j k(\gamma_{\dot{A}_{\sigma(j)}}))\},\\&\quad\cup_{\eta_{A_{\sigma(j)}}\in\tilde{I}_{A_{\sigma(j)}}}\{l^{-1}(\sum_{j=1}^{n}\omega_j l(\eta_{\dot{A}_{\sigma(j)}}))\},\\&\quad\cup_{\xi_{A_{\sigma(j)}}\in\tilde{F}_{A_{\sigma(j)}}}\{l^{-1}(\sum_{j=1}^{n}\omega_j l(\xi_{\dot{A}_{\sigma(j)}}))\}\Big\rangle\end{aligned} \tag{3-25}$$

若 $k(x)=-\ln(x)$，则定理 3-7 为：

$$\begin{aligned}&MVNHWG_{\omega}(A_1,A_2,\cdots,A_n)\\&=\Big\langle\cup_{\gamma_{A_{\sigma(j)}}\in\tilde{T}_{A_{\sigma(j)}}}\Big\{\prod_{j=1}^{n}\gamma_{\dot{A}_{\sigma(j)}}^{\omega_j}\Big\},\\&\quad\cup_{\eta_{A_{\sigma(j)}}\in\tilde{I}_{A_{\sigma(j)}}}\{1-\prod_{j=1}^{n}(1-\eta_{\dot{A}_{\sigma(j)}})^{\omega_j}\},\\&\quad\cup_{\xi_{A_{\sigma(j)}}\in\tilde{F}_{A_{\sigma(j)}}}\{1-\prod_{j=1}^{n}(1-\xi_{\dot{A}_{\sigma(j)}})^{\omega_j}\}\Big\rangle\end{aligned} \tag{3-26}$$

若 $k(x)=\ln\left(\frac{2-x}{x}\right)$，则定理 3-7 为：

$$MVNHWG_{\omega}(A_1,A_2,\cdots,A_n)$$

$$=\left\langle \bigcup_{\gamma_{A_{\sigma(j)}}\in \tilde{T}_{A_{\sigma(j)}}}\left\{\frac{2\prod_{j=1}^{n}\gamma_{\dot{A}_{\sigma(j)}}^{\omega_j}}{\prod_{j=1}^{n}(2-\gamma_{\dot{A}_{\sigma(j)}})^{\omega_j}+\prod_{j=1}^{n}\gamma_{\dot{A}_{\sigma(j)}}^{\omega_j}}\right\},\right.$$

$$\bigcup_{\eta_{A_{\sigma(j)}}\in \tilde{I}_{A_{\sigma(j)}}}\left\{\frac{\prod_{j=1}^{n}(1+\eta_{\dot{A}_{\sigma(j)}})^{\omega_j}-\prod_{j=1}^{n}(1-\eta_{\dot{A}_{\sigma(j)}})^{\omega_j}}{\prod_{j=1}^{n}(1+\eta_{\dot{A}_{\sigma(j)}})^{\omega_j}+\prod_{j=1}^{n}(1-\eta_{\dot{A}_{\sigma(j)}})^{\omega_j}}\right\}, \tag{3-27}$$

$$\left.\bigcup_{\xi_{A_{\sigma(j)}}\in \tilde{F}_{A_{\sigma(j)}}}\left\{\frac{\prod_{j=1}^{n}(1+\xi_{\dot{A}_{\sigma(j)}})^{\omega_j}-\prod_{j=1}^{n}(1-\xi_{\dot{A}_{\sigma(j)}})^{\omega_j}}{\prod_{j=1}^{n}(1+\xi_{\dot{A}_{\sigma(j)}})^{\omega_j}+\prod_{j=1}^{n}(1-\xi_{\dot{A}_{\sigma(j)}})^{\omega_j}}\right\}\right\rangle$$

其中 $A_{\sigma(j)}$ 表示 A_j 中第 j 大的值，满足 $A_{\sigma(1)}\geqslant A_{\sigma(2)}\geqslant\cdots\geqslant A_{\sigma(n)}$，$\dot{A}_{\sigma(j)}$ 为 $\dot{A}_j$（$\dot{A}_j=nw_jA_j$，$j=1,2,\cdots,n$）中第 j 大的加权值。n 为平衡系数。

证明　略。

性质 3-6　令 $A_j=\langle\tilde{T}_{A_j},\tilde{I}_{A_j},\tilde{F}_{A_j}\rangle\ (j=1,2,\cdots,n)$ 是一组多值中智数。

（1）若 $A_j'\ (j=1,2,\cdots,n)$ 是 $A_j\ (j=1,2,\cdots,n)$ 的任意一个排列组合，则

$$MVNHWG_{\omega}(A_1,A_2,\cdots,A_n)=MVNHWG_{\omega}(A_1',A_2',\cdots,A_n')$$

（2）若 $A=\langle\tilde{T}_A,\tilde{I}_A,\tilde{F}_A\rangle$ 是一个多值中智数，对任意 j，$\gamma_j=\gamma$，$\eta_j=\eta$ 且 $\xi_j=\xi$，则

$$MVNHWG_{\omega}(A_1,A_2,\cdots,A_n)=A$$

其中 γ_j，η_j 与 ξ_j 分别表示 $\tilde{T}_{A_j}$，$\tilde{I}_{A_j}$ 与 $\tilde{F}_{A_j}$ 中的元素，γ，η 与 ξ 分别表示 $\tilde{T}_A$，$\tilde{I}_A$ 与 $\tilde{F}_A$ 中的元素。

（3）若 $A_j^*=\langle\tilde{T}_{A_j^*},\tilde{I}_{A_j^*},\tilde{F}_{A_j^*}\rangle\ (j=1,2,\cdots,n)$ 是一组多值中智数，且对所有的 j，$\gamma_j\leqslant\gamma_j^*$，$\eta_j\geqslant\eta_j^*$ 且 $\xi_j\geqslant\xi_j^*$，则

$$MVNHWG_{\omega}(A_1,A_2,\cdots,A_n)\leqslant MVNHWG_{\omega}(A_1^*,A_2^*,\cdots,A_n^*)$$

其中 γ_j，η_j 与 ξ_j 分别表示 $\tilde{T}_{A_j}$，$\tilde{I}_{A_j}$ 与 $\tilde{F}_{A_j}$ 中的元素，γ_j^*，η_j^* 与 ξ_j^* 分别表示 $\tilde{T}_{A_j^*}$，$\tilde{I}_{A_j^*}$ 与 $\tilde{F}_{A_j^*}$ 中的元素。

证明 略。

3.2.2 基于 T 模与 S 模的多值中智多准则决策方法

设有 n 个方案 $A=\{\alpha_1,\alpha_2,\cdots,\alpha_n\}$ 以及 m 个准则 $C=\{c_1,c_2,\cdots,c_m\}$，对应的准则权重系数为 $w=(w_1,w_2,\cdots,w_m)$ 且 $w_j\geqslant 0(j=1,2,\cdots,m)$，$\sum_{j=1}^{m}w_j=1$。决策者对方案 α_i 在准则 c_j 下的评价值以多值中智数的形式给出，即 $\alpha_{ij}=\langle\tilde{T}_{\alpha_{ij}},\tilde{I}_{\alpha_{ij}},\tilde{F}_{\alpha_{ij}}\rangle$，其中 $\tilde{T}_{(\cdot)}$ 表示真实程度，$\tilde{I}_{(\cdot)}$ 表示不确定程度，$\tilde{F}_{(\cdot)}$ 表示谬误度，从而得到相应的决策矩阵 $\boldsymbol{R}=(\alpha_{ij})_{n\times m}$。

一般情况下，多准则决策问题的准则可分为效益型和成本型。根据 Xu 和 Hu[129] 对直觉模糊数的处理方法，成本型的准则可转化为效益型：

$$\beta_{ij}=\begin{cases}\alpha_{ij}, & \text{效益型准则 } c_j\\ (\alpha_{ij})^C, & \text{成本型准则 } c_j\end{cases}\quad(i=1,2,\cdots,n;\ j=1,2,\cdots,m)\qquad(3\text{-}28)$$

其中 $(\alpha_{ij})^C$ 是定义 3-5 中 α_{ij} 的补集。

下面给出详细的决策步骤。

步骤 1 决策矩阵的规范化。

根据公式（3-28），将多值中智决策矩阵 $\boldsymbol{R}=(\alpha_{ij})_{n\times m}$ 规范化为 $\tilde{\boldsymbol{R}}=(\beta_{ij})_{n\times m}$，其中 α_{ij} 是多值中智数。为了统一所有的准则，需要将成本型准则转化为效益型准则（若所有的准则都是效益型，且具有统一的测度，则矩阵没必要规范化）。对于成本型准则，规范化公式为：

$$\beta_{ij}=(\alpha_{ij})^C=\langle\cup_{\xi\in\tilde{F}_{\alpha_{ij}}}\{\xi\},\cup_{\eta\in\tilde{I}_{\alpha_{ij}}}\{1-\eta\},\cup_{\gamma\in\tilde{T}_{\alpha_{ij}}}\{\gamma\}\rangle\qquad(3\text{-}29)$$

对于效益型准则，规范化公式为：

$$\beta_{ij}=\alpha_{ij}=\langle \cup_{\gamma\in\tilde{T}_{\alpha_{ij}}}\{\gamma\},\cup_{\eta\in\tilde{I}_{\alpha_{ij}}}\{\eta\},\cup_{\xi\in\tilde{F}_{\alpha_{ij}}}\{\xi\}\rangle \tag{3-30}$$

步骤 2　将所有准则的信息进行集成。

分别利用 *MVNWA*，*MVNWG*，*MVNOWA*，*MVNOWG*，*MVNHWA* 或 *MVNHWG* 算子对每个方案的准则进行集成，得出每个方案 $\alpha_i(i=1,2,\cdots,n)$ 的集成值：

$$\begin{aligned} x_i &= MVNWA_w(\alpha_{i1},\alpha_{i2},\cdots,\alpha_{im})\\ &=\Big\langle \cup_{\gamma_{\alpha_{ij}}\in\tilde{T}_{\alpha_{ij}}}\{l^{-1}(\sum_{j=1}^{n}w_j l(\gamma_{\alpha_{ij}}))\},\cup_{\eta_{\alpha_{ij}}\in\tilde{I}_{\alpha_{ij}}}\{k^{-1}(\sum_{j=1}^{n}w_j k(\eta_{\alpha_{ij}}))\},\\ &\quad \cup_{\xi_{\alpha_{ij}}\in\tilde{F}_{\alpha_{ij}}}\{k^{-1}(\sum_{j=1}^{n}w_j k(\xi_{\alpha_{ij}}))\}\Big\rangle \end{aligned} \tag{3-31}$$

或

$x_i=MVNNWG_w(\alpha_{i1},\alpha_{i2},\cdots,\alpha_{im})$

$x_i=MVNOWA_w(\alpha_{i1},\alpha_{i2},\cdots,\alpha_{im})$ 或 $x_i=MVNOWG_w(\alpha_{i1},\alpha_{i2},\cdots,\alpha_{im})$

$x_i=MVNHWA_w(\alpha_{i1},\alpha_{i2},\cdots,\alpha_{im})$ 或 $x_i=MVNHWG_w(\alpha_{i1},\alpha_{i2},\cdots,\alpha_{im})$

步骤 3　分别计算记分函数值与精度函数值。

根据定义 3-7，分别计算记分函数值 $s(x_i)$ 与精度函数值 $a(x_i)$。

步骤 4　选择最优方案。

根据定义 3-8 对方案进行排序，从而选择最优方案。

3.2.3　案例分析

本节案例改编于参考文献［130］，用于阐明所介绍的多准则决策方法。某一风险投资公司决定选择一个项目进行投资。现有四个投资方案 α_1，α_2，α_3，α_4，决策者需要根据以下三个准则进行评价：c_1 为盈利能力；c_2 为竞争能力；c_3 为风险承担能力，三个准则都属于效益型准则，对应的权重系数为 $w=(0.35,0.25,0.4)$。决策者可以根据自己的经验与知识对相关企业进行评价，且以多值中智数的形式给出。决策者对企业 α_i 的准则 c_j 给出的评价记为 $\alpha_{ij}=\langle\tilde{T}_{\alpha_{ij}},\tilde{I}_{\alpha_{ij}},\tilde{F}_{\alpha_{ij}}\rangle$ $(i=1,2,3,4;\ j=1,2,3,4)$，表示决策者给出的评价信息的集合。其中 $\tilde{T}_{\alpha_{ij}^k}$，$\tilde{I}_{\alpha_{ij}^k}$ 与 $\tilde{F}_{\alpha_{ij}^k}$ 是犹豫模糊数，分别表示决策者对准则“优秀”给出的肯定程度、不确定程度与否定程度。同时，每一个决策者对每一个隶属度可以同时给出多个数值，所有可能的数值都会被收集。但若决策者对一个隶属度给出同样的两个数值，则此值只记数一次。按照以上规则得到多值中智决策矩阵为：

$$R=\begin{pmatrix} \langle\{0.4,0.5\},\{0.2\},\{0.3\}\rangle & \langle\{0.4\},\{0.2,0.3\},\{0.3\}\rangle & \langle\{0.2\},\{0.2\},\{0.5\}\rangle \\ \langle\{0.6\},\{0.1,0.2\},\{0.2\}\rangle & \langle\{0.6\},\{0.1\},\{0.2\}\rangle & \langle\{0.5\},\{0.2\},\{0.1,0.2\}\rangle \\ \langle\{0.3,0.4\},\{0.2\},\{0.3\}\rangle & \langle\{0.5\},\{0.2\},\{0.3\}\rangle & \langle\{0.5\},\{0.2,0.3\},\{0.2\}\rangle \\ \langle\{0.7\},\{0.1,0.2\},\{0.1\}\rangle & \langle\{0.6\},\{0.1\},\{0.2\}\rangle & \langle\{0.4\},\{0.3\},\{0.2\}\rangle \end{pmatrix}$$

下面将给出详细的决策过程。

步骤 1 决策矩阵规范化。

因三个准则都是效益型准则，故规范化后的多值中智数决策矩阵 $\tilde{\boldsymbol{R}}=\boldsymbol{R}$。

步骤 2 对方案的每一准则进行集成。

利用 *MVNWA* 算子或 *MVNWG* 算子对方案的每个准则进行集成，则可得每个方案 $\alpha_i(i=1,2,\cdots,n)$ 的集成值。

利用 *MVNWA* 算子，则可得集成值 x_i：

$x_1=\langle\{0.327,0.368\},\{0.200,0.221\},\{0.368\}\rangle$

$x_2=\langle\{0.563\},\{0.132,0.168\},\{0.152,0.200\}\rangle$

$x_3=\langle\{0.438,0.467\},\{0.200,0.235\},\{0.255\}\rangle$

$x_4=\langle\{0.574\},\{0.155,0.198\},\{0.157\}\rangle$

利用 *MVNWG* 算子，则可得集成值 x_i：

$x_1 = \langle \{0.303, 0.328\}, \{0.200, 0.226\}, \{0.388\} \rangle$

$x_2 = \langle \{0.558\}, \{0.141, 0.176\}, \{0.161, 0.200\} \rangle$

$x_3 = \langle \{0.418, 0.462\}, \{0.200, 0.242\}, \{0.262\} \rangle$

$x_4 = \langle \{0.538\}, \{0.186, 0.219\}, \{0.166\} \rangle$

步骤 3　分别计算得分函数值、精度函数值。

对于 *MVNWA* 算子，利用定义 3-7 可得：

$$s(x_1)=0.590, s(x_2)=0.746, s(x_3)=0.660, s(x_4)=0.747$$

对于 *MVNWG* 算子，利用定义 3-7 可得：

$$s(x_1)=0.571, s(x_2)=0.739, s(x_3)=0.653, s(x_4)=0.723$$

因记分函数值不一样，因此没有必要再计算精度函数值。

步骤 4　选择最优方案。

根据定义 3-8 以及步骤 3 中的计算结果，对于 *MVNWA* 算子，$s(x_4) > s(x_2) > s(x_3) > s(x_1)$，最终排序为 $\alpha_4 > \alpha_2 > \alpha_3 > \alpha_1$。显然，最优方案为 α_4。对于 *MVNWG* 算子，最终排序为 $\alpha_2 > \alpha_4 > \alpha_3 > \alpha_1$，则最优方案为 α_2。

类似地，若使用其他算子进行集成，假定位置系数为 $\omega = (0.3, 0.4, 0.3)$，则可得如下结果（见表 3-1）。

表 3-1　不同集成算子的排序

算子	最终排序	最优方案	最劣方案
MVNWA	$\alpha_4 > \alpha_2 > \alpha_3 > \alpha_1$	α_4	α_1
MVNWG	$\alpha_2 > \alpha_4 > \alpha_3 > \alpha_1$	α_2	α_1
MVNOWA	$\alpha_4 > \alpha_2 > \alpha_3 > \alpha_1$	α_4	α_1
MVNOWG	$\alpha_2 > \alpha_4 > \alpha_3 > \alpha_1$	α_2	α_1
MVNHWA	$\alpha_4 > \alpha_2 > \alpha_3 > \alpha_1$	α_4	α_1
MVNHWG	$\alpha_2 > \alpha_4 > \alpha_3 > \alpha_1$	α_2	α_1

从表 3-1 中的计算结果可知，若在步骤 1 中利用 *MVNWA*，*MVNOWA* 与

MVNHWA 算子进行集成，则最终排序为：$\alpha_4 > \alpha_2 > \alpha_3 > \alpha_1$，最优方案为 α_4。若利用 *MVNWG*，*MVNOWG* 与 *MVNHWG* 算子进行集成，最终排序为 $\alpha_2 > \alpha_4 > \alpha_3 > \alpha_1$，最优方案为 α_2。一般情况下，不同的集成算子会产生不同的集成结果，从而产生不同的排序。但所有的加权平均算子得到的排序一致，最优方案为 α_4；所有的几何平均算子产生的排序一致，最优方案为 α_2。在实际的决策过程中，决策者可以根据自己的偏好和决策环境选择合适的集成算子。

参考文献［131］给出了直觉模糊集基于阿基米德 T 模与 S 模的一些运算规则与集成算子，并证明了基于 Lukasiewicz 模的算子与一般模糊集的集成算子一致。若只需反映数值的重要性，可选择加权（几何）平均算子；若需考虑位置关系，则选择有序加权（几何）平均算子；若需要同时考虑数值本身的重要性和位置关系，则可选择混合加权（几何）平均算子等。因此，决策者可以根据实际的决策环境选择不同的 T 模与 S 模以及不同类型的集成算子。本节所提出的集成算子可以用来求解不同参数之间的关系，给决策者提供更多的选择机会。

3.3 基于指数集成算子的多值中智多准则决策方法

3.3.1 指数集成算子

Yager[127]首次提出了指数平均（简记为 *PA*）算子，且是非线性的加权平均集成算子。

定义 3-15[127] *PA* 算子是 $\boldsymbol{R}^n \to \boldsymbol{R}$ 之间的一个映射，且满足以下形式：

$$PA(\alpha_1,\alpha_2,\cdots,\alpha_n)=\frac{\sum_{i=1}^{n}(1+S(\alpha_i))\alpha_i}{\sum_{i=1}^{n}(1+S(\alpha_i))} \tag{3-32}$$

其中 $S(\alpha_i)=\sum_{i=1,j\neq i}^{n}Supp(\alpha_i,\alpha_j)$，$Supp(\alpha_i,\alpha_j)$ 是 α_i 从 α_j 获得的支持度且满足以下性质：

（1）$Supp(\alpha_i,\alpha_j)\in[0,1]$；

（2） $Supp(\alpha_i,\alpha_j)=Supp(\alpha_j,\alpha_i)$；

（3） $Supp(\alpha_i,\alpha_j)\geqslant Supp(\alpha_p,\alpha_q)$ 当且仅当 $|\alpha_i-\alpha_j|<|\alpha_p-\alpha_q|$。

显然，当两个值越靠近时，两者相互支持的程度越高。

3.3.2 基于多值中智数的指数加权平均算子

定义 3-16 给定一组多值中智数 $A_j=\langle \tilde{T}_{A_j},\tilde{I}_{A_j},\tilde{F}_{A_j}\rangle\ (j=1,2,\cdots,n)$，$w=(w_1,w_2,\cdots,w_n)$ 是各多值中智数 $A_j(j=1,2,\cdots,n)$ 的权重系数，满足 $w_j\geqslant 0(j=1,2,\cdots,n)$ 且 $\sum_{j=1}^{n}w_j=1$。则多值中智指数加权平均（简记为 $MVNPWA$）算子是 $MVNN^n\rightarrow MVNN$ 的一个映射，满足以下形式：

$$MVNPWA_w(A_1,A_2,\cdots,A_n)=\frac{\bigoplus_{j=1}^{n}w_j(1+S(A_j))A_j}{\sum_{j=1}^{n}w_j(1+S(A_j))} \tag{3-33}$$

其中 $S(A_j)=\sum_{i=1,j\neq i}^{n}w_j Supp(A_j,A_i)$，$Supp(A_j,A_i)$ 是 A_j 从 A_i 获得的支持度且满足下面的条件：

（1） $Supp(A_i,A_j)\in[0,1]$；

（2） $Supp(A_i,A_j)=Supp(A_j,A_i)$；

（3） $Supp(A_i,A_j)\geqslant Supp(A_p,A_q)$ 当且仅当 $d(A_i,A_j)<d(A_p,A_q)$，其中 d 是定义 3-6 中的 Hamming-Hausdorff 距离。

根据定义 3-16 中的运算规则可推出下面的定理。

定理 3-8 给定一组多值中智数 $A_j=\langle \tilde{T}_{A_j},\tilde{I}_{A_j},\tilde{F}_{A_j}\rangle\ (j=1,2,\cdots,n)$，且 $w=(w_1,w_2,\cdots,w_n)$ 是各多值中智数 $A_j\ (j=1,2,\cdots,n)$ 的权重系数，满足 $w_j\geqslant 0\ (j=1,2,\cdots,n)$ 且 $\sum_{j=1}^{n}w_j=1$。则利用 $MVNPWA$ 算子集成的结果仍然是一个多值中智数，且

$$MVNPWA_w(A_1,A_2,\cdots,A_n)$$

$$=\left\langle \bigcup_{\gamma_j\in \tilde{T}_{A_j}}\left\{\frac{\prod_{j=1}^{n}(1+\gamma_j)^{\frac{w_j(1+S(A_j))}{\sum_{j=1}^{n}w_j(1+S(A_j))}}-\prod_{j=1}^{n}(1-\gamma_j)^{\frac{w_j(1+S(A_j))}{\sum_{j=1}^{n}w_j(1+S(A_j))}}}{\prod_{j=1}^{n}(1+\gamma_j)^{\frac{w_j(1+S(A_j))}{\sum_{j=1}^{n}w_j(1+S(A_j))}}+\prod_{j=1}^{n}(1-\gamma_j)^{\frac{w_j(1+S(A_j))}{\sum_{j=1}^{n}w_j(1+S(A_j))}}}\right\},\right.$$

$$\bigcup_{\eta_j\in \tilde{I}_{A_j}}\left\{\frac{2\prod_{j=1}^{n}\eta_j^{\frac{w_j(1+S(A_j))}{\sum_{j=1}^{n}w_j(1+S(A_j))}}}{\prod_{j=1}^{n}(2-\eta_j)^{\frac{w_j(1+S(A_j))}{\sum_{j=1}^{n}w_j(1+S(A_j))}}+\prod_{j=1}^{n}\eta_j^{\frac{w_j(1+S(A_j))}{\sum_{j=1}^{n}w_j(1+S(A_j))}}}\right\}, \tag{3-34}$$

$$\left.\bigcup_{\xi_j\in \tilde{F}_{A_j}}\left\{\frac{2\prod_{j=1}^{n}\xi_j^{\frac{w_j(1+S(A_j))}{\sum_{j=1}^{n}w_j(1+S(A_j))}}}{\prod_{j=1}^{n}(2-\xi_j)^{\frac{w_j(1+S(A_j))}{\sum_{j=1}^{n}w_j(1+S(A_j))}}+\prod_{i=1}^{n}\xi_j^{\frac{w_j(1+S(A_j))}{\sum_{j=1}^{n}w_j(1+S(A_j))}}}\right\}\right\rangle$$

其中 $S(A_j)=\sum_{i=1,j\neq i}^{n}w_jSupp(A_j,A_i)$ 且满足定义 3-16 中的条件。

证明 为方便起见，在证明过程中取 $\zeta_j=\frac{w_j(1+S(A_j))}{\sum_{j=1}^{n}w_j(1+S(A_j))}$。下面利用数学归纳法进行证明。

（1）取 $n=2$，利用定义 3-4 中的运算规则（1）与（3），则有

$$\zeta_1A_1\oplus\zeta_2A_2$$

$$=\left\langle \bigcup_{\gamma_1\in\tilde{T}_{A_1},\gamma_2\in\tilde{T}_{A_2}}\left\{\frac{\frac{(1+\gamma_1)^{\zeta_1}-(1-\gamma_1)^{\zeta_1}}{(1+\gamma_1)^{\zeta_1}+(1-\gamma_1)^{\zeta_1}}+\frac{(1+\gamma_2)^{\zeta_2}-(1-\gamma_2)^{\zeta_2}}{(1+\gamma_2)^{\zeta_2}+(1-\gamma_2)^{\zeta_2}}}{1+\frac{(1+\gamma_1)^{\zeta_1}-(1-\gamma_1)^{\zeta_1}}{(1+\gamma_1)^{\zeta_1}+(1-\gamma_1)^{\zeta_1}}\cdot\frac{(1+\gamma_2)^{\zeta_2}-(1-\gamma_2)^{\zeta_2}}{(1+\gamma_2)^{\zeta_2}+(1-\gamma_2)^{\zeta_2}}}\right\},\right.$$

$$\bigcup_{\eta_1\in\tilde{I}_{A_1},\eta_2\in\tilde{I}_{A_2}}\left\{\frac{\frac{2\cdot\eta_1^{\zeta_1}}{(2-\eta_1)^{\zeta_2}+\eta_1^{\zeta_1}}\cdot\frac{2\cdot\eta_2^{\zeta_2}}{(2-\eta_2)^{\zeta_2}+\eta_2^{\zeta_2}}}{1+\left(1-\frac{2\cdot\eta_1^{\zeta_1}}{(2-\eta_1)^{\zeta_1}+\eta_1^{\zeta_1}}\right)\cdot\left(1-\frac{2\cdot\eta_2^{\zeta_2}}{(2-\eta_2)^{\zeta_2}+\eta_2^{\zeta_2}}\right)}\right\},$$

$$\cup_{\xi_1\in\tilde{F}_A,\xi_2\in\tilde{F}_{A_2}}\left\{\frac{\frac{2\cdot\xi_1^{\zeta_1}}{(2-\xi_1)^{\zeta_1}+\xi_1^{\zeta_1}}\cdot\frac{2\cdot\xi_2^{\zeta_2}}{(2-\xi_2)^{\zeta_2}+\xi_2^{\zeta_2}}}{1+\left(1-\frac{2\cdot\xi_1^{\zeta_1}}{(2-\xi_1)^{\zeta_1}+\xi_1^{\zeta_1}}\right)\cdot\left(1-\frac{2\cdot\xi_2^{\zeta_2}}{(2-\xi_2)^{\zeta_2}+\xi_2^{\zeta_2}}\right)}\right\}\Bigg\rangle$$

$$=\Bigg\langle\cup_{\gamma_1\in\tilde{T}_{A_1},\gamma_2\in\tilde{T}_{A_2}}\left\{\frac{(1+\gamma_1)^{\zeta_1}(1+\gamma_2)^{\zeta_2}-(1-\gamma_1)^{\zeta_1}(1-\gamma_2)^{\zeta_2}}{(1+\gamma_1)^{\zeta_1}(1+\gamma_2)^{\zeta_2}+(1-\gamma_1)^{\zeta_1}(1-\gamma_2)^{\zeta_2}}\right\},$$

$$\cup_{\eta_1\in\tilde{I}_{A_1},\eta_2\in\tilde{I}_{A_2}}\left\{\frac{2\eta_1^{\zeta_1}\eta_2^{\zeta_2}}{(2-\eta_1)^{\zeta_1}(2-\eta_{A_2})^{\zeta_2}+\eta_1^{\zeta_1}\eta_2^{\zeta_2}}\right\},$$

$$\cup_{\xi_1\in\tilde{F}_{A_1},\xi_2\in\tilde{F}_{A_2}}\left\{\frac{2\xi_1^{\zeta_1}\xi_2^{\zeta_2}}{(2-\xi_1)^{\zeta_1}(2-\xi_2)^{\zeta_2}+\xi_1^{\zeta_1}\xi_2^{\zeta_2}}\right\}\Bigg\rangle$$

因此，

$MVNPWA_w(A_1,A_2)=$

$$\Bigg\langle\cup_{\gamma_1\in\tilde{T}_{A_1},\gamma_2\in\tilde{T}_{A_2}}\left\{\frac{(1+\gamma_1)^{\zeta_1}(1+\gamma_2)^{\zeta_2}-(1-\gamma_1)^{\zeta_1}(1-\gamma_2)^{\zeta_2}}{(1+\gamma_1)^{\zeta_1}(1+\gamma_2)^{\zeta_2}+(1-\gamma_1)^{\zeta_1}(1-\gamma_2)^{\zeta_2}}\right\},$$

$$\cup_{\eta_1\in\tilde{I}_{A_1},\eta_2\in\tilde{I}_{A_2}}\left\{\frac{2\eta_1^{\zeta_1}\eta_2^{\zeta_2}}{(2-\eta_1)^{\zeta_1}(2-\eta_{A_2})^{\zeta_2}+\eta_1^{\zeta_1}\eta_2^{\zeta_2}}\right\},$$

$$\cup_{\xi_1\in\tilde{F}_{A_1},\xi_2\in\tilde{F}_{A_2}}\left\{\frac{2\xi_1^{\zeta_1}\xi_2^{\zeta_2}}{(2-\xi_1)^{\zeta_1}(2-\xi_2)^{\zeta_2}+\xi_1^{\zeta_1}\xi_2^{\zeta_2}}\right\}\Bigg\rangle$$

（2）当 $n=k$ 时，公式（3-34）成立，则

$$MVNPWA_w(A_1,A_2,\cdots,A_k)=\Bigg\langle\cup_{\gamma_j\in\tilde{T}_{A_j}}\left\{\frac{\prod_{j=1}^{k}(1+\gamma_j)^{\zeta_j}-\prod_{j=1}^{k}(1-\gamma_j)^{\zeta_j}}{\prod_{j=1}^{k}(1+\gamma_j)^{\zeta_j}+\prod_{j=1}^{k}(1-\gamma_j)^{\zeta_j}}\right\},$$

$$\cup_{\eta_j\in\tilde{I}_{A_j}}\left\{\frac{2\prod_{j=1}^{k}\eta_j^{\zeta_j}}{\prod_{j=1}^{k}(2-\eta_j)^{\zeta_j}+\prod_{j=1}^{k}\eta_j^{\zeta_j}}\right\},$$

$$\cup_{\xi_j\in\tilde{F}_{A_j}}\left\{\frac{2\prod_{j=1}^{k}\xi_j^{\zeta_j}}{\prod_{j=1}^{k}(2-\xi_j)^{\zeta_j}+\prod_{i=1}^{k}\xi_j^{\zeta_j}}\right\}\Bigg\rangle$$

当 $n=k+1$ 时，根据定义 3-4 中的运算规则，有

$$MVNPWA_w(A_1, A_2, \cdots, A_k, A_{k+1})$$

$$=\left\langle \bigcup_{\gamma_j\in\tilde{T}_{A_j}}\left\{\frac{\dfrac{\prod_{j=1}^{k}(1+\gamma_j)^{\zeta_j}-\prod_{j=1}^{k}(1-\gamma_j)^{\zeta_j}}{\prod_{j=1}^{k}(1+\gamma_j)^{\zeta_j}+\prod_{j=1}^{k}(1-\gamma_j)^{\zeta_j}}+\dfrac{(1+\gamma_{k+1})^{\zeta_{k+1}}-(1-\gamma_{k+1})^{\zeta_{k+1}}}{(1+\gamma_{k+1})^{\zeta_{k+1}}+(1-\gamma_{k+1})^{\zeta_{k+1}}}}{1+\dfrac{\prod_{j=1}^{k}(1+\gamma_j)^{\zeta_j}-\prod_{j=1}^{k}(1-\gamma_j)^{\zeta_j}}{\prod_{j=1}^{k}(1+\gamma_j)^{\zeta_j}+\prod_{j=1}^{k}(1-\gamma_j)^{\zeta_j}}\cdot\dfrac{(1+\gamma_{k+1})^{\zeta_{k+1}}-(1-\gamma_{k+1})^{\zeta_{k+1}}}{(1+\gamma_{k+1})^{\zeta_{k+1}}+(1-\gamma_{k+1})^{\zeta_{k+1}}}}\right\},\right.$$

$$\bigcup_{\eta_j\in\tilde{I}_{A_j}}\left\{\frac{\dfrac{2\prod_{j=1}^{k}\eta_j^{\zeta_j}}{\prod_{j=1}^{k}(2-\eta_j)^{\zeta_j}+\prod_{j=1}^{k}\eta_j^{\zeta_j}}\cdot\dfrac{2\,\eta_{k+1}^{\zeta_{k+1}}}{(2-\eta_{k+1})^{\zeta_{k+1}}+\eta_{k+1}^{\zeta_{k+1}}}}{1+\left(1-\dfrac{2\prod_{j=1}^{k}\eta_j^{\zeta_j}}{\prod_{j=1}^{k}(2-\eta_j)^{\zeta_j}+\prod_{j=1}^{k}\eta_j^{\zeta_j}}\right)\cdot\left(1-\dfrac{2\,\eta_{k+1}^{\zeta_{k+1}}}{(2-\eta_{k+1})^{\zeta_{k+1}}+\eta_{k+1}^{\zeta_{k+1}}}\right)}\right\},$$

$$\left.\bigcup_{\xi_j\in\tilde{F}_{A_j}}\left\{\frac{\dfrac{2\prod_{j=1}^{k}\xi_j^{\zeta_j}}{\prod_{j=1}^{k}(2-\xi_j)^{\zeta_j}+\prod_{j=1}^{k}\xi_j^{\zeta_j}}\cdot\dfrac{2\,\xi_{k+1}^{\zeta_{k+1}}}{(2-\xi_{k+1})^{\zeta_{k+1}}+\xi_{k+1}^{\zeta_{k+1}}}}{1+\left(1-\dfrac{2\prod_{j=1}^{k}\xi_j^{\zeta_j}}{\prod_{j=1}^{k}(2-\xi_j)^{\zeta_j}+\prod_{j=1}^{k}\xi_j^{\zeta_j}}\right)\cdot\left(1-\dfrac{2\,\xi_{k+1}^{\zeta_{k+1}}}{(2-\xi_{k+1})^{\zeta_{k+1}}+\xi_{k+1}^{\zeta_{k+1}}}\right)}\right\}\right\rangle$$

$$=\left\langle \bigcup_{\gamma_j\in\tilde{T}_{A_j}}\left\{\frac{\prod_{j=1}^{k}(1+\gamma_j)^{\zeta_j}\cdot(1+\gamma_{k+1})^{\zeta_{k+1}}-\prod_{j=1}^{k}(1-\gamma_j)^{\zeta_j}\cdot(1-\gamma_{k+1})^{\zeta_{k+1}}}{\prod_{j=1}^{k}(1+\gamma_j)^{\zeta_j}\cdot(1+\gamma_{k+1})^{\zeta_{k+1}}+\prod_{j=1}^{k}(1-\gamma_j)^{\zeta_j}\cdot(1-\gamma_{k+1})^{\zeta_{k+1}}}\right\},\right.$$

$$\bigcup_{\eta_j\in\tilde{I}_{A_j}}\left\{\frac{4\prod_{j=1}^{k}\eta_j^{\zeta_j}\cdot\eta_{k+1}^{\zeta_{k+1}}}{2\prod_{j=1}^{k}(2-\eta_j)^{\zeta_j}\cdot(2-\eta_{k+1})^{\zeta_{k+1}}+2\prod_{i=1}^{k}\eta_j^{\zeta_j}\cdot\eta_{k+1}^{\zeta_{k+1}}}\right\},$$

$$\left.\bigcup_{\xi_j\in\tilde{F}_{A_j}}\left\{\frac{4\prod_{j=1}^{k}\xi_j^{\zeta_j}\cdot\xi_{k+1}^{\zeta_{k+1}}}{2\prod_{j=1}^{k}(2-\xi_j)^{\zeta_j}\cdot(2-\xi_{k+1})^{\zeta_{k+1}}+2\prod_{i=1}^{k}\xi_j^{\zeta_j}\cdot\xi_{k+1}^{\zeta_{k+1}}}\right\}\right\rangle$$

$$=\left\langle \bigcup_{\gamma_j\in\tilde{T}_{A_j}}\left\{\frac{\prod_{j=1}^{k+1}(1+\gamma_j)^{\zeta_j}-\prod_{j=1}^{k+1}(1-\gamma_j)^{\zeta_j}}{\prod_{j=1}^{k+1}(1+\gamma_j)^{\zeta_j}+\prod_{j=1}^{k+1}(1-\gamma_j)^{\zeta_j}}\right\},\right.$$

$$\left.\bigcup_{\eta_j\in\tilde{I}_{A_j}}\left\{\frac{2\prod_{j=1}^{k+1}\eta_j^{\zeta_j}}{\prod_{j=1}^{k+1}(2-\eta_j)^{\zeta_j}+\prod_{j=1}^{k+1}\eta_j^{\zeta_j}}\right\},\bigcup_{\xi_j\in\tilde{F}_{A_j}}\left\{\frac{2\prod_{j=1}^{k+1}\xi_j^{\zeta_j}}{\prod_{j=1}^{k+1}(2-\xi_j)^{\zeta_j}+\prod_{i=1}^{k+1}\xi_j^{\zeta_j}}\right\}\right\rangle$$

即当 $n=k+1$ 时，公式（3-34）也成立。因此，对于所有的 n，有

$$MVNPWA_w(A_1,A_2,\cdots,A_n)$$

$$=\left\langle \bigcup_{\gamma_j\in\tilde{T}_{A_j}}\left\{\frac{\prod_{j=1}^{n}(1+\gamma_j)^{\frac{w_j(1+S(A_j))}{\sum_{j=1}^{n}w_j(1+S(A_j))}}-\prod_{j=1}^{n}(1-\gamma_j)^{\frac{w_j(1+S(A_j))}{\sum_{j=1}^{n}w_j(1+S(A_j))}}}{\prod_{j=1}^{n}(1+\gamma_j)^{\frac{w_j(1+S(A_j))}{\sum_{j=1}^{n}w_j(1+S(A_j))}}+\prod_{j=1}^{n}(1-\gamma_j)^{\frac{w_j(1+S(A_j))}{\sum_{j=1}^{n}w_j(1+S(A_j))}}}\right\},\right.$$

$$\bigcup_{\eta_j\in\tilde{I}_{A_j}}\left\{\frac{2\prod_{j=1}^{n}\eta_j^{\frac{w_j(1+S(A_j))}{\sum_{j=1}^{n}w_j(1+S(A_j))}}}{\prod_{j=1}^{n}(2-\eta_j)^{\frac{w_j(1+S(A_j))}{\sum_{j=1}^{n}w_j(1+S(A_j))}}+\prod_{j=1}^{n}\eta_j^{\frac{w_j(1+S(A_j))}{\sum_{j=1}^{n}w_j(1+S(A_j))}}}\right\},$$

$$\left.\bigcup_{\xi_j\in\tilde{F}_{A_j}}\left\{\frac{2\prod_{j=1}^{n}\xi_j^{\frac{w_j(1+S(A_j))}{\sum_{j=1}^{n}w_j(1+S(A_j))}}}{\prod_{j=1}^{n}(2-\xi_j)^{\frac{w_j(1+S(A_j))}{\sum_{j=1}^{n}w_j(1+S(A_j))}}+\prod_{i=1}^{n}\xi_j^{\frac{w_j(1+S(A_j))}{\sum_{j=1}^{n}w_j(1+S(A_j))}}}\right\}\right\rangle$$

证毕。

MVNPWA 算子具有以下结论。

性质 3-7 给定一组多值中智数 $A_j=\langle\tilde{T}_{A_j},\tilde{I}_{A_j},\tilde{F}_{A_j}\rangle(j=1,2,\cdots,n)$。

（1）若 $A_j'(j=1,2,\cdots,n)$ 是 $A_j(j=1,2,\cdots,n)$ 的一个排列组合，则有：

$$MVNPWA_w(A_1,A_2,\cdots,A_n)=MVNPWA_w(A_1',A_2',\cdots,A_n')$$

（2）若 $A=\langle\tilde{T}_A,\tilde{I}_A,\tilde{F}_A\rangle$ 是一个中智数，对任意的 j，有 $\gamma_j=\gamma$，$\eta_j=\eta$ 且 $\xi_j=\xi$，则

$$MVNPWA_w(A_1,A_2,\cdots,A_n)=A$$

其中 γ_j，η_j 与 ξ_j 分别是 $\tilde{T}_{A_j}$，$\tilde{I}_{A_j}$ 与 $\tilde{F}_{A_j}$ 中的元素，γ，η 与 ξ 分别是 $\tilde{T}_A$，$\tilde{I}_A$

与 $\tilde{F}_A$ 中的元素。

(3) 给定一组中智数 $A_j^*=\langle \tilde{T}_{A_j^*},\tilde{I}_{A_j^*},\tilde{F}_{A_j^*}\rangle\ (j=1,2,\cdots,n)$，若对任意的 j，有 $\gamma_j\leqslant\gamma_j^*$，$\eta_j\geqslant\eta_j^*$ 与 $\xi_j\geqslant\xi_j^*$，则

$$MVNPWA_w(A_1,A_2,\cdots,A_n)\leqslant MVNPWA_w(A_1^*,A_2^*,\cdots,A_n^*)$$

其中 γ_j，η_j 与 ξ_j 分别是 $\tilde{T}_{A_j}$，$\tilde{I}_{A_j}$与 $\tilde{F}_{A_j}$中的元素，γ_j^*，η_j^* 与 ξ_j^* 分别是 $\tilde{T}_{A_j^*}$，$\tilde{I}_{A_j^*}$与 $\tilde{F}_{A_j^*}$ 中的元素。

证明 略。

定义 3-17 给定一组多值中智数 $A_j=\langle \tilde{T}_{A_j},\tilde{I}_{A_j},\tilde{F}_{A_j}\rangle\ (j=1,2,\cdots,n)$，$w=(w_1,w_2,\cdots,w_n)$是各多值中智数 $A_j\ (j=1,2,\cdots,n)$ 的权重系数，满足 $w_j\geqslant 0\ (j=1,2,\cdots,n)$ 且 $\sum_{j=1}^{n}w_j=1$。则多值中智指数几何平均(简记为 *MVNPWG*)算子是 $MVNN^n\rightarrow MVNN$ 的一个映射，满足以下形式：

$$MVNPWG_w(A_1,A_2,\cdots,A_n)=\bigotimes_{j=1}^{n}A_j^{\frac{w_j(1+S(A_j))}{\sum_{j=1}^{n}w_j(1+S(A_j))}} \tag{3-35}$$

其中 $S(A_j)=\sum_{i=1,j\neq i}^{n}w_jSupp(A_j,A_i)$，$Supp(A_j,A_i)$ 是 A_j 从 A_i 获得的支持度且满足下面的条件：

(1) $Supp(A_i,A_j)\in[0,1]$；

(2) $Supp(A_i,A_j)=Supp(A_j,A_i)$；

(3) $Supp(A_i,A_j)\geqslant Supp(A_p,A_q)$ 当且仅当 $d(A_i,A_j)<d(A_p,A_q)$，其中 d 是定义 3-6 中的 Hamming-Hausdorff 距离。

定理 3-9 给定一组多值中智数 $A_j=\langle \tilde{T}_{A_j},\tilde{I}_{A_j},\tilde{F}_{A_j}\rangle\ (j=1,2,\cdots,n)$，$w=(w_1,w_2,\cdots,w_n)$是各多值中智数 $A_j\ (j=1,2,\cdots,n)$ 的权重系数，满足 $w_j\geqslant 0\ (j=1,2,\cdots,n)$ 且 $\sum_{j=1}^{n}w_j=1$，则利用 *MVNPWG* 算子集成的结果仍然是一个多值中智数，且

$$MVNPWG_w(A_1, A_2, \cdots, A_n)$$

$$= \left\langle \bigcup_{\gamma_j \in \tilde{T}_{A_j}} \left\{ \frac{2\prod_{j=1}^{n} \gamma_j^{\frac{w_j(1+S(A_j))}{\sum_{j=1}^{n} w_j(1+S(A_j))}}}{\prod_{j=1}^{n}(2-\gamma_j)^{\frac{w_j(1+S(A_j))}{\sum_{j=1}^{n} w_j(1+S(A_j))}} + \prod_{j=1}^{n} \gamma_j^{\frac{w_j(1+S(A_j))}{\sum_{j=1}^{n} w_j(1+S(A_j))}}} \right\}, \right.$$

$$\bigcup_{\eta_j \in \tilde{I}_{A_j}} \left\{ \frac{\prod_{j=1}^{n}(1+\eta_j)^{\frac{w_j(1+S(A_j))}{\sum_{j=1}^{n} w_j(1+S(A_j))}} - \prod_{j=1}^{n}(1-\eta_j)^{\frac{w_j(1+S(A_j))}{\sum_{j=1}^{n} w_j(1+S(A_j))}}}{\prod_{j=1}^{n}(1+\eta_j)^{\frac{w_j(1+S(A_j))}{\sum_{j=1}^{n} w_j(1+S(A_j))}} + \prod_{j=1}^{n}(1-\eta_j)^{\frac{w_j(1+S(A_j))}{\sum_{j=1}^{n} w_j(1+S(A_j))}}} \right\}, \tag{3-36}$$

$$\left. \bigcup_{\xi_j \in \tilde{F}_{A_j}} \left\{ \frac{\prod_{j=1}^{n}(1+\xi_j)^{\frac{w_j(1+S(A_j))}{\sum_{j=1}^{n} w_j(1+S(A_j))}} - \prod_{j=1}^{n}(1-\xi_j)^{\frac{w_j(1+S(A_j))}{\sum_{j=1}^{n} w_j(1+S(A_j))}}}{\prod_{j=1}^{n}(1+\xi_j)^{\frac{w_j(1+S(A_j))}{\sum_{j=1}^{n} w_j(1+S(A_j))}} + \prod_{j=1}^{n}(1-\xi_j)^{\frac{w_j(1+S(A_j))}{\sum_{j=1}^{n} w_j(1+S(A_j))}}} \right\} \right\rangle$$

其中 $S(A_j) = \sum_{i=1, j \neq i}^{n} w_j Supp(A_j, A_i)$ 且满足定义 3-17 中的条件。

证明　定理 3-9 可利用数学归纳法进行证明，过程省略。

同理，$MVNPWG$ 算子也具有以下性质。

性质 3-8　给定一组多值中智数 $A_j = \langle \tilde{T}_{A_j}, \tilde{I}_{A_j}, \tilde{F}_{A_j} \rangle (j=1,2,\cdots,n)$。

（1）若 $A_j^{'}(j=1,2,\cdots,n)$ 是 $A_j(j=1,2,\cdots,n)$ 的一个排列组合，则有：

$$MVNPWG_w(A_1, A_2, \cdots, A_n) = MVNPWG_w(A_1^{'}, A_2^{'}, \cdots, A_n^{'})$$

（2）若 $A = \langle \tilde{T}_A, \tilde{I}_A, \tilde{F}_A \rangle$ 是一个中智数，对任意的 j，有 $\gamma_j = \gamma$，$\eta_j = \eta$ 且 $\xi_j = \xi$，则

$$MVNPWG_w(A_1, A_2, \cdots, A_n) = A$$

其中 γ_j，η_j 与 ξ_j 分别是 $\tilde{T}_{A_j}$，$\tilde{I}_{A_j}$ 与 $\tilde{F}_{A_j}$ 中的元素，γ，η 与 ξ 分别是 $\tilde{T}_A$，$\tilde{I}_A$ 与 $\tilde{F}_A$ 中的元素。

（3）给定一组中智数 $A_j^* = \langle \tilde{T}_{A_j^*}, \tilde{I}_{A_j^*}, \tilde{F}_{A_j^*} \rangle (j=1,2,\cdots,n)$，若对任意的 j，有 $\gamma_j \leqslant \gamma_j^*$，$\eta_j \geqslant \eta_j^*$ 与 $\xi_j \geqslant \xi_j^*$，则

$$MVNPWG_w(A_1,A_2,\cdots,A_n)\leqslant MVNPWG_w(A_1^*,A_2^*,\cdots,A_n^*)$$

其中 γ_j，η_j 与 ξ_j 分别是 $\tilde{T}_{A_j}$，$\tilde{I}_{A_j}$与 $\tilde{F}_{A_j}$中的元素，γ_j^*，η_j^* 与 ξ_j^* 分别是 $\tilde{T}_{A_j^*}$，$\tilde{I}_{A_j^*}$与 $\tilde{F}_{A_j^*}$中的元素。

证明 略。

3.3.3 基于指数集成算子的多值中智多准则群决策方法

设有 n 个方案 $A=\{\alpha_1,\alpha_2,\cdots,\alpha_n\}$ 以及 m 个准则 $C=\{c_1,c_2,\cdots,c_m\}$，对应的准则权重系数为 $w=(w_1,w_2,\cdots,w_m)$，$w_j\geqslant 0(j=1,2,\cdots,m)$ 且 $\sum_{j=1}^{m}w_j=1$。l 个决策者 $D=\{d_1,d_2,\cdots,d_l\}$ 的权重系数为 $\omega=(\omega_1,\omega_2,\cdots,\omega_l)$，$\omega_k\geqslant 0(k=1,2,\cdots,l)$ 且 $\sum_{k=1}^{l}\omega_k=1$。决策者 $d_k\in D$ 对方案 α_i 在准则 c_j 下的评价值以多值中智数的形式给出，$\alpha_{ij}^k=\langle\tilde{T}_{\alpha_{ij}^k},\tilde{I}_{\alpha_{ij}^k},\tilde{F}_{\alpha_{ij}^k}\rangle$，其中 $\tilde{T}_{\alpha_{ij}^k}$表示真实程度，$\tilde{I}_{\alpha_{ij}^k}$表示不确定程度，$\tilde{F}_{\alpha_{ij}^k}$表示谬误度。第 k 个决策者的决策矩阵用 $\boldsymbol{R}^k=(\alpha_{ij}^k)_{n\times m}$表示。

一般情况下，多准则决策问题的准则可分为效益型和成本型。根据参考文献［129］对直觉模糊数的处理方法，成本型准则可转化为效益型准则：

$$\beta_{ij}^k=\begin{cases}\alpha_{ij}^k, & \text{效益型准则 } c_j\\ (\alpha_{ij}^k)^C, & \text{成本型准则 } c_j\end{cases}\quad(i=1,2,\cdots,n;\ j=1,2,\cdots,m)\tag{3-37}$$

其中$(\alpha_{ij}^k)^C$ 是 α_{ij}^k的补集。

下面给出具体的决策步骤。

步骤 1 决策矩阵的规范化。

见 3.2.2 小节中的步骤 1。

步骤 2 计算支持度 $Supp(\beta_{ij}^k,\beta_{ij}^t)$。

利用下面的公式计算 $Supp(\beta_{ij}^k,\beta_{ij}^t)$：

$$Supp(\beta_{ij}^k,\beta_{ij}^t)=1-d(\beta_{ij}^k,\beta_{ij}^t)$$
$$(i=1,2,\cdots,n;\ j=1,2,\cdots,m;\ k,t=1,2,\cdots,l,k\neq t)\tag{3-38}$$

其中 $Supp(\beta_{ij}^k,\beta_{ij}^t)$ 表示 β_{ij}^k 从 β_{ij}^t 获得的支持度，且满足定义 3-16 中的三个条件。$d(\beta_{ij}^k,\beta_{ij}^t)$ 表示定义 3-6 中 β_{ij}^k 与 β_{ij}^t 的 Hamming-Hausdorff 距离。

步骤 3　计算多值中智数 β_{ij}^k 对应的权重 τ_{ij}^k。

多值中智数 β_{ij}^k 从 $\beta_{ij}^t(t=1,2,\cdots,l;\ t\neq k)$ 获得的加权的支持度 $S(\beta_{ij}^k)$ 可通过决策者 $d_k(k=1,2,\cdots,l)$ 的权重系数 $\omega_k(k=1,2,\cdots,l)$ 确定：

$$S(\beta_{ij}^k)=\sum_{t=1,t\neq k}^{l}\omega_t Supp(\beta_{ij}^k,\beta_{ij}^t)\qquad(k=1,2,\cdots,l)\tag{3-39}$$

则多值中智数 β_{ij}^k 对应的权重 $\tau_{ij}^k(k=1,2,\cdots,l)$ 可通过下面的公式得出：

$$\tau_{ij}^k=\frac{\omega_k(1+S(\beta_{ij}^k))}{\sum_{k=1}^{l}\omega_k(1+S(\beta_{ij}^k))}\qquad(k=1,2,\cdots,l)\tag{3-40}$$

其中 $\tau_{ij}^k\geqslant 0(k=1,2,\cdots,l)$ 且 $\sum_{k=1}^{l}\tau_{ij}^k=1$。

步骤 4　对每一个专家的评价信息进行集成。

利用 *MVNPWA* 算子公式（3-34）或 *MVNPWG* 算子公式（3-36）对每个决策者的评价信息 β_{ij}^k 进行集成：

$$\begin{aligned}\beta_{ij}&=MVNPWA_{\omega}(\beta_{ij}^1,\beta_{ij}^2,\cdots,\beta_{ij}^l)\\&=\left\langle\bigcup_{\gamma_{ij}^k\in\tilde{T}_{\beta_{ij}^k}}\left\{\frac{\prod_{k=1}^{l}(1+\gamma_{ij}^k)^{\tau_{ij}^k}-\prod_{k=1}^{l}(1-\gamma_{ij}^k)^{\tau_{ij}^k}}{\prod_{k=1}^{l}(1+\gamma_{ij}^k)^{\tau_{ij}^k}+\prod_{k=1}^{l}(1-\gamma_{ij}^k)^{\tau_{ij}^k}}\right\},\right.\\&\qquad\bigcup_{\eta_{ij}^k\in\tilde{I}_{\beta_{ij}^k}}\left\{\frac{2\prod_{k=1}^{l}(\eta_{ij}^k)^{\tau_{ij}^k}}{\prod_{k=1}^{l}(2-\eta_{ij}^k)^{\tau_{ij}^k}+\prod_{k=1}^{l}(\eta_{ij}^k)^{\tau_{ij}^k}}\right\},\\&\qquad\left.\bigcup_{\xi_{ij}^k\in\tilde{F}_{\beta_{ij}^k}}\left\{\frac{2\prod_{k=1}^{l}(\xi_{ij}^k)^{\tau_{ij}^k}}{\prod_{k=1}^{l}(2-\xi_{ij}^k)^{\tau_{ij}^k}+\prod_{k=1}^{l}(\xi_{ij}^k)^{\tau_{ij}^k}}\right\}\right\rangle\end{aligned}\tag{3-41}$$

或

$$\beta_{ij}=MVNPWG_{\omega}(\beta_{ij}^{1},\beta_{ij}^{2},\cdots,\beta_{ij}^{l})$$
$$=\left\langle \cup_{\gamma_{ij}^{k}\in\tilde{T}_{\beta_{ij}^{k}}}\left\{\frac{2\prod_{k=1}^{l}(\gamma_{ij}^{k})^{\tau_{ij}^{k}}}{\prod_{k=1}^{l}(2-\gamma_{ij}^{k})^{\tau_{ij}^{k}}+\prod_{k=1}^{l}(\gamma_{ij}^{k})^{\tau_{ij}^{k}}}\right\},\right.$$
$$\cup_{\eta_{ij}^{k}\in\tilde{I}_{\beta_{ij}^{k}}}\left\{\frac{\prod_{k=1}^{l}(1+\eta_{ij}^{k})^{\tau_{ij}^{k}}-\prod_{k=1}^{l}(1-\eta_{ij}^{k})^{\tau_{ij}^{k}}}{\prod_{k=1}^{l}(1+\eta_{ij}^{k})^{\tau_{ij}^{k}}+\prod_{k=1}^{l}(1-\eta_{ij}^{k})^{\tau_{ij}^{k}}}\right\},\tag{3-42}$$
$$\left.\cup_{\xi_{ij}^{k}\in\tilde{F}_{\beta_{ij}^{k}}}\left\{\frac{\prod_{k=1}^{l}(1+\xi_{ij}^{k})^{\tau_{ij}^{k}}-\prod_{k=1}^{l}(1-\xi_{ij}^{k})^{\tau_{ij}^{k}}}{\prod_{k=1}^{l}(1+\xi_{ij}^{k})^{\tau_{ij}^{k}}+\prod_{k=1}^{l}(1-\xi_{ij}^{k})^{\tau_{ij}^{k}}}\right\}\right\rangle$$

步骤 5 计算支持度 $Supp(\beta_{ij},\beta_{ip})$。

通过下面的公式计算 β_{ij} 从 β_{ip} 获得的支持度 $Supp(\beta_{ij},\beta_{ip})$：

$$Supp(\beta_{ij},\beta_{ip})=1-d(\beta_{ij},\beta_{ip})\tag{3-43}$$
$$(i=1,2,\cdots,n;\ j,p=1,2,\cdots,m;\ j\neq p)$$

其中 $d(\beta_{ij},\beta_{ip})$ 表示定义 3-6 中 β_{ij} 与 β_{ip} 的 Hamming-Hausdorff 距离。

步骤 6 计算集成的中智数 β_{ij} 相关的权重 ρ_{ij}。

多值中智数 β_{ij} 从 $\beta_{ip}(p=1,2,\cdots,m,\ p\neq j)$ 获得的加权支持度 $S(\beta_{ij})$，可通过准则 $c_j(j=1,2,\cdots,m)$ 的权重 $w_j(j=1,2,\cdots,m)$ 计算得出：

$$S(\beta_{ij})=\sum_{p=1,p\neq j}^{m}w_{p}Supp(\beta_{ij},\beta_{ip})\quad(p=1,2,\cdots,m)\tag{3-44}$$

则 $\beta_{ij}(j=1,2,\cdots,m)$ 相关的权重 $\rho_{ij}(j=1,2,\cdots,m)$ 为：

$$\rho_{ij}=\frac{w_j(1+S(\beta_{ij}))}{\sum_{j=1}^{m}w_j(1+S(\beta_{ij}))}\quad(j=1,2,\cdots,m)\tag{3-45}$$

其中 $\rho_{ij}\geqslant 0(j=1,2,\cdots,m)$ 且 $\sum_{j=1}^{m}\rho_{ij}=1$。

步骤 7　计算每一方案的综合评价值。

利用 $MVNPWA$ 算子公式（3-34）或 $MVNPWG$ 算子公式（3-36）对每一方案的评价 $\beta_{ij}(j=1,2,\cdots,m)$ 进行集成，则方案 $\alpha_i(i=1,2,\cdots,n)$ 的综合评价值为：

$$\begin{aligned}\beta_i &= MVNPWA_w(\beta_{i1},\beta_{i2},\cdots,\beta_{im}) \\ &= \left\langle \bigcup_{\gamma_{ij}\in \tilde{T}_{\beta_{ij}}} \left\{ \frac{\prod_{j=1}^{m}(1+\gamma_{ij})^{\rho_{ij}} - \prod_{j=1}^{m}(1-\gamma_{ij})^{\rho_{ij}}}{\prod_{j=1}^{m}(1+\gamma_{ij})^{\rho_{ij}} + \prod_{j=1}^{m}(1-\gamma_{ij})^{\rho_{ij}}} \right\}, \right. \\ &\quad \bigcup_{\eta_{ij}\in \tilde{I}_{\beta_{ij}}} \left\{ \frac{2\prod_{j=1}^{m}(\eta_{ij})^{\rho_{ij}}}{\prod_{j=1}^{m}(2-\eta_{ij})^{\rho_{ij}} + \prod_{j=1}^{m}(\eta_{ij})^{\rho_{ij}}} \right\}, \\ &\quad \left. \bigcup_{\xi_{ij}\in \tilde{F}_{\beta_{ij}}} \left\{ \frac{2\prod_{j=1}^{m}(\xi_{ij})^{\rho_{ij}}}{\prod_{j=1}^{m}(2-\xi_{ij})^{\rho_{ij}} + \prod_{j=1}^{m}(\xi_{ij})^{\rho_{ij}}} \right\} \right\rangle \end{aligned} \tag{3-46}$$

或

$$\begin{aligned}\beta_i &= MVNPWG_w(\beta_{i1},\beta_{i2},\cdots,\beta_{im}) \\ &= \left\langle \bigcup_{\gamma_{ij}\in \tilde{T}_{\beta_{ij}}} \left\{ \frac{2\prod_{j=1}^{m}(\gamma_{ij})^{\rho_{ij}}}{\prod_{j=1}^{m}(2-\gamma_{ij})^{\rho_{ij}} + \prod_{j=1}^{m}(\gamma_{ij})^{\rho_{ij}}} \right\}, \right. \\ &\quad \bigcup_{\eta_{ij}\in \tilde{I}_{\beta_{ij}}} \left\{ \frac{\prod_{j=1}^{m}(1+\eta_{ij})^{\rho_{ij}} - \prod_{j=1}^{m}(1-\eta_{ij})^{\rho_{ij}}}{\prod_{j=1}^{m}(1+\eta_{ij})^{\rho_{ij}} + \prod_{j=1}^{m}(1-\eta_{ij})^{\rho_{ij}}} \right\}, \\ &\quad \left. \bigcup_{\xi_{ij}\in \tilde{F}_{\beta_{ij}}} \left\{ \frac{\prod_{j=1}^{m}(1+\xi_{ij})^{\rho_{ij}} - \prod_{j=1}^{m}(1-\xi_{ij})^{\rho_{ij}}}{\prod_{j=1}^{m}(1+\xi_{ij})^{\rho_{ij}} + \prod_{j=1}^{m}(1-\xi_{ij})^{\rho_{ij}}} \right\} \right\rangle \end{aligned} \tag{3-47}$$

步骤 8 计算记分函数值与精度函数值。

根据定义 3-7 可分别计算出方案 $\alpha_i(i=1,2,\cdots,n)$ 的记分函数值 $s(\beta_i)$ 与精度函数值 $a(\beta_i)$。

步骤 9 方案排序。

根据定义 3-8，对所有的方案 $\alpha_i(i=1,2,\cdots,n)$ 进行排序并选取最优的方案。

3.3.4 案例分析

本节案例改编于参考文献［105］，用于阐述所介绍的多准则群决策方法。某一投资公司准备对候选的四个企业进行投资，由三个人成立了一个董事会分别对四个企业进行评估，三人的权重系数为 $\omega=(0.3,0.5,0.2)$。其中四个企业分别是：α_1 为汽车企业；α_2 为食品企业；α_3 为计算机企业；α_4 为装备企业。对每一个企业需按照三个准则进行评价：c_1 为风险；c_2 为增长力；c_3 为对环境造成的影响，其中 c_1 与 c_2 是效益型准则，c_3 是成本型准则，对应的权重系数为 $w=(0.35,0.25,0.4)$。

三个决策者可以根据自己的经验与知识对相关企业进行评价，且以多值中智数的形式给出。其中第 k 个决策者对企业 α_i 的准则 c_j 给出的评价记为 $\alpha_{ij}^k=\langle \tilde{T}_{\alpha_{ij}^k},\tilde{I}_{\alpha_{ij}^k},\tilde{F}_{\alpha_{ij}^k}\rangle(i=1,2,3,4;\ j=1,2,3;\ k=1,2,3)$，表示第 k 个决策者给出的评价信息的集合。$\tilde{T}_{\alpha_{ij}^k},\tilde{I}_{\alpha_{ij}^k}$ 与 $\tilde{F}_{\alpha_{ij}^k}$ 是犹豫模糊数，分别表示决策者对准则“优秀”给出的肯定程度、不确定程度与否定程度。同时，每一个决策者对每一个隶属度可以同时给出多个数值，所有可能的数值都会被收集。但若决策者对一个隶属度给出同样的两个数值，则此值只记数一次。按照以上规则得到的决策矩阵 $\boldsymbol{R}^k=(\alpha_{ij}^k)_{4\times3}$ 为：

$$\boldsymbol{R}^1=\begin{pmatrix}\langle\{0.4\},\{0.1\},\{0.2\}\rangle & \langle\{0.5\},\{0.2\},\{0.1\}\rangle & \langle\{0.3\},\{0.1,0.2\},\{0.4\}\rangle \\ \langle\{0.7\},\{0.1,0.2\},\{0.2\}\rangle & \langle\{0.6\},\{0.2\},\{0.2,0.3\}\rangle & \langle\{0.4\},\{0.2\},\{0.3\}\rangle \\ \langle\{0.4,0.5\},\{0.1\},\{0.3\}\rangle & \langle\{0.5\},\{0.2\},\{0.1\}\rangle & \langle\{0.4,0.5\},\{0.2\},\{0.2\}\rangle \\ \langle\{0.6\},\{0.3\},\{0.1\}\rangle & \langle\{0.5,0.6\},\{0.3\},\{0.2\}\rangle & \langle\{0.5\},\{0.1\},\{0.2\}\rangle\end{pmatrix}$$

$$\boldsymbol{R}^2=\begin{pmatrix}\langle\{0.6\},\{0.1\},\{0.1,0.2\}\rangle & \langle\{0.5\},\{0.2\},\{0.2\}\rangle & \langle\{0.4,0.5\},\{0.1\},\{0.3\}\rangle \\ \langle\{0.5\},\{0.2\},\{0.2\}\rangle & \langle\{0.6\},\{0.2\},\{0.1,0.2\}\rangle & \langle\{0.5\},\{0.3\},\{0.2\}\rangle \\ \langle\{0.4,0.5\},\{0.2\},\{0.1\}\rangle & \langle\{0.5\},\{0.1\},\{0.3\}\rangle & \langle\{0.5\},\{0.1\},\{0.2,0.3\}\rangle \\ \langle\{0.5\},\{0.3\},\{0.2\}\rangle & \langle\{0.8\},\{0.2,0.3\},\{0.2\}\rangle & \langle\{0.5\},\{0.2\},\{0.2\}\rangle\end{pmatrix}$$

$$R^3=\begin{pmatrix} \langle\{0.4,0.5\},\{0.2\},\{0.3\}\rangle & \langle\{0.4\},\{0.2,0.3\},\{0.3\}\rangle & \langle\{0.2\},\{0.2\},\{0.5\}\rangle \\ \langle\{0.6\},\{0.1,0.2\},\{0.2\}\rangle & \langle\{0.6\},\{0.1\},\{0.2\}\rangle & \langle\{0.5\},\{0.2\},\{0.1,0.2\}\rangle \\ \langle\{0.3,0.4\},\{0.2\},\{0.3\}\rangle & \langle\{0.5\},\{0.2\},\{0.3\}\rangle & \langle\{0.5\},\{0.2,0.3\},\{0.2\}\rangle \\ \langle\{0.7\},\{0.1,0.2\},\{0.1\}\rangle & \langle\{0.6\},\{0.1\},\{0.2\}\rangle & \langle\{0.4\},\{0.3\},\{0.2\}\rangle \end{pmatrix}$$

下面根据前面所提出的决策方法给出该公司详细的决策过程。

步骤 1 决策矩阵的规范化。

根据公式（3-37），将多值中智数决策矩阵 $\boldsymbol{R}^k=(\alpha_{ij}^k)_{n\times m}$ 规范化为 $\tilde{\boldsymbol{R}}^k=(\beta_{ij}^k)_{n\times m}$，其中 α_{ij}^k 是多值中智数。

因准则 c_1 与 c_2 是效益型准则，c_3 是成本型准则，则根据公式（3-37），规范化后的多值中智决策矩阵 $\tilde{\boldsymbol{R}}^k=(\beta_{ij}^k)_{4\times 3}$ 为：

$$\tilde{R}^1=\begin{pmatrix} \langle\{0.4\},\{0.1\},\{0.2\}\rangle & \langle\{0.5\},\{0.2\},\{0.1\}\rangle & \langle\{0.4\},\{0.8,0.9\},\{0.3\}\rangle \\ \langle\{0.7\},\{0.1,0.2\},\{0.2\}\rangle & \langle\{0.6\},\{0.2\},\{0.2,0.3\}\rangle & \langle\{0.3\},\{0.8\},\{0.4\}\rangle \\ \langle\{0.4,0.5\},\{0.1\},\{0.3\}\rangle & \langle\{0.5\},\{0.2\},\{0.1\}\rangle & \langle\{0.2\},\{0.8\},\{0.4,0.5\}\rangle \\ \langle\{0.6\},\{0.3\},\{0.1\}\rangle & \langle\{0.5,0.6\},\{0.3\},\{0.2\}\rangle & \langle\{0.2\},\{0.9\},\{0.5\}\rangle \end{pmatrix}$$

$$\tilde{\boldsymbol{R}}^2=\begin{pmatrix} \langle\{0.6\},\{0.1\},\{0.1,0.2\}\rangle & \langle\{0.5\},\{0.2\},\{0.2\}\rangle & \langle\{0.3\},\{0.9\},\{0.4,0.5\}\rangle \\ \langle\{0.5\},\{0.2\},\{0.2\}\rangle & \langle\{0.6\},\{0.2\},\{0.1,0.2\}\rangle & \langle\{0.2\},\{0.7\},\{0.5\}\rangle \\ \langle\{0.4,0.5\},\{0.2\},\{0.1\}\rangle & \langle\{0.5\},\{0.1\},\{0.3\}\rangle & \langle\{0.2,0.3\},\{0.9\},\{0.5\}\rangle \\ \langle\{0.5\},\{0.3\},\{0.2\}\rangle & \langle\{0.8\},\{0.2,0.3\},\{0.2\}\rangle & \langle\{0.2\},\{0.8\},\{0.5\}\rangle \end{pmatrix}$$

$$\tilde{\boldsymbol{R}}^3=\begin{pmatrix} \langle\{0.4,0.5\},\{0.2\},\{0.3\}\rangle & \langle\{0.4\},\{0.2,0.3\},\{0.3\}\rangle & \langle\{0.5\},\{0.8\},\{0.2\}\rangle \\ \langle\{0.6\},\{0.1,0.2\},\{0.2\}\rangle & \langle\{0.6\},\{0.1\},\{0.2\}\rangle & \langle\{0.1,0.2\},\{0.8\},\{0.5\}\rangle \\ \langle\{0.3,0.4\},\{0.2\},\{0.3\}\rangle & \langle\{0.5\},\{0.2\},\{0.3\}\rangle & \langle\{0.2\},\{0.7,0.8\},\{0.5\}\rangle \\ \langle\{0.7\},\{0.1,0.2\},\{0.1\}\rangle & \langle\{0.6\},\{0.1\},\{0.2\}\rangle & \langle\{0.2\},\{0.7\},\{0.4\}\rangle \end{pmatrix}$$

步骤 2 计算支持度 $Supp(\beta_{ij}^k,\beta_{ij}^t)$。

为方便起见，将 $(Supp(\beta_{ij}^k,\beta_{ij}^t))_{4\times3}$ 记为 $Supp^{kt}$。根据公式（3-38）与定义 3-6 可计算出支持度 $Supp^{kt}(k,t=1,2,3;\ k\neq t)$。例如，$Supp_{11}^{12}$ 的计算过程如下所示：

$$\begin{aligned} Supp_{11}^{12}&=1-d(\beta_{11}^1,\beta_{11}^2)\\ &=1-d(\langle\{0.4\},\{0.1\},\{0.2\}\rangle,\langle\{0.6\},\{0.1\},\{0.1,0.2\}\rangle)\\ &=1-\frac{1}{6}[0.2+0.2+0+0+\max(\min(|0.2-0.1|,|0.2-0.2|))+ \end{aligned}$$

$$\max(\min(|0.1-0.2|,|0.2-0.2|))]$$
$$=1-\frac{1}{6}(0.4+0+0.1)=0.9167$$

同理，可得其他 $Supp^{kt}(k,t=1,2,3;\ k\neq t)$ 值为：

$$Supp^{12}=Supp^{21}=\begin{pmatrix}0.9167 & 0.9667 & 0.9000\\ 0.9167 & 0.9667 & 0.9000\\ 0.9000 & 0.9000 & 0.9333\\ 0.9333 & 0.9000 & 0.9667\end{pmatrix}$$
$$Supp^{13}=Supp^{31}=\begin{pmatrix}0.9167 & 0.8833 & 0.9167\\ 0.9667 & 0.9667 & 0.9167\\ 0.9333 & 0.9333 & 0.9667\\ 0.9167 & 0.9167 & 0.9000\end{pmatrix}$$
$$Supp^{23}=Supp^{32}=\begin{pmatrix}0.8667 & 0.9167 & 0.8167\\ 0.9500 & 0.9500 & 0.9667\\ 0.9000 & 0.9667 & 0.9333\\ 0.8500 & 0.8833 & 0.9333\end{pmatrix}$$

步骤 3 计算多值中智数 β_{ij}^k 对应的权重 τ_{ij}^k。

根据公式（3-39），可计算出加权的支持度 $S(\beta_{ij}^k)$。例如，$S(\beta_{11}^1)$ 的计算过程如下：

$$\begin{aligned}S(\beta_{11}^1)&=\sum_{t=2}^{3}\omega_t Supp(\beta_{11}^1,\beta_{11}^t)\\&=\omega_2 Supp(\beta_{11}^1,\beta_{11}^2)+\omega_3 Supp(\beta_{11}^1,\beta_{11}^3)\\&=\omega_2 Supp\beta_{11}^{12}+\omega_3 Supp\beta_{11}^{13}=0.5\times0.9167+0.2\times0.9167=0.6417\end{aligned}$$

若将 $(S(\beta_{ij}^k))_{4\times3}$ 简记为 $\boldsymbol{S}^k(k=1,2,3)$，则有：

$$\boldsymbol{S}^1=\begin{pmatrix}0.6417 & 0.6600 & 0.6333\\ 0.6517 & 0.6734 & 0.6333\\ 0.6367 & 0.6367 & 0.6600\\ 0.6500 & 0.6333 & 0.6634\end{pmatrix},\boldsymbol{S}^2=\begin{pmatrix}0.4484 & 0.4734 & 0.6784\\ 0.7500 & 0.4800 & 0.4633\\ 0.4500 & 0.4633 & 0.4667\\ 0.4500 & 0.4467 & 0.4767\end{pmatrix},$$

$$S^3=\begin{pmatrix}0.7084 & 0.7233 & 0.6834\\ 0.7650 & 0.7600 & 0.7584\\ 0.7300 & 0.7633 & 0.7567\\ 0.7000 & 0.7167 & 0.7367\end{pmatrix}$$

根据公式（3－40），可计算出 $\beta_{ij}^k\ (k=1,2,\cdots,l)$ 对应的权重 τ_{ij}^k $(i,j=1,2,3,4;\ k=1,2,\cdots,l)$。若将$(\tau_{ij}^k)_{4\times3}$简记为$\boldsymbol{\tau}^k(k=1,2,3)$，则：

$$\boldsymbol{\tau}^1=\begin{pmatrix}0.3160 & 0.3153 & 0.2941\\ 0.2875 & 0.3149 & 0.3114\\ 0.3143 & 0.3117 & 0.3147\\ 0.3173 & 0.3148 & 0.3149\end{pmatrix},\boldsymbol{\tau}^2=\begin{pmatrix}0.4647 & 0.4665 & 0.5038\\ 0.5077 & 0.4642 & 0.4650\\ 0.4641 & 0.4644 & 0.4634\\ 0.4647 & 0.4647 & 0.4659\end{pmatrix},$$

$$\boldsymbol{\tau}^3=\begin{pmatrix}0.2193 & 0.2182 & 0.2021\\ 0.2048 & 0.2208 & 0.2235\\ 0.2215 & 0.2239 & 0.2220\\ 0.2179 & 0.2206 & 0.2192\end{pmatrix}$$

步骤4 对每一个专家的评价信息进行集成。

根据 *MVNPWA* 算子公式（3－41），得到集成的多值中智决策矩阵 $\tilde{\boldsymbol{R}}=(\beta_{ij})_{n\times m}$。例如，$\beta_{11}$的计算过程如下：

$$\begin{aligned}\beta_{11}&=MVNPWA_{\omega}(\beta_{11}^1,\beta_{11}^2,\beta_{11}^3)\\
&=\Bigg\langle\Bigg\{\frac{(1+0.4)^{0.3160}\times(1+0.6)^{0.4647}\times(1+0.4)^{0.2193}-(1-0.4)^{0.3160}\times(1-0.6)^{0.4647}\times(1-0.4)^{0.2193}}{(1+0.4)^{0.3160}\times(1+0.6)^{0.4647}\times(1+0.4)^{0.2193}+(1-0.4)^{0.3160}\times(1-0.6)^{0.4647}\times(1-0.4)^{0.2193}},\\
&\quad\frac{(1+0.4)^{0.3160}\times(1+0.6)^{0.4647}\times(1+0.5)^{0.2193}-(1-0.4)^{0.3160}\times(1-0.6)^{0.4647}\times(1-0.5)^{0.2193}}{(1+0.4)^{0.3160}\times(1+0.6)^{0.4647}\times(1+0.5)^{0.2193}+(1-0.4)^{0.3160}\times(1-0.6)^{0.4647}\times(1-0.5)^{0.2193}}\Bigg\},\\
&\quad\Bigg\{\frac{2\times0.1^{0.3160}\times0.1^{0.4647}\times0.2^{0.2193}}{(2-0.1)^{0.3160}\times(2-0.1)^{0.4647}\times(2-0.2)^{0.2193}+0.1^{0.3160}\times0.1^{0.4647}\times0.2^{0.2193}}\Bigg\},\\
&\quad\Bigg\{\frac{2\times0.2^{0.3160}\times0.1^{0.4647}\times0.3^{0.2193}}{(2-0.2)^{0.3160}\times(2-0.1)^{0.4647}\times(2-0.3)^{0.2193}+0.2^{0.3160}\times0.1^{0.4647}\times0.3^{0.2193}},\\
&\quad\frac{2\times0.2^{0.3160}\times0.2^{0.4647}\times0.3^{0.2193}}{(2-0.2)^{0.3160}\times(2-0.2)^{0.4647}\times(2-0.3)^{0.2193}+0.2^{0.3160}\times0.2^{0.4647}\times0.3^{0.2193}}\Bigg\}\Bigg\rangle\\
&=\langle\{0.4996,0.5201\},\{0.1168\},\{0.1599,0.2190\}\rangle\end{aligned}$$

类似地，可得决策矩阵为：

$$\tilde{\boldsymbol{R}}=\begin{pmatrix}
\langle\{0.4996,0.5201\},\{0.1168\},\{0.1599,0.2190\}\rangle & \langle\{0.4792\},\{0.2000,0.2189\},\{0.1770\}\rangle & \langle\{0.3727\},\{0.8500,0.8796\},\{0.3215,0.3626\}\rangle \\
\langle\{0.5851\},\{0.1428,0.1645,0.1741,0.2000\},\{0.2000\}\rangle & \langle\{0.6000\},\{0.1722\},\{0.1457,0.2000,0.1666,0.2278\}\rangle & \langle\{0.2099,0.2317\},\{0.7529\},\{0.4672\}\rangle \\
\langle\{0.3785,0.4000,0.4273,0.4669,0.4118,0.4326,0.4591,0.4788\},\{0.1616\},\{0.1829\}\rangle & \langle\{0.5000\},\{0.1456\},\{0.2159\}\rangle & \langle\{0.2000,0.2470\},\{0.8229,0.8459\},\{0.4668,0.5000\}\rangle \\
\langle\{0.5811\},\{0.2388,0.2752\},\{0.1387\}\rangle & \langle\{0.6839,0.7072\},\{0.1965,0.2381\},\{0.2000\}\rangle & \langle\{0.2000\},\{0.8085\},\{0.4767\}\rangle
\end{pmatrix}$$

步骤 5 计算支持度 $Supp(\beta_{ij},\beta_{ip})$。

根据公式（3-43），即 $Supp(\beta_{ij},\beta_{ip})$ $(i=1,2,\cdots,n;\ j,p=1,2,\cdots,m;\ j\neq p)$ 公式计算如下：

$Supp(\beta_{11},\beta_{12})=Supp(\beta_{12},\beta_{11})=0.9491$；$Supp(\beta_{11},\beta_{13})=Supp(\beta_{13},\beta_{11})=0.6541$

$Supp(\beta_{12},\beta_{13})=Supp(\beta_{13},\beta_{12})=0.6910$；$Supp(\beta_{21},\beta_{22})=Supp(\beta_{22},\beta_{21})=0.9808$

$Supp(\beta_{21},\beta_{23})=Supp(\beta_{23},\beta_{21})=0.5957$；$Supp(\beta_{22},\beta_{23})=Supp(\beta_{23},\beta_{22})=0.5866$

$Supp(\beta_{31},\beta_{32})=Supp(\beta_{32},\beta_{31})=0.9599$；$Supp(\beta_{31},\beta_{33})=Supp(\beta_{33},\beta_{31})=0.6072$

$Supp(\beta_{32},\beta_{33})=Supp(\beta_{33},\beta_{32})=0.5891$；$Supp(\beta_{41},\beta_{42})=Supp(\beta_{42},\beta_{41})=0.9282$

$Supp(\beta_{41},\beta_{43})=Supp(\beta_{43},\beta_{41})=0.5765$；$Supp(\beta_{42},\beta_{43})=Supp(\beta_{43},\beta_{42})=0.5450$

步骤 6　计算集成的中智数 β_{ij} 相关的权重 ρ_{ij}。

根据公式（3－44），β_{ij} 从其他多值中智数 β_{ip} 获得的加权支持度 $(S(\beta_{ij}))_{4\times3}$ 为：

$$(S(\beta_{ij}))_{4\times3}=\begin{pmatrix}0.4989 & 0.6086 & 0.4017\\ 0.4835 & 0.5816 & 0.3551\\ 0.4829 & 0.5788 & 0.3598\\ 0.4627 & 0.5431 & 0.3382\end{pmatrix}$$

因此，多值中智数 β_{ij} 相关的权重 ρ_{ij} 为：

$$(\rho_{ij})_{4\times3}=\begin{pmatrix}0.3527 & 0.2704 & 0.3769\\ 0.3564 & 0.2714 & 0.3721\\ 0.3561 & 0.2708 & 0.3732\\ 0.3573 & 0.2692 & 0.3735\end{pmatrix}$$

步骤 7　计算每一方案的综合评价值。

利用 *MVNPWA* 算子公式（3-46），对每一方案的偏好值 β_{ij} 进行集成，则可得各方案 α_i 的综合评价值 $\beta_i(i=1,2,\cdots,n)$：

$$\beta_1=\langle\{0.4481,0.4558\},\{0.3119,0.3179,0.3192,0.3253\},\{0.2153,0.2260\}\rangle$$

$$\beta_2=\langle\{0.4670,0.4737\},\{0.2978,0.3119,0.3178,0.3326\},\{0.2567,0.2785,0.2657,0.2881\}\rangle$$

$$\beta_3=\langle\{0.3507,0.3668,0.3746,0.3586,0.3688,0.3846,0.3995,0.3839,0.3630,0.3789,0.3866,0.3708,0.3809,0.3966,0.4041,0.3886\},\{0.3119,0.3166\},\{0.2757,0.2838\}\rangle$$

$$\beta_4=\langle\{0.4916,0.5008\},\{0.3783,0.3964,0.3965,0.4152\},\{0.2484\}\rangle$$

步骤 8　计算记分函数值与精度函数值。

根据定义 3-7，可得 $s(\beta_i)$：

$s(\beta_1)=-0.0291$；$s(\beta_2)=-0.0390$；$s(\beta_3)=-0.0718$；$s(\beta_4)=-0.0496$

显然记分函数值不相同，因此不需计算精度函数值。

步骤 9 方案排序。

根据定义 3-8 以及步骤 8 的结果可知，$s(\beta_1)>s(\beta_2)>s(\beta_4)>s(\beta_3)$。因此，当利用 *MVNPWA* 算子集成时，最终排序为 $\alpha_1>\alpha_2>\alpha_4>\alpha_3$。显然，最优方案是 α_1，最劣方案为 α_3。

当在步骤 4 与步骤 7 中利用 *MVNPWG* 算子进行集成时，则可得相应的记分函数值 $s(\beta_i)$ 为：

$$s(\beta_1)=-0.0301;\ s(\beta_2)=-0.0259;\ s(\beta_3)=-0.0860;\ s(\beta_4)=-0.0572$$

则 $s(\beta_2)>s(\beta_1)>s(\beta_4)>s(\beta_3)$，且各值不一样。因此，当利用 *MVNPWG* 算子集成时，最终的排序为 $\alpha_2>\alpha_1>\alpha_4>\alpha_3$，最优方案为 α_2，最劣方案为 α_3。

通过以上分析可知，企业 α_1 与 α_2 具有一定的优势，最弱的企业则是 α_3。在大多数情况下，我们可以选择不同的集成算子对方案进行集成。同时，本章中提出的 *MVNPWA* 算子与 *MVNPWG* 算子用来处理集成参数之间的不同关系，决策者们可以根据自己的偏好进行选择。基于指数集成算子的多值中智多准则决策方法的主要优势是针对群决策问题进行求解时，能够降低不同决策者之间评价的不公平程度，从而避免评价信息的扭曲和丢失。

3.4 基于 Heronian 均值算子的多值中智多准则决策方法

3.4.1 模糊测度与 Choquet 积分

定义 3-18[132,133] 若函数 μ：$P(X)\to[0,1]$ 是集合 X 的模糊测度函数，则其满足以下条件：

（1）$\mu(\phi)=0$，$\mu(X)=1$；

（2）若 $B_1\subseteq B_2\subseteq X$，则 $\mu(B_1)\leqslant\mu(B_2)$；

（3）$\mu(B_1\cup B_2)=\mu(B_1)+\mu(B_2)+\rho\mu(B_1)\mu(B_2)$，$\forall B_1,B_2\subseteq X$，$B_1\cap B_2=\phi$，其中 $\rho\in(-1,+\infty)$。

若$\rho=0$，则条件（3）为可加测度：

$\forall B_1, B_2 \subseteq X$ 且 $B_1 \cap B_2 = \phi$，$\mu(B_1 \cup B_2) = \mu(B_1) + \mu(B_2)$。

如果B_i中的元素是非独立的，则对任意$B_i \subseteq X$，有

$$\mu(B_i) = \sum_{x_i \in B_i} \mu(x_i) \tag{3-48}$$

如果集合X是一个有限集，则ρ模糊测度为：

$$\mu(B_1) = \begin{cases} \frac{1}{\rho}\left[\prod_{i \in B_1}(1+\rho\mu(i)) - 1\right] & (\rho \neq 0) \\ \sum_{i \in B_1} \mu(i) & (\rho = 0) \end{cases} \tag{3-49}$$

其中ρ可根据公式$\mu(X)=1$，即$\rho+1=\prod_{i=1}^{n}(1+\rho\mu(i))$确定。

定义 3-19[134] μ为有限集$X=\{x_1, x_2, \cdots, x_n\}$上的模糊测度，若存在$f$：$X \to [0, +\infty)$，则$f$关于$\mu$离散的 Choquet 积分为：

$$\int_X f\mathrm{d}\mu = \sum_{i=1}^{n} f(x_{\sigma(i)})(\mu(B_{\sigma(i)}) - \mu(B_{\sigma(i+1)})) \tag{3-50}$$

其中$(\sigma(1), \sigma(2), \cdots, \sigma(n))$为$(1, 2, \cdots, n)$的一个排列组合，满足$0 \leqslant f(x_{\sigma(1)}) \leqslant f(x_{\sigma(2)}) \leqslant \cdots \leqslant f(x_{\sigma(n)})$，$f(x_{\sigma(0)})=0$，$B_{\sigma(i)}=\{x_{\sigma(i)}, x_{\sigma(i+1)}, \cdots, x_{\sigma(n)}\}$且$\mu(B_{\sigma(n+1)})=0$。

3.4.2 多值中智 Heronian Choquet 积分算子

定义 3-20[135] 给定非负的实数集$Z_i (i=1, 2, \cdots, m)$，则 Heronian 均值算子为：

$$HM(Z_1, Z_2, \cdots, Z_m) = \frac{2}{m(m+1)} \sum_{i=1}^{m} \sum_{j=i}^{m} \sqrt{Z_i Z_j} \tag{3-51}$$

定义 3-21[136,137] 给定非负的实数集 $Z_i(i=1,2,\cdots,m)$，其中 p，$q\geqslant 0$，且 p、q 不同时为 0，则几何的 Heronian 均值为：

$$GHM_{p,q}(Z_1,Z_2,\cdots,Z_m)=\frac{1}{p+q}\left(\prod_{i=1}^{m}\prod_{j=i}^{m}(pZ_i+qZ_j)\right)^{\frac{2}{m(m+1)}} \tag{3-52}$$

定义 3-22 给定一组多值中智数 $A_j=\langle \tilde{T}_{A_j},\tilde{I}_{A_j},\tilde{F}_{A_j}\rangle(j=1,2,\cdots,n)$，$\mu$ 为集合 X 上的一个模糊测度，则多值中智几何加权 Heronian Choquet 积分算子为：

$$\begin{aligned}&MVNGWCIHM(A_1,A_2,\cdots,A_j)\\&=\frac{1}{p+q}\left\{\bigotimes_{i=1}^{j}\bigotimes_{m=i}^{j}\left[pj\left(\mu(B_{\sigma(i)})-\mu(B_{\sigma(i+1)})\right)A_{\sigma(i)}\right]\oplus\right.\\&\qquad\left.\left[qj\left(\mu(B_{\sigma(m)})-\mu(B_{\sigma(m+1)})\right)A_{\sigma(m)}\right]\right\}^{\frac{2}{j(j+1)}}\end{aligned} \tag{3-53}$$

其中 p，$q\geqslant 0$，且 p、q 不同时为零，m 为平衡系数。$(\sigma(1),\sigma(2),\cdots,\sigma(n))$ 是 $(1,2,\cdots,n)$ 的排列组合，满足 $A_{\sigma(1)}\leqslant A_{\sigma(2)}\leqslant\cdots\leqslant A_{\sigma(n)}$，$B_{\sigma(i)}=(\sigma(i),\cdots,\sigma(n))$ 且 $B_{\sigma(n+1)}=\varnothing$。

定理 3-10 给定一组多值中智数 $A_j=\langle \tilde{T}_{A_j},\tilde{I}_{A_j},\tilde{F}_{A_j}\rangle(j=1,2,\cdots,n)$，$\mu$ 为集合 X 上的一个模糊测度，则利用 *MVNGWCIHM* 算子集成的结果仍然是一个多值中智数，且

$$MVNGWCIHM_{p,q}(A_1,A_2,\cdots,A_j)$$

$$= \bigcup_{\substack{\gamma_{A_{\sigma(i)}}\in\tilde{T}_{A_{\sigma(i)}},\gamma_{A_{\sigma(m)}}\in\tilde{T}_{A_{\sigma(m)}}\\ \eta_{A_{\sigma(i)}}\in\tilde{I}_{A_{\sigma(i)}},\eta_{A_{\sigma(m)}}\in\tilde{I}_{A_{\sigma(m)}}\\ \xi_{A_{\sigma(i)}}\in\tilde{F}_{A_{\sigma(i)}},\xi_{A_{\sigma(m)}}\in\tilde{F}_{A_{\sigma(m)}}}} \left\{\left\{1-\left\{1-\prod_{i=1}^{j}\prod_{m=i}^{j}\left[1-(1-\gamma_{A_{\sigma(i)}})^{pj(\mu(B_{\sigma(i)})-\mu(B_{\sigma(i+1)}))}\cdot\right.\right.\right.\right.$$

$$\left.\left.\left.(1-\gamma_{A_{\sigma(m)}})^{qj(\mu(B_{\sigma(m)})-\mu(B_{\sigma(m+1)}))}\right]^{\frac{2}{j(j+1)}}\right\}^{\frac{1}{p+q}}\right\},$$

$$\left\{\left[1-\prod_{i=1}^{j}\prod_{m=i}^{j}\left(1-\eta_{A_{\sigma(i)}}{}^{pj(\mu(B_{\sigma(i)})-\mu(B_{\sigma(i+1)}))}\cdot\right.\right.\right. \tag{3-54}$$

$$\left.\left.\left.\eta_{A_{\sigma(m)}}{}^{qj(\mu(B_{\sigma(m)})-\mu(B_{\sigma(m+1)}))}\right)^{\frac{2}{j(j+1)}}\right]^{\frac{1}{p+q}}\right\},$$

$$\left\{\left[1-\prod_{i=1}^{j}\prod_{m=i}^{j}\left(1-\xi_{A_{\sigma(i)}}{}^{pj(\mu(B_{\sigma(i)})-\mu(B_{\sigma(i+1)}))}\cdot\right.\right.\right.$$

$$\left.\left.\left.\left.\xi_{A_{\sigma(m)}}{}^{qj(\mu(B_{\sigma(m)})-\mu(B_{\sigma(m+1)}))}\right)^{\frac{2}{j(j+1)}}\right]^{\frac{1}{p+q}}\right\}\right\}$$

其中$(\sigma(1),\sigma(2),\cdots,\sigma(n))$是$(1,2,\cdots,n)$的一个排列组合，满足$A_{\sigma(1)}\leqslant A_{\sigma(2)}\leqslant\cdots\leqslant A_{\sigma(n)}$，$B_{\sigma(j)}=(\sigma(j),\cdots,\sigma(n))$，且$B_{\sigma(n+1)}=\varnothing$。

下面对 *MVNGWCIHM* 算子的一些特殊情况进行讨论：

（1）若$p=q=\frac{1}{2}$，则公式（3-54）为：

$$
\begin{aligned}
& MVNGWCIHM_{\frac{1}{2},\frac{1}{2}}(A_1,A_2,\cdots,A_j) \\
& = \bigcup_{\substack{\gamma_{A_{\sigma(i)}}\in\tilde{T}_{A_{\sigma(i)}},\gamma_{A_{\sigma(m)}}\in\tilde{T}_{A_{\sigma(m)}} \\ \eta_{A_{\sigma(i)}}\in\tilde{I}_{A_{\sigma(i)}},\eta_{A_{\sigma(m)}}\in\tilde{I}_{A_{\sigma(m)}} \\ \xi_{A_{\sigma(i)}}\in\tilde{F}_{A_{\sigma(i)}},\xi_{A_{\sigma(m)}}\in\tilde{F}_{A_{\sigma(m)}}}} \left\{\left\{1-\left\{1-\prod_{i=1}^{j}\prod_{m=i}^{j}\left[1-\right.\right.\right.\right. \\
& \left.\left.\left.\left.\sqrt{(1-\gamma_{A_{\sigma(i)}})^{j(\mu(B_{\sigma(i)})-\mu(B_{\sigma(i+1)}))}\cdot(1-\gamma_{A_{\sigma(m)}})^{j(\mu(B_{\sigma(m)})-\mu(B_{\sigma(m+1)}))}}\right]^{\frac{2}{j(j+1)}}\right\}\right\}, \\
& \left\{1-\prod_{i=1}^{j}\prod_{m=i}^{j}\left(1-\sqrt{\eta_{A_{\sigma(i)}}^{j(\mu(B_{\sigma(i)})-\mu(B_{\sigma(i+1)}))}\cdot\eta_{A_{\sigma(m)}}^{j(\mu(B_{\sigma(m)})-\mu(B_{\sigma(m+1)}))}}\right)^{\frac{2}{j(j+1)}}\right\}, \\
& \left.\left\{1-\prod_{i=1}^{j}\prod_{m=i}^{j}\left(1-\sqrt{\xi_{A_{\sigma(i)}}^{j(\mu(B_{\sigma(i)})-\mu(B_{\sigma(i+1)}))}\cdot\xi_{A_{\sigma(m)}}^{j(\mu(B_{\sigma(m)})-\mu(B_{\sigma(m+1)}))}}\right)^{\frac{2}{j(j+1)}}\right\}\right\}
\end{aligned}
\tag{3-55}
$$

（2）若 $p=q=1$，则公式（3-54）为：

$$
\begin{aligned}
& MVNGWCIHM_{1,1}(A_1,A_2,\cdots,A_j) \\
& = \bigcup_{\substack{\gamma_{A_{\sigma(i)}}\in\tilde{T}_{A_{\sigma(i)}},\gamma_{A_{\sigma(m)}}\in\tilde{T}_{A_{\sigma(m)}} \\ \eta_{A_{\sigma(i)}}\in\tilde{I}_{A_{\sigma(i)}},\eta_{A_{\sigma(m)}}\in\tilde{I}_{A_{\sigma(m)}} \\ \xi_{A_{\sigma(i)}}\in\tilde{F}_{A_{\sigma(i)}},\xi_{A_{\sigma(m)}}\in\tilde{F}_{A_{\sigma(m)}}}} \left\{\left\{1-\right.\right. \\
& \left.\sqrt{1-\left\{\prod_{i=1}^{j}\prod_{m=i}^{j}\left[1-(1-\gamma_{A_{\sigma(i)}})^{j(\mu(B_{\sigma(i)})-\mu(B_{\sigma(i+1)}))}\cdot(1-\gamma_{A_{\sigma(m)}})^{j(\mu(B_{\sigma(m)})-\mu(B_{\sigma(m+1)}))}\right]\right\}^{\frac{2}{j(j+1)}}}\right\}, \\
& \left\{\sqrt{1-\left[\prod_{i=1}^{j}\prod_{m=1}^{j}\left(1-\eta_{A_{\sigma(i)}}{}^{j(\mu(B_{\sigma(i)})-\mu(B_{\sigma(i+1)}))}\cdot\eta_{A_{\sigma(m)}}{}^{j(\mu(B_{\sigma(m)})-\mu(B_{\sigma(m+1)}))}\right)\right]^{\frac{2}{j(j+1)}}}\right\}, \\
& \left.\left\{\sqrt{1-\left[\prod_{i=1}^{j}\prod_{m=1}^{j}\left(1-\xi_{A_{\sigma(i)}}{}^{j(\mu(B_{\sigma(i)})-\mu(B_{\sigma(i+1)}))}\cdot\xi_{A_{\sigma(m)}}{}^{j(\mu(B_{\sigma(m)})-\mu(B_{\sigma(m+1)}))}\right)\right]^{\frac{2}{j(j+1)}}}\right\}\right\}
\end{aligned}
\tag{3-56}
$$

（3）若 $q \to 0$，则公式（3-54）为：

$$MVNGWCIHM_{p,0}(A_1, A_2, \cdots, A_j)$$

$$= \bigcup_{\substack{\gamma_{A_{\sigma(i)}} \in \tilde{T}_{A_{\sigma(i)}} \\ \eta_{A_{\sigma(i)}} \in \tilde{I}_{A_{\sigma(i)}} \\ \xi_{A_{\sigma(i)}} \in \tilde{F}_{A_{\sigma(i)}}}} \left\{ \left\{ 1 - \left(1 - \left(\prod_{i=1}^{j} \left(1 - \left(1 - \gamma_{A_{\sigma(i)}}^{\;pj(\mu(B_{\sigma(i)}) - \mu(B_{\sigma(i+1)}))} \right) \right)^{j+1-i} \right)^{\frac{2}{j(j+1)}} \right)^{\frac{1}{p}} \right\}, \right.$$

$$\left\{ \left(1 - \left(\prod_{i=1}^{j} \left(1 - \eta_{A_{\sigma(i)}}^{\;pj(\mu(B_{\sigma(i)}) - \mu(B_{\sigma(i+1)}))} \right)^{j+1-i} \right)^{\frac{2}{j(j+1)}} \right)^{\frac{1}{p}} \right\}, \tag{3-57}$$

$$\left. \left\{ \left(1 - \left(\prod_{i=1}^{j} \left(1 - \xi_{A_{\sigma(i)}}^{\;pj(\mu(B_{\sigma(i)}) - \mu(B_{\sigma(i+1)}))} \right)^{j+1-i} \right)^{\frac{2}{j(j+1)}} \right)^{\frac{1}{p}} \right\} \right\}$$

同理，*MVNGWCIHM* 算子具有以下性质。

性质 3-9（幂等性） 给定一组多值中智数 $A_j = \langle \tilde{T}_{A_j}, \tilde{I}_{A_j}, \tilde{F}_{A_j} \rangle$ $(j=1,2,\cdots,n)$，其中 p，$q \geq 0$，且 p、q 不同时为零。若 $A_j = A = \{\langle \gamma, \eta, \xi \rangle\}$ $(j=1,2,\cdots,m)$，则

$$MVNGWCIHM_{p,q}(A_1, A_2, \cdots, A_m) = A$$

性质 3-10（单调性） 给定两组多值中智数 A_i $(i=1,2,\cdots,j)$ 与 $B_i(i=1,2,\cdots,j)$，其中 p，$q \geq 0$，且 p、q 不同时为零，若存在任意的 $A_i(i=1,2,\cdots,j)$ 与 B_i $(i=1,2,\cdots,j)$，$\forall \gamma_{A_{\sigma(i)}} \in \tilde{T}_{A_{\sigma(i)}}$，$\eta_{A_{\sigma(i)}} \in \tilde{I}_{A_{\sigma(i)}}$，$\xi_{A_{\sigma(i)}} \in \tilde{F}_{A_{\sigma(i)}}$，$\gamma_{B_{\sigma(i)}} \in \tilde{T}_{B_{\sigma(i)}}$，$\eta_{B_{\sigma(i)}} \in \tilde{I}_{B_{\sigma(i)}}$，$\xi_{B_{\sigma(i)}} \in \tilde{F}_{B_{\sigma(i)}}$ 满足 $\gamma_{A_{\sigma(i)}} \leq \gamma_{B_{\sigma(i)}}$，$\eta_{A_{\sigma(i)}} \geq \eta_{B_{\sigma(i)}}$ 与 $\xi_{A_{\sigma(i)}} \geq \xi_{B_{\sigma(i)}}$，则

$$MVNGWCIHM_{p,q}(A_1, A_2, \cdots, A_j) \leq MVNGWCIHM_{p,q}(B_1, B_2, \cdots, B_j)$$

性质 3-11（有界性） 给定一组多值中智数 $A_j=\langle \tilde{T}_{A_j}, \tilde{I}_{A_j}, \tilde{F}_{A_j}\rangle$ $(j=1,2,\cdots,n)$，其中 $p,q\geqslant 0$，且 p、q 不同时为零。若 $A^-=\{\gamma^-,\eta^+,\xi^+\}$，$A^+=\{\gamma^+,\eta^-,\xi^-\}$，其中 $\gamma^-=\min\limits_i \min\limits_{\gamma_{A_i}\in\tilde{T}_{A_i}}\{\gamma_{A_i}\}$，$\eta^-=\min\limits_i \min\limits_{\eta_{A_i}\in\tilde{I}_{A_i}}\{\eta_{A_i}\}$，$\xi^-=\min\limits_i \min\limits_{\xi_{A_i}\in\tilde{F}_{A_i}}\{\xi_{A_i}\}$，$\gamma^+=\max\limits_i \max\limits_{\gamma_{A_i}\in\tilde{T}_{A_i}}\{\gamma_{A_i}\}$，$\eta^+=\max\limits_i \max\limits_{\eta_{A_i}\in\tilde{I}_{A_i}}\{\eta_{A_i}\}$，$\xi^+=\max\limits_i \max\limits_{\xi_{A_i}\in\tilde{F}_{A_i}}\{\xi_{A_i}\}$，则 $A^-\leqslant MVNGWCIHM_{p,q}(A_1,A_2,\cdots,A_j)\leqslant A^+$。

性质 3-12（排列性） 给定一组多值中智数 $A_j=\langle \tilde{T}_{A_j}, \tilde{I}_{A_j}, \tilde{F}_{A_j}\rangle$ $(j=1,2,\cdots,n)$，其中 $p,q\geqslant 0$，且 p、q 不同时为零。若 $\bar{A}_i(i=1,2,\cdots,j)$ 是 A_i $(i=1,2,\cdots,j)$ 的任意一个排列组合，则 $MVNGWCIHM_{p,q}(A_1,A_2,\cdots,A_j)=MVNGWCIHM_{p,q}(\bar{A}_1,\bar{A}_2,\cdots,\bar{A}_j)$。

3.4.3 基于 Heronian Choquet 积分算子的多值中智多准则决策方法

设有 n 个方案 $A=\{\alpha_1,\alpha_2,\cdots,\alpha_n\}$ 以及 j 个准则 $C=\{c_1,c_2,\cdots,c_j\}$，对应的准则权重系数为 $w=(w_1,w_2,\cdots,w_j)$ 且 $w_m\geqslant 0(m=1,2,\cdots,j)$，$\sum\limits_{m=1}^{j}w_m=1$。若决策者对方案 α_i 在准则 c_m 下的评价值以多值中智数的形式给出，即 $\alpha_{im}=\langle \tilde{T}_{\alpha_{im}}, \tilde{I}_{\alpha_{im}}, \tilde{F}_{\alpha_{im}}\rangle$，其中 $\tilde{T}_{(.)}$ 表示真实程度，$\tilde{I}_{(.)}$ 表示不确定度，$\tilde{F}_{(.)}$ 表示谬误度，从而得到相应的决策矩阵 $\boldsymbol{R}=(\alpha_{im})_{n\times j}$。

下面给出具体的决策步骤。

步骤 1 决策矩阵的规范化。

见 3.2.2 小节中的步骤 1。

步骤 2 确定准则集 C 的模糊测度。

根据模糊测度与准则集 C 可得准则的权重为：

$$\tilde{w}_{\sigma(m)}=\mu(B_{\sigma(m)})-\mu(B_{\sigma(m+1)})\quad (m=1,2,\cdots,j)$$

其中 $(\sigma(1),\sigma(2),\cdots,\sigma(j))$ 为 $(1,2,\cdots,j)$ 的一个排列组合。

步骤 3 将每个方案的评价信息进行集成。

结合步骤 2，利用 $MVNGWCIHM$ 算子可将每个方案 α_i 不同准则的评价信

息 β_{im} 进行集成，得到综合的评价值 β_i：

$$MVNWGCIHM_{p,q}(\beta_{i1},\beta_{i2},\cdots,\beta_{ij})$$

$$= \bigcup_{\substack{\gamma_{\beta_{\sigma(ii)}}\in\tilde{T}_{\beta_{\sigma(ii)}},\gamma_{\beta_{\sigma(im)}}\in\tilde{T}_{\beta_{\sigma(im)}}\\ \eta_{\beta_{\sigma(ii)}}\in\tilde{I}_{\beta_{\sigma(ii)}},\eta_{\beta_{\sigma(im)}}\in\tilde{I}_{\beta_{\sigma(im)}}\\ \xi_{\beta_{\sigma(ii)}}\in\tilde{F}_{\beta_{\sigma(ii)}},\xi_{\beta_{\sigma(im)}}\in\tilde{F}_{\beta_{\sigma(im)}}}} \left\{\left\{1-\left(1-\left(\prod_{i=1}^{j}\prod_{m=i}^{j}\left(1-(1-\gamma_{\beta_{\sigma(ii)}})^{pj(\mu(B_{\sigma(i)})-\mu(B_{\sigma(i+1)}))}\cdot(1-\gamma_{\beta_{\sigma(im)}})^{qj(\mu(B_{\sigma(m)})-\mu(B_{\sigma(m+1)}))}\right)\right)^{\frac{2}{j(j+1)}}\right)^{\frac{1}{p+q}}\right\},\right.$$

$$\left\{\left(1-\left(\prod_{i=1}^{j}\prod_{m=1}^{j}\left(1-\eta_{\beta_{\sigma(ii)}}^{pj(\mu(B_{\sigma(i)})-\mu(B_{\sigma(i+1)}))}\cdot\eta_{\beta_{\sigma(im)}}^{qj(\mu(B_{\sigma(m)})-\mu(B_{\sigma(m+1)}))}\right)\right)^{\frac{2}{j(j+1)}}\right)^{\frac{1}{p+q}}\right\},$$

$$\left.\left\{\left(1-\left(\prod_{i=1}^{j}\prod_{m=1}^{j}\left(1-\xi_{\beta_{\sigma(ii)}}^{pj(\mu(B_{\sigma(i)})-\mu(B_{\sigma(i+1)}))}\cdot\xi_{\beta_{\sigma(im)}}^{qj(\mu(B_{\sigma(m)})-\mu(B_{\sigma(m+1)}))}\right)\right)^{\frac{2}{j(j+1)}}\right)^{\frac{1}{p+q}}\right\}\right\} \tag{3-58}$$

步骤 4　方案排序。

根据定义 3-7 与定义 3-8，计算出每个方案的得分函数值与精度函数值，从而得到方案排序。

3.4.4　案例分析

湖南有色金属控股集团有限公司是一家以生产、销售有色金属为主要业务的大型国有企业，也是中国最大的多种有色金属制造商。该公司为了扩大其主营业务，准备从事海外投资，并成立了一个由执行经理和该领域的几位专家组成的决策部门。海外投资部门根据初步调查，遴选出五个候选国家 α_1，α_2，α_3，α_4，α_5，并根据资源 c_1（如矿物的适宜性及其勘探潜力）、政治和政策 c_2（如腐败和政治风险）、经济 c_3（如发展潜力和稳定性）以及基础设施 c_4（如铁路与高速公路等）四个因素进行评价，得到评价矩阵 $\boldsymbol{R}=(\alpha_{ij})_{5\times4}$ 如下所示：

$$
\boldsymbol{R}=\begin{pmatrix}
\langle\{0.5,0.7\},\{0.3\},\{0.3\}\rangle & \langle\{0.4\},\{0.2,0.3\},\{0.1\}\rangle & \langle\{0.5\},\{0.3,0.4\},\{0.4\}\rangle & \langle\{0.5,0.6\},\{0.2\},\{0.3\}\rangle \\
\langle\{0.3,0.4\},\{0.2\},\{0.2\}\rangle & \langle\{0.6\},\{0.2\},\{0.3\}\rangle & \langle\{0.7\},\{0.2\},\{0.3\}\rangle & \langle\{0.4\},\{0.2\},\{0.1\}\rangle \\
\langle\{0.3\},\{0.2,0.3,0.4\},\{0.4\}\rangle & \langle\{0.4,0.5\},\{0.2.0.3\},\{0.2\}\rangle & \langle\{0.6\},\{0.1,0.2\},\{0.3\}\rangle & \langle\{0.5\},\{0.1\},\{0.2\}\rangle \\
\langle\{0.5\},\{0.3\},\{0.3\}\rangle & \langle\{0.6\},\{0.1,0.2\},\{0.2\}\rangle & \langle\{0.7\},\{0.2\},\{0.2,0.3\}\rangle & \langle\{0.6\},\{0.2,0.3,0.4\},\{0.2\}\rangle \\
\langle\{0.6\},\{0.2\},\{0.4\}\rangle & \langle\{0.7\},\{0.2,0.3\},\{0.4\}\rangle & \langle\{0.7\},\{0.3\},\{0.2\}\rangle & \langle\{0.5\},\{0.1\},\{0.3\}\rangle
\end{pmatrix}
$$

步骤 1 决策矩阵的规范化。

因准则都是效益型准则，则规范化后的多值中智数决策矩阵 $\tilde{\boldsymbol{R}}=(\beta_{ij})_{4\times4}=(\alpha_{ij})_{4\times4}$。

步骤 2 确定准则集 C 的模糊测度。

假定 $\mu(c_1)=0.40$，$\mu(c_2)=0.27$，$\mu(c_3)=0.35$，$\mu(c_4)=0.30$，则根据公式（3-49）可得 $\rho=-0.58$。结合公式（3-48），则有 $\mu(c_1,c_2)=0.55$，$\mu(c_1,c_3)=0.67$，$\mu(c_1,c_4)=0.63$，$\mu(c_2,c_3)=0.57$，$\mu(c_2,c_4)=0.52$，$\mu(c_3,c_4)=0.59$，$\mu(c_1,c_2,c_3)=0.83$，$\mu(c_1,c_2,c_4)=0.80$，$\mu(c_2,c_3,c_4)=0.78$，$\mu(c_1,c_3,c_4)=0.85$，$\mu(c_1,c_2,c_3,c_4)=1$。

以 $\beta_{5j}(j=1,2,3,4)$ 为例，有

$$s(\beta_{51})=0,\ s(\beta_{52})=0.0171,\ s(\beta_{53})=0.0672,\ s(\beta_{54})=0.0331$$

显然

$$s(\beta_{51})<s(\beta_{52})<s(\beta_{54})<s(\beta_{53})$$

即$\beta_{51}<\beta_{52}<\beta_{54}<\beta_{53}$，则 $\beta_{5\sigma(1)}=\beta_{51}$，$\beta_{5\sigma(2)}=\beta_{52}$，$\beta_{5\sigma(3)}=\beta_{54}$，$\beta_{5\sigma(4)}=\beta_{53}$。因此，

$\omega_{\sigma(1)}=\mu(B_{\sigma(1)})-\mu(B_{\sigma(2)})=\mu(c_1,c_2,c_3,c_4)-\mu(c_2,c_3,c_4)=1-0.78=0.22$;

$\omega_{\sigma(2)}=\mu(c_2,c_4,c_3)-\mu(c_3,c_4)=0.78-0.59=0.19$;

$\omega_{\sigma(3)}=\mu(c_3,c_4)-\mu(c_3)=0.59-0.35=0.24$;

$\omega_{\sigma(4)}=\mu(c_3)=0.35$;

$\omega_5=(0.22,0.19,0.35,0.24)$。

从而，相应的权重矩阵为：

$$\boldsymbol{\omega}=\begin{pmatrix}0.28 & 0.22 & 0.2 & 0.3\\ 0.22 & 0.22 & 0.35 & 0.21\\ 0.22 & 0.19 & 0.29 & 0.3\\ 0.22 & 0.22 & 0.35 & 0.21\\ 0.22 & 0.19 & 0.35 & 0.24\end{pmatrix}$$

步骤3　将每个方案的评价信息进行集成。

根据公式（3-58），令 $p=q=2$，则可得每个候选国家的综合评价值为：

$$MVNGWCIHM_{2,2}(\beta_{11},\beta_{12},\beta_{13},\beta_{14})$$
$$=\{\{0.8288, 0.8447, 0.8402, 0.8578\}, \{0.3038, 0.29, 0.2975, 0.2833\}, \{0.304\}\}$$

$$MVNGWCIHM_{2,2}(\beta_{21},\beta_{22},\beta_{23},\beta_{24})$$
$$=\{\{0.8311, 0.8494\}, \{0.3364\}, \{0.3214\}\}$$

$$MVNGWCIHM_{2,2}(\beta_{31},\beta_{32},\beta_{33},\beta_{34})$$
$$=\{\{0.8156, 0.8221\}, \{0.4074, 0.3983, 0.3929, 0.4004, 0.391, 0.3857, 0.3749, 0.3647, 0.3587, 0.3671, 0.3566, 0.3506\}, \{0.2935\}\}$$

$$MVNGWCIHM_{2,2}(\beta_{41}, \beta_{42}, \beta_{43}, \beta_{44})$$
$$=\{\{0.8819\}, \{0.3501, 0.3244, 0.3397, 0.3129, 0.3337, 0.3063\}, \{0.3244, 0.2941\}\}$$

$$MVNGWCIHM_{2,2}(\beta_{51}, \beta_{52}, \beta_{53}, \beta_{54})$$
$$=\{\{0.8835\}, \{0.3404, 0.3314\}, \{0.2869\}\}$$

步骤4 方案排序。

根据定义3-7与定义3-8，计算出每个候选国家的得分函数值为：

$s(\alpha_1)=0.0817$；$s(\alpha_2)=0.0608$；$s(\alpha_3)=0.0488$；$s(\alpha_4)=0.0816$；$s(\alpha_5)=0.0869$

由于$s(\alpha_5)>s(\alpha_1)>s(\alpha_4)>s(\alpha_2)>s(\alpha_3)$，则最终排序为$\alpha_5>\alpha_1>\alpha_4>\alpha_2>\alpha_3$，即最佳的投资国为第五个国家$\alpha_5$，最差的投资国为第三个国家$\alpha_3$。

3.5 比较分析

为了验证所提方法的有效性，本节选取部分已经存在的方法对同一例子进行比较分析。比较分析主要分为两种情况：第一类是与参考文献［102，105，109］中的方法在单值中智信息环境下进行比较；第二类则是与参考文献［126］中的方法在多值中智信息环境下比较。

（1）在单值中智信息环境下与其他方法进行比较

首先，将多值中智决策矩阵转化为单值中智决策矩阵（注：利用各个隶属度的平均值进行替换），再结合参考文献［105］中的加权平均集成算子对各个专家的单值中智数进行集成，最后计算每一方案与理想方案之间的相似度与交叉熵。按照此思路，当利用参考文献［102，105，109］中的方法解决同一决策问题时，可得如下决策结果（见表3-2）。

表 3-2　单值中智集环境下的比较结果

方法	排序	最优方案	最劣方案
参考文献［102］	$\alpha_4 > \alpha_2 > \alpha_1 > \alpha_3$	α_4	α_3
参考文献［105］	$\alpha_4 > \alpha_1 > \alpha_2 > \alpha_3$ 或 $\alpha_1 > \alpha_4 > \alpha_2 > \alpha_3$	α_4 或 α_1	α_3
参考文献［109］	$\alpha_1 > \alpha_4 > \alpha_2 > \alpha_3$	α_1	α_3
本章方法	$\alpha_1 > \alpha_2 > \alpha_4 > \alpha_3$ 或 $\alpha_2 > \alpha_1 > \alpha_4 > \alpha_3$	α_1 或 α_2	α_3

从表 3-2 中可以看出，当利用参考文献［105］中的加权平均算子进行集成时，最终排序为 $\alpha_4 > \alpha_1 > \alpha_2 > \alpha_3$。最优方案为 α_4，最劣方案为 α_3；当利用加权几何算子进行集成时，最终排序为 $\alpha_1 > \alpha_4 > \alpha_2 > \alpha_3$，最优方案为 α_1，最劣方案为 α_3。然而，当利用参考文献［102，109］中的方法解决此问题时，最终排序为 $\alpha_4 > \alpha_2 > \alpha_1 > \alpha_3$ 或 $\alpha_1 > \alpha_4 > \alpha_2 > \alpha_3$，最优方案为 α_4 或 α_1。

显然，三种比较方法得出的结论与本章所提方法的结论不同，产生以上现象主要有两种原因。一方面，参考文献［102，105，109］中的交叉熵、集成算子与相似度都涉及不太合理的运算规则，正如我们在第 2 章中所讨论的。若将交叉熵与相似度扩展到多值中智数，同样会出现类似的缺陷。另一方面，在三种方法中，当利用权重计算交叉熵、集成值与相似度时，扩大了结论之间的区别。

（2）在多值中智信息环境下与其他方法进行比较

若与参考文献［126］中的方法进行比较，先用 *MVNPWA* 算子与 *MVNPWG* 算子对每个专家的评价信息进行集成，再利用参考文献［126］中的 TODIM 方法对方案进行排序。对于 *MVNPWA* 算子，得到的最终排序为 $\alpha_1 > \alpha_2 > \alpha_4 > \alpha_3$，最优方案为 α_1，最劣方案为 α_3；对于 *MVNPWG* 算子与 *MVNWGCIHM* 算子，得到的最终排序为 $\alpha_2 > \alpha_1 > \alpha_4 > \alpha_3$，最优方案为 α_2。显然，用参考文献［126］中的方法得到的结论与本章所提方法的结论一致。

通过以上分析可知本章所提方法的优势主要在于其不仅可以克服以前方法的缺陷，而且还可以降低不同决策者不公平的评价。这样能避免评价信息的扭曲与丢失，使其更符合现实的决策。

3.6 本章小结

多值中智集可用于解决信息不确定、不完全以及不精确的多准则决策问题。本章首先结合直觉模糊集与犹豫模糊集的相关研究，定义了多值中智数基于 T 模与 S 模的运算规则，并给出了相应的比较方法。其次，在 T 模与 S 模运算规则的基础上，提出了 *MVNWA* 与 *MVNWG*、*MVNOWA* 与 *MVNOWG*、*MVNHOWA* 与 *MVNHOWG* 以及 *MVNPWA*、*MVNPWG* 与 *MVNGWCIHM* 算子。同时，提出了基于 T 模与 S 模的多值中智多准则决策方法与基于指数集成算子的多值中智多准则群决策方法。最后，通过案例分析证明了方法的有效性和可行性，并对两种方法进行了比较分析。所提方法的主要优势在于可以克服已有方法的缺陷，并且可以降低不同决策者不公平的评价，使决策结果更准确、更现实，并给决策者提供更多的选择。

4 基于距离测度的多值中智多准则决策方法

TOPSIS[138]方法与 VIKOR[139] 方法都是基于距离的多准则决策方法。TOPSIS 方法是由 Hwang 与 Yoon 在 1981 年提出的，其主要思想是通过计算各个方案与理想解之间的距离来确定最终的排序，直接给出最优方案。而 Opricovic 提出的 VIKOR 方法则是基于距离与折衷思想对备选方案进行排序，并给出最优折衷方案集。虽然两种方法都是建立在距离与理想点之上，但理想点的选取方式不一样，TOPSIS 方法选取的是绝对理想点，VIKOR 方法选取的则是相对理想点。同时，前者直接计算方案与正理想解之间的最短距离或者方案与负理想解之间的最大距离来确定排序，方法直观、便于理解；后者则考虑了群体效用的最大化与个体遗憾的最小化以及决策者的主观偏好。显然，两种方法的角度不一样，但各有优势。

在近几年，两种方法得到了广泛的应用[140-155]。其中 TOPSIS 方法被扩展到不同的多准则决策环境中，如模糊集[156]、区间值模糊集[157]、直觉犹豫模糊集[158]、犹豫模糊集[78]与犹豫语言项集[159]等。如 Zhang 与 Xu[160]提出了基于扩展的 TOPSIS 的勾股模糊集多准则决策方法，Ye 与 Li[161]、Sayadi 等[162]与 Vahdani 等[163]将 VIKOR 扩展到准则评价值为区间数的多准则决策问题中，Sanayei 等[164]结合模糊集理论与 VIKOR 方法提出了遗传多准则模型，Liao 与 Xu[165]、Zhang 与 Wei[77]提出了基于犹豫模糊集的 VIKOR 方法。因此，鉴于以上分析，本章结合多值中智集与 TOPSIS、VIKOR 两种方法，针对准则评价信息为多值中智数，准则权重信息不完全确定与完全确定的多准则决策问题，分别提出了基于 TOPSIS 的多值中智多准则决策方法与基于 VIKOR 的多值中智多准则决策方法。

本章的内容安排如下：4.1 节对多值中智距离进行了相关定义，包括一般多值中智距离与一般多值中智 Hausdorff 距离、一般多值中智加权距离与一般多值中智加权 Hausdorff 距离；4.2 节在所提距离的基础上，提出了基于 TOPSIS 的多值中智多准则决策方法；4.3 节提出了基于 VIKOR 的多值中智多准则决策方法；4.4 节对两种方法进行了对比分析；4.5 节对本章内容进行了小结。

4.1 多值中智集的距离

定义 4-1 给定 $A=\langle \tilde{T}_A,\tilde{I}_A,\tilde{F}_A\rangle$ 与 $B=\langle \tilde{T}_B,\tilde{I}_B,\tilde{F}_B\rangle$ 两个多值中智数，且 $\tilde{T}_i$，$\tilde{I}_i$ 与 $\tilde{F}_i(i=A,B)$ 中的所有元素都按升序排列，$\gamma_A^{\sigma(\cdot)}$，$\eta_A^{\sigma(\cdot)}$ 与 $\xi_A^{\sigma(\cdot)}$ 分别表示 $\tilde{T}_i$，$\tilde{I}_i$ 与 $\tilde{F}_i(i=A,\ B)$ 中的第 j 个元素，则有以下比较方法：

（1）$A\leqslant B$ 当且仅当

$$\gamma_A^{\sigma(j)}\leqslant\gamma_B^{\sigma(j)} \text{ 且 } \gamma_A^{\sigma(l_{\tilde{T}_A})}\leqslant\gamma_B^{\sigma(l_{\tilde{T}_B})}\ (j=1,2,\cdots,l_{\tilde{T}},l_{\tilde{T}}=\min(l_{\tilde{T}_A},l_{\tilde{T}_B}))$$

$$\eta_A^{\sigma(k)}\geqslant\eta_B^{\sigma(k)} \text{ 且 } \eta_A^{\sigma(l_{\tilde{I}_A})}\geqslant\eta_B^{\sigma(l_{\tilde{I}_B})}\ (k=1,2,\cdots,l_{\tilde{I}},l_{\tilde{I}}=\min(l_{\tilde{I}_A},l_{\tilde{I}_B}))$$

$$\xi_A^{\sigma(m)}\geqslant\xi_B^{\sigma(m)} \text{ 且 } \xi_A^{\sigma(l_{\tilde{F}_A})}\geqslant\xi_B^{\sigma(l_{\tilde{F}_B})}\ (m=1,2,\cdots,l_{\tilde{F}},l_{\tilde{F}}=\min(l_{\tilde{F}_A},l_{\tilde{F}_B}))$$

其中 $l_{\tilde{T}}$，$l_{\tilde{I}}$ 与 $l_{\tilde{F}}$ 分别表示 $\tilde{T}_i$，$\tilde{I}_i$ 和 $\tilde{F}_i(i=A,\ B)$ 中元素的个数。

（2）$A=B$ 当且仅当 $A\leqslant B$ 且 $B\leqslant A$。

例 4-1 给定 $A=\langle\{0.2,0.5\},\{0.1,0.2\},\{0.3\}\rangle$ 与 $B=\langle\{0.2,0.5\},\{0.1,0.2\},\{0.3\}\rangle$ 两个多值中智数，则根据定义 4-1 可知，$A=B$，显然与我们的直觉是一致的。

定义 4-2 给定多值中智集论域 X 上的集合 $MVNS$（X），则多值中智集的距离 $d:MVNS(X)\times MVNS(X)\to R$ 满足下列条件：

（1）$\forall A,B\in MVNS(X)$，$d(A,B)\geqslant0$；

（2）$\forall A\in MVNS(X)$，$d(A,A)=0$；

（3）$\forall A,B\in MVNS(X)$，$d(A,B)=d(B,A)$；

（4）$\forall A,B,C\in MVNS(X)$，若 $A\leqslant B\leqslant C$，则 $d(A,C)\geqslant d(A,B)$ 且 $d(A,C)\geqslant d(B,C)$。

下面给出规范化的多值中智距离定义。

定义 4-3　给定多值中智集论域 X 上的集合 $MVNS\ (X)$，则规范化的多值中智集距离测度 $d:MVNS(X)\times MVNS(X)\rightarrow[0,1]$ 具有以下性质：

（1）$\forall A,B\in MVNS(X)$，$0\leqslant d(A,B)\leqslant 1$；

（2）$\forall A\in MVNS(X)$，$d(A,A)=0$；

（3）$\forall A,B\in MVNS(X)$，$d(A,B)=d(B,A)$；

（4）$\forall A,B,C\in MVNS(X)$，若 $A\leqslant B\leqslant C$，则 $d(A,C)\geqslant d(A,B)$ 且 $d(A,C)\geqslant d(B,C)$。

定义 4-4　给定 $X=\{x_1,x_2,\cdots,x_n\}$ 上的两个多值中智集 A 与 B，则 A 与 B 的一般距离为：

$$
\begin{aligned}
d_{gmn}(A,B)&=\sum_{i=1}^{n}\frac{1}{2}\left(f_{gmn}(A(x_i),B(x_i))+f_{gmn}(B(x_i),A(x_i))\right)\\
&=\sum_{i=1}^{n}\frac{1}{6}\Bigg(\Bigg(\frac{1}{l_{\tilde{T}_A(x_i)}}\sum_{\gamma_A(x_i)\in\tilde{T}_A(x_i)}\min_{\gamma_B(x_i)\in\tilde{T}_B(x_i)}\left|\gamma_A(x_i)-\gamma_B(x_i)\right|^{\lambda}+\\
&\frac{1}{l_{\tilde{I}_A(x_i)}}\sum_{\eta_A(x_i)\in\tilde{I}_A(x_i)}\min_{\eta_B(x_i)\in\tilde{I}_B(x_i)}\left|\eta_A(x_i)-\eta_B(x_i)\right|^{\lambda}+\\
&\frac{1}{l_{\tilde{F}_A(x_i)}}\sum_{\xi_A(x_i)\in\tilde{F}_A(x_i)}\min_{\xi_B(x_i)\in\tilde{F}_B(x_i)}\left|\xi_A(x_i)-\xi_B(x_i)\right|^{\lambda}\Bigg)^{1/\lambda}+\\
&\Bigg(\frac{1}{l_{\tilde{T}_B(x_i)}}\sum_{\gamma_B(x_i)\in\tilde{T}_B(x_i)}\min_{\gamma_A(x_i)\in\tilde{T}_A(x_i)}\left|\gamma_B(x_i)-\gamma_A(x_i)\right|^{\lambda}+\\
&\frac{1}{l_{\tilde{I}_B(x_i)}}\sum_{\eta_B(x_i)\in\tilde{I}_B(x_i)}\min_{\eta_A(x_i)\in\tilde{I}_A(x_i)}\left|\eta_B(x_i)-\eta_A(x_i)\right|^{\lambda}+\\
&\frac{1}{l_{\tilde{F}_B(x_i)}}\sum_{\xi_B(x_i)\in\tilde{F}_B(x_i)}\min_{\xi_A(x_i)\in\tilde{F}_A(x_i)}\left|\xi_B(x_i)-\xi_A(x_i)\right|^{\lambda}\Bigg)^{1/\lambda}\Bigg)
\end{aligned}
\tag{4-1}
$$

其中 $l_{(.)}$ 表示集合中的元素，$\lambda>0$ 且

$$f_{gmn}(A(x_i),B(x_i))=\frac{1}{3}\left(\frac{1}{l_{\tilde{T}_A(x_i)}}\sum_{\gamma_A(x_i)\in\tilde{T}_A(x_i)}\min_{\gamma_B(x_i)\in\tilde{T}_B(x_i)}\left|\gamma_A(x_i)-\gamma_B(x_i)\right|^{\lambda}+\frac{1}{l_{\tilde{I}_A(x_i)}}\sum_{\eta_A(x_i)\in\tilde{I}_A(x_i)}\min_{\eta_B(x_i)\in\tilde{I}_B(x_i)}\left|\eta_A(x_i)-\eta_B(x_i)\right|^{\lambda}+\frac{1}{l_{\tilde{F}_A(x_i)}}\sum_{\xi_A(x_i)\in\tilde{F}_A(x_i)}\min_{\xi_B(x_i)\in\tilde{F}_B(x_i)}\left|\xi_A(x_i)-\xi_B(x_i)\right|^{\lambda}\right)^{1/\lambda}$$

（1）若 $\lambda=1$，则公式（4-1）退化为多值中智 Hamming 距离：

$$d_{mnh}(A,B)=\sum_{i=1}^{n}\frac{1}{6}\left(\frac{1}{l_{\tilde{T}_A(x_i)}}\sum_{\gamma_A(x_i)\in\tilde{T}_A(x_i)}\min_{\gamma_B(x_i)\in\tilde{T}_B(x_i)}\left|\gamma_A(x_i)-\gamma_B(x_i)\right|+\frac{1}{l_{\tilde{I}_A(x_i)}}\sum_{\eta_A(x_i)\in\tilde{I}_A(x_i)}\min_{\eta_B(x_i)\in\tilde{I}_B(x_i)}\left|\eta_A(x_i)-\eta_B(x_i)\right|+\frac{1}{l_{\tilde{F}_A(x_i)}}\sum_{\xi_A(x_i)\in\tilde{F}_A(x_i)}\min_{\xi_B(x_i)\in\tilde{F}_B(x_i)}\left|\xi_A(x_i)-\xi_B(x_i)\right|+\frac{1}{l_{\tilde{T}_B(x_i)}}\sum_{\gamma_B(x_i)\in\tilde{T}_B(x_i)}\min_{\gamma_A(x_i)\in\tilde{T}_A(x_i)}\left|\gamma_B(x_i)-\gamma_A(x_i)\right|+\frac{1}{l_{\tilde{I}_B(x_i)}}\sum_{\eta_B(x_i)\in\tilde{I}_B(x_i)}\min_{\eta_A(x_i)\in\tilde{I}_A(x_i)}\left|\eta_B(x_i)-\eta_A(x_i)\right|+\frac{1}{l_{\tilde{F}_B(x_i)}}\sum_{\xi_B(x_i)\in\tilde{F}_B(x_i)}\min_{\xi_A(x_i)\in\tilde{F}_A(x_i)}\left|\xi_B(x_i)-\xi_A(x_i)\right|\right) \tag{4-2}$$

（2）若 $\lambda=2$，则公式（4-1）退化为多值中智 Euclidean 距离：

$$d_{mnhe}(A,B)=\sum_{i=1}^{n}\frac{1}{6}\left(\left(\frac{1}{l_{\tilde{T}_A(x_i)}}\sum_{\gamma_A(x_i)\in\tilde{T}_A(x_i)}\min_{\gamma_B(x_i)\in\tilde{T}_B(x_i)}\left|\gamma_A(x_i)-\gamma_B(x_i)\right|^2+\frac{1}{l_{\tilde{I}_A(x_i)}}\sum_{\eta_A(x_i)\in\tilde{I}_A(x_i)}\min_{\eta_B(x_i)\in\tilde{I}_B(x_i)}\left|\eta_A(x_i)-\eta_B(x_i)\right|^2+\frac{1}{l_{\tilde{F}_A(x_i)}}\sum_{\xi_A(x_i)\in\tilde{F}_A(x_i)}\min_{\xi_B(x_i)\in\tilde{F}_B(x_i)}\left|\xi_A(x_i)-\xi_B(x_i)\right|^2\right)^{1/2}+ \tag{4-3}$$

$$\left(\frac{1}{l_{\tilde{T}_B(x_i)}}\sum_{\gamma_B(x_i)\in\tilde{T}_B(x_i)}\min_{\gamma_A(x_i)\in\tilde{T}_A(x_i)}|\gamma_B(x_i)-\gamma_A(x_i)|^2+\frac{1}{l_{\tilde{I}_B(x_i)}}\sum_{\eta_B(x_i)\in\tilde{I}_B(x_i)}\min_{\eta_A(x_i)\in\tilde{I}_A(x_i)}|\eta_B(x_i)-\eta_A(x_i)|^2+\frac{1}{l_{\tilde{F}_B(x_i)}}\sum_{\xi_B(x_i)\in\tilde{F}_B(x_i)}\min_{\xi_A(x_i)\in\tilde{F}_A(x_i)}|\xi_B(x_i)-\xi_A(x_i)|^2\right)^{1/2}\Bigg)$$

定义 4-5 给定 $X=\{x_1,x_2,\cdots,x_n\}$ 上的两个多值中智集 A 与 B，则 A 与 B 的一般规范化距离为：

$$\begin{aligned}d_{gmnn}(A,B)&=\frac{1}{n}\left[\sum_{i=1}^{n}\frac{1}{2}(f_{gmn}(A(x_i),B(x_i))+f_{gmn}(B(x_i),A(x_i)))\right]\\&=\frac{1}{n}\left[\sum_{i=1}^{n}\frac{1}{6}\left(\left(\frac{1}{l_{\tilde{T}_A(x_i)}}\sum_{\gamma_A(x_i)\in\tilde{T}_A(x_i)}\min_{\gamma_B(x_i)\in\tilde{T}_B(x_i)}|\gamma_A(x_i)-\gamma_B(x_i)|^\lambda+\frac{1}{l_{\tilde{I}_A(x_i)}}\sum_{\eta_A(x_i)\in\tilde{I}_A(x_i)}\min_{\eta_B(x_i)\in\tilde{I}_B(x_i)}|\eta_A(x_i)-\eta_B(x_i)|^\lambda+\frac{1}{l_{\tilde{F}_A(x_i)}}\sum_{\xi_A(x_i)\in\tilde{F}_A(x_i)}\min_{\xi_B(x_i)\in\tilde{F}_B(x_i)}|\xi_A(x_i)-\xi_B(x_i)|^\lambda\right)^{1/\lambda}+\right.\right.\\&\left.\left.\left(\frac{1}{l_{\tilde{T}_B(x_i)}}\sum_{\gamma_B(x_i)\in\tilde{T}_B(x_i)}\min_{\gamma_A(x_i)\in\tilde{T}_A(x_i)}|\gamma_B(x_i)-\gamma_A(x_i)|^\lambda+\frac{1}{l_{\tilde{I}_B(x_i)}}\sum_{\eta_B(x_i)\in\tilde{I}_B(x_i)}\min_{\eta_A(x_i)\in\tilde{I}_A(x_i)}|\eta_B(x_i)-\eta_A(x_i)|^\lambda+\frac{1}{l_{\tilde{F}_B(x_i)}}\sum_{\xi_B(x_i)\in\tilde{F}_B(x_i)}\min_{\xi_A(x_i)\in\tilde{F}_A(x_i)}|\xi_B(x_i)-\xi_A(x_i)|^\lambda\right)^{1/\lambda}\right)\right]\end{aligned}\tag{4-4}$$

（1）若 $\lambda=1$，则公式（4-4）退化为规范化的多值中智 Hamming 距离：

$$d_{mnhn}(A,B)=\frac{1}{n}\left[\sum_{i=1}^{n}\frac{1}{6}\left(\frac{1}{l_{\tilde{T}_A(x_i)}}\sum_{\gamma_A(x_i)\in\tilde{T}_A(x_i)}\min_{\gamma_B(x_i)\in\tilde{T}_B(x_i)}|\gamma_A(x_i)-\gamma_B(x_i)|+\right.\right.$$
$$\frac{1}{l_{\tilde{I}_A(x_i)}}\sum_{\eta_A(x_i)\in\tilde{I}_A(x_i)}\min_{\eta_B(x_i)\in\tilde{I}_B(x_i)}|\eta_A(x_i)-\eta_B(x_i)|+$$
$$\frac{1}{l_{\tilde{F}_A(x_i)}}\sum_{\xi_A(x_i)\in\tilde{F}_A(x_i)}\min_{\xi_B(x_i)\in\tilde{F}_B(x_i)}|\xi_A(x_i)-\xi_B(x_i)|+$$
$$\frac{1}{l_{\tilde{T}_B(x_i)}}\sum_{\gamma_B(x_i)\in\tilde{T}_B(x_i)}\min_{\gamma_A(x_i)\in\tilde{T}_A(x_i)}|\gamma_B(x_i)-\gamma_A(x_i)|+ \tag{4-5}$$
$$\frac{1}{l_{\tilde{I}_B(x_i)}}\sum_{\eta_B(x_i)\in\tilde{I}_B(x_i)}\min_{\eta_A(x_i)\in\tilde{I}_A(x_i)}|\eta_B(x_i)-\eta_A(x_i)|+$$
$$\left.\left.\frac{1}{l_{\tilde{F}_B(x_i)}}\sum_{\xi_B(x_i)\in\tilde{F}_B(x_i)}\min_{\xi_A(x_i)\in\tilde{F}_A(x_i)}|\xi_B(x_i)-\xi_A(x_i)|\right)\right]$$

（2）若 $\lambda=2$，则公式（4-4）退化为规范化的多值中智 Euclidean 距离：

$$d_{mnhe}(A,B)=\frac{1}{n}\left[\sum_{i=1}^{n}\frac{1}{6}\left(\left(\frac{1}{l_{\tilde{T}_A(x_i)}}\sum_{\gamma_A(x_i)\in\tilde{T}_A(x_i)}\min_{\gamma_B(x_i)\in\tilde{T}_B(x_i)}|\gamma_A(x_i)-\gamma_B(x_i)|^2+\right.\right.\right.$$
$$\frac{1}{l_{\tilde{I}_A(x_i)}}\sum_{\eta_A(x_i)\in\tilde{I}_A(x_i)}\min_{\eta_B(x_i)\in\tilde{I}_B(x_i)}|\eta_A(x_i)-\eta_B(x_i)|^2+$$
$$\left.\frac{1}{l_{\tilde{F}_A(x_i)}}\sum_{\xi_A(x_i)\in\tilde{F}_A(x_i)}\min_{\xi_B(x_i)\in\tilde{F}_B(x_i)}|\xi_A(x_i)-\xi_B(x_i)|^2\right)^{1/2}+$$
$$\left(\frac{1}{l_{\tilde{T}_B(x_i)}}\sum_{\gamma_B(x_i)\in\tilde{T}_B(x_i)}\min_{\gamma_A(x_i)\in\tilde{T}_A(x_i)}|\gamma_B(x_i)-\gamma_A(x_i)|^2+\right. \tag{4-6}$$
$$\frac{1}{l_{\tilde{I}_B(x_i)}}\sum_{\eta_B(x_i)\in\tilde{I}_B(x_i)}\min_{\eta_A(x_i)\in\tilde{I}_A(x_i)}|\eta_B(x_i)-\eta_A(x_i)|^2+$$
$$\left.\left.\left.\frac{1}{l_{\tilde{F}_B(x_i)}}\sum_{\xi_B(x_i)\in\tilde{F}_B(x_i)}\min_{\xi_A(x_i)\in\tilde{F}_A(x_i)}|\xi_B(x_i)-\xi_A(x_i)|^2\right)^{1/2}\right)\right]$$

定义 4-6 给定 $X=\{x_1,x_2,\cdots,x_n\}$ 上的两个多值中智集 A 与 B，则 A 与 B 的一般 Hausdorff 距离为：

$$
\begin{aligned}
d_{gmnh}(A,B) &= \sum_{i=1}^{n}\frac{1}{2}(f_{gmnh}(A(x_i),B(x_i))+f_{gmnh}(B(x_i),A(x_i)))\\
&= \sum_{i=1}^{n}\frac{1}{6}((\max_{\gamma_A(x_i)\in\tilde{T}_A(x_i)}\min_{\gamma_B(x_i)\in\tilde{T}_B(x_i)}|\gamma_A(x_i)-\gamma_B(x_i)|^{\lambda}+\\
&\max_{\eta_A(x_i)\in\tilde{I}_A(x_i)}\min_{\eta_B(x_i)\in\tilde{I}_B(x_i)}|\eta_A(x_i)-\eta_B(x_i)|^{\lambda}+\\
&\max_{\xi_A(x_i)\in\tilde{F}_A(x_i)}\min_{\xi_B(x_i)\in\tilde{F}_B(x_i)}|\xi_A(x_i)-\xi_B(x_i)|^{\lambda})^{1/\lambda}+\\
&(\max_{\gamma_B(x_i)\in\tilde{T}_B(x_i)}\min_{\gamma_A(x_i)\in\tilde{T}_A(x_i)}|\gamma_B(x_i)-\gamma_A(x_i)|^{\lambda}+\\
&\max_{\eta_B(x_i)\in\tilde{I}_B(x_i)}\min_{\eta_A(x_i)\in\tilde{I}_A(x_i)}|\eta_B(x_i)-\eta_A(x_i)|^{\lambda}+\\
&\max_{\xi_B(x_i)\in\tilde{F}_B(x_i)}\min_{\xi_A(x_i)\in\tilde{F}_A(x_i)}|\xi_B(x_i)-\xi_A(x_i)|^{\lambda})^{1/\lambda})
\end{aligned}
\tag{4-7}
$$

其中 $\lambda>0$，且

$$
\begin{aligned}
f_{gmnh}(A(x_i),B(x_i)) = \frac{1}{3}(&\max_{\gamma_A(x_i)\in\tilde{T}_A(x_i)}\min_{\gamma_B(x_i)\in\tilde{T}_B(x_i)}|\gamma_A(x_i)-\gamma_B(x_i)|^{\lambda}+\\
&\max_{\eta_A(x_i)\in\tilde{I}_A(x_i)}\min_{\eta_B(x_i)\in\tilde{I}_B(x_i)}|\eta_A(x_i)-\eta_B(x_i)|^{\lambda}+\\
&\max_{\xi_A(x_i)\in\tilde{F}_A(x_i)}\min_{\xi_B(x_i)\in\tilde{F}_B(x_i)}|\xi_A(x_i)-\xi_B(x_i)|^{\lambda})^{1/\lambda}
\end{aligned}
$$

（1）若 $\lambda=1$，则公式（4-7）退化为多值中智 Hamming-Hausdorff 距离：

$$
\begin{aligned}
d_{mnhh}(A,B) = \sum_{i=1}^{n}\frac{1}{6}(&\max_{\gamma_A(x_i)\in\tilde{T}_A(x_i)}\min_{\gamma_B(x_i)\in\tilde{T}_B(x_i)}|\gamma_A(x_i)-\gamma_B(x_i)|+\\
&\max_{\eta_A(x_i)\in\tilde{I}_A(x_i)}\min_{\eta_B(x_i)\in\tilde{I}_B(x_i)}|\eta_A(x_i)-\eta_B(x_i)|+\\
&\max_{\xi_A(x_i)\in\tilde{F}_A(x_i)}\min_{\xi_B(x_i)\in\tilde{F}_B(x_i)}|\xi_A(x_i)-\xi_B(x_i)|+\\
&\max_{\gamma_B(x_i)\in\tilde{T}_B(x_i)}\min_{\gamma_A(x_i)\in\tilde{T}_A(x_i)}|\gamma_B(x_i)-\gamma_A(x_i)|+
\end{aligned}
\tag{4-8}
$$

$$\max_{\eta_B(x_i)\in \tilde{I}_B(x_i)} \min_{\eta_A(x_i)\in \tilde{I}_A(x_i)} |\eta_B(x_i)-\eta_A(x_i)|+$$
$$\max_{\xi_B(x_i)\in \tilde{F}_B(x_i)} \min_{\xi_A(x_i)\in \tilde{F}_A(x_i)} |\xi_B(x_i)-\xi_A(x_i)|)$$

（2）若 $\lambda=2$，则公式（4-7）退化为多值中智 Euclidean-Hausdorff 距离：

$$\begin{aligned} d_{mneh}(A,B) = \sum_{i=1}^{n}\frac{1}{6}((&\max_{\gamma_A(x_i)\in \tilde{T}_A(x_i)} \min_{\gamma_B(x_i)\in \tilde{T}_B(x_i)} |\gamma_A(x_i)-\gamma_B(x_i)|^2+ \\ &\max_{\eta_A(x_i)\in \tilde{I}_A(x_i)} \min_{\eta_B(x_i)\in \tilde{I}_B(x_i)} |\eta_A(x_i)-\eta_B(x_i)|^2+ \\ &\max_{\xi_A(x_i)\in \tilde{F}_A(x_i)} \min_{\xi_B(x_i)\in \tilde{F}_B(x_i)} |\xi_A(x_i)-\xi_B(x_i)|^2)^{1/2}+ \\ &(\max_{\gamma_B(x_i)\in \tilde{T}_B(x_i)} \min_{\gamma_A(x_i)\in \tilde{T}_A(x_i)} |\gamma_B(x_i)-\gamma_A(x_i)|^2+ \\ &\max_{\eta_B(x_i)\in \tilde{I}_B(x_i)} \min_{\eta_A(x_i)\in \tilde{I}_A(x_i)} |\eta_B(x_i)-\eta_A(x_i)|^2+ \\ &\max_{\xi_B(x_i)\in \tilde{F}_B(x_i)} \min_{\xi_A(x_i)\in \tilde{F}_A(x_i)} |\xi_B(x_i)-\xi_A(x_i)|^2)^{1/2}) \end{aligned} \tag{4-9}$$

定义 4-7 给定 $X=\{x_1,x_2,\cdots,x_n\}$ 上的两个多值中智集 A 与 B，则 A 与 B 一般规范化 Hausdorff 距离为：

$$\begin{aligned} d_{gmnnh}(A,B) &= \frac{1}{n}\left[\sum_{i=1}^{n}\frac{1}{2}(f_{gmnh}(A(x_i),B(x_i))+f_{gmnh}(B(x_i),A(x_i)))\right] \\ &= \frac{1}{n}\left[\sum_{i=1}^{n}\frac{1}{6}((\max_{\gamma_A(x_i)\in \tilde{T}_A(x_i)} \min_{\gamma_B(x_i)\in \tilde{T}_B(x_i)} |\gamma_A(x_i)-\gamma_B(x_i)|^\lambda+ \right. \\ &\max_{\eta_A(x_i)\in \tilde{I}_A(x_i)} \min_{\eta_B(x_i)\in \tilde{I}_B(x_i)} |\eta_A(x_i)-\eta_B(x_i)|^\lambda+ \\ &\max_{\xi_A(x_i)\in \tilde{F}_A(x_i)} \min_{\xi_B(x_i)\in \tilde{F}_B(x_i)} |\xi_A(x_i)-\xi_B(x_i)|^\lambda)^{1/\lambda}+ \\ &(\max_{\gamma_B(x_i)\in \tilde{T}_B(x_i)} \min_{\gamma_A(x_i)\in \tilde{T}_A(x_i)} |\gamma_B(x_i)-\gamma_A(x_i)|^\lambda+ \\ &\max_{\eta_B(x_i)\in \tilde{I}_B(x_i)} \min_{\eta_A(x_i)\in \tilde{I}_A(x_i)} |\eta_B(x_i)-\eta_A(x_i)|^\lambda+ \\ &\left.\max_{\xi_B(x_i)\in \tilde{F}_B(x_i)} \min_{\xi_A(x_i)\in \tilde{F}_A(x_i)} |\xi_B(x_i)-\xi_A(x_i)|^\lambda)^{1/\lambda})\right] \end{aligned} \tag{4-10}$$

（1）若 $\lambda=1$，则公式（4-10）退化为规范化的多值中智 Hamming-Hausdorff 距离：

$$d_{mnnhh}(A,B)=\frac{1}{n}\left[\sum_{i=1}^{n}\frac{1}{6}\left(\max_{\gamma_A(x_i)\in\tilde{T}_A(x_i)}\min_{\gamma_B(x_i)\in\tilde{T}_B(x_i)}\left|\gamma_A(x_i)-\gamma_B(x_i)\right|+\max_{\eta_A(x_i)\in\tilde{I}_A(x_i)}\min_{\eta_B(x_i)\in\tilde{I}_B(x_i)}\left|\eta_A(x_i)-\eta_B(x_i)\right|+\max_{\xi_A(x_i)\in\tilde{F}_A(x_i)}\min_{\xi_B(x_i)\in\tilde{F}_B(x_i)}\left|\xi_A(x_i)-\xi_B(x_i)\right|+\max_{\gamma_B(x_i)\in\tilde{T}_B(x_i)}\min_{\gamma_A(x_i)\in\tilde{T}_A(x_i)}\left|\gamma_B(x_i)-\gamma_A(x_i)\right|+\max_{\eta_B(x_i)\in\tilde{I}_B(x_i)}\min_{\eta_A(x_i)\in\tilde{I}_A(x_i)}\left|\eta_B(x_i)-\eta_A(x_i)\right|+\max_{\xi_B(x_i)\in\tilde{F}_B(x_i)}\min_{\xi_A(x_i)\in\tilde{F}_A(x_i)}\left|\xi_B(x_i)-\xi_A(x_i)\right|\right)\right] \tag{4-11}$$

（2）若 $\lambda=2$，则公式（4-10）退化为规范化的多值中智 Euclidean-Hausdorff 距离：

$$d_{mnneh}(A,B)=\frac{1}{n}\left[\sum_{i=1}^{n}\frac{1}{6}\left(\left(\max_{\gamma_A(x_i)\in\tilde{T}_A(x_i)}\min_{\gamma_B(x_i)\in\tilde{T}_B(x_i)}\left|\gamma_A(x_i)-\gamma_B(x_i)\right|^2+\max_{\eta_A(x_i)\in\tilde{I}_A(x_i)}\min_{\eta_B(x_i)\in\tilde{I}_B(x_i)}\left|\eta_A(x_i)-\eta_B(x_i)\right|^2+\max_{\xi_A(x_i)\in\tilde{F}_A(x_i)}\min_{\xi_B(x_i)\in\tilde{F}_B(x_i)}\left|\xi_A(x_i)-\xi_B(x_i)\right|^2\right)^{1/2}+\left(\max_{\gamma_B(x_i)\in\tilde{T}_B(x_i)}\min_{\gamma_A(x_i)\in\tilde{T}_A(x_i)}\left|\gamma_B(x_i)-\gamma_A(x_i)\right|^2+\max_{\eta_B(x_i)\in\tilde{I}_B(x_i)}\min_{\eta_A(x_i)\in\tilde{I}_A(x_i)}\left|\eta_B(x_i)-\eta_A(x_i)\right|^2+\max_{\xi_B(x_i)\in\tilde{F}_B(x_i)}\min_{\xi_A(x_i)\in\tilde{F}_A(x_i)}\left|\xi_B(x_i)-\xi_A(x_i)\right|^2\right)^{1/2}\right)\right] \tag{4-12}$$

定义 4-8　给定 $X=\{x_1,x_2,\cdots,x_n\}$ 上的两个多值中智集 A 与 B，x_i $(i=1,2,\cdots,n)$ 对应的权重为 $w=(w_1,w_2,\cdots,w_n)$，满足 $w_i>0$ 且 $\sum_{i=1}^{n}w_i=1$，则两个

中智集 A 与 B 的一般加权距离为：

$$d_{gmnw}(A,B)=\sum_{i=1}^{n}\frac{w_i}{6}\Bigg(\bigg(\frac{1}{l_{\tilde{T}_A(x_i)}}\sum_{\gamma_A(x_i)\in\tilde{T}_A(x_i)}\min_{\gamma_B(x_i)\in\tilde{T}_B(x_i)}|\gamma_A(x_i)-\gamma_B(x_i)|^{\lambda}+\frac{1}{l_{\tilde{I}_A(x_i)}}\sum_{\eta_A(x_i)\in\tilde{I}_A(x_i)}\min_{\eta_B(x_i)\in\tilde{I}_B(x_i)}|\eta_A(x_i)-\eta_B(x_i)|^{\lambda}+\frac{1}{l_{\tilde{F}_A(x_i)}}\sum_{\xi_A(x_i)\in\tilde{F}_A(x_i)}\min_{\xi_B(x_i)\in\tilde{F}_B(x_i)}|\xi_A(x_i)-\xi_B(x_i)|^{\lambda}\bigg)^{1/\lambda}+\bigg(\frac{1}{l_{\tilde{T}_B(x_i)}}\sum_{\gamma_B(x_i)\in\tilde{T}_B(x_i)}\min_{\gamma_A(x_i)\in\tilde{T}_A(x_i)}|\gamma_B(x_i)-\gamma_A(x_i)|^{\lambda}+\frac{1}{l_{\tilde{I}_B(x_i)}}\sum_{\eta_B(x_i)\in\tilde{I}_B(x_i)}\min_{\eta_A(x_i)\in\tilde{I}_A(x_i)}|\eta_B(x_i)-\eta_A(x_i)|^{\lambda}+\frac{1}{l_{\tilde{F}_B(x_i)}}\sum_{\xi_B(x_i)\in\tilde{F}_B(x_i)}\min_{\xi_A(x_i)\in\tilde{F}_A(x_i)}|\xi_B(x_i)-\xi_A(x_i)|^{\lambda}\bigg)^{1/\lambda}\Bigg) \tag{4-13}$$

其中 $l_{(\cdot)}$ 表示集合中的元素且 $\lambda>0$。

两个中智集 A 与 B 规范化的一般加权距离为：

$$d_{gmnnw}(A,B)=\frac{1}{n}\Bigg[\sum_{i=1}^{n}\frac{w_i}{6}\Bigg(\bigg(\frac{1}{l_{\tilde{T}_A(x_i)}}\sum_{\gamma_A(x_i)\in\tilde{T}_A(x_i)}\min_{\gamma_B(x_i)\in\tilde{T}_B(x_i)}|\gamma_A(x_i)-\gamma_B(x_i)|^{\lambda}+\frac{1}{l_{\tilde{I}_A(x_i)}}\sum_{\eta_A(x_i)\in\tilde{I}_A(x_i)}\min_{\eta_B(x_i)\in\tilde{I}_B(x_i)}|\eta_A(x_i)-\eta_B(x_i)|^{\lambda}+\frac{1}{l_{\tilde{F}_A(x_i)}}\sum_{\xi_A(x_i)\in\tilde{F}_A(x_i)}\min_{\xi_B(x_i)\in\tilde{F}_B(x_i)}|\xi_A(x_i)-\xi_B(x_i)|^{\lambda}\bigg)^{1/\lambda}+\bigg(\frac{1}{l_{\tilde{T}_B(x_i)}}\sum_{\gamma_B(x_i)\in\tilde{T}_B(x_i)}\min_{\gamma_A(x_i)\in\tilde{T}_A(x_i)}|\gamma_B(x_i)-\gamma_A(x_i)|^{\lambda}+\frac{1}{l_{\tilde{I}_B(x_i)}}\sum_{\eta_B(x_i)\in\tilde{I}_B(x_i)}\min_{\eta_A(x_i)\in\tilde{I}_A(x_i)}|\eta_B(x_i)-\eta_A(x_i)|^{\lambda}+\frac{1}{l_{\tilde{F}_B(x_i)}}\sum_{\xi_B(x_i)\in\tilde{F}_B(x_i)}\min_{\xi_A(x_i)\in\tilde{F}_A(x_i)}|\xi_B(x_i)-\xi_A(x_i)|^{\lambda}\bigg)^{1/\lambda}\Bigg)\Bigg] \tag{4-14}$$

（1）若 $\lambda=1$，则公式（4-13）退化为多值中智加权 Hamming 距离：

$$d_{mnwh}(A,B)=\sum_{i=1}^{n}\frac{w_i}{6}\Bigg(\Bigg(\frac{1}{l_{\tilde{T}_A(x_i)}}\sum_{\gamma_A(x_i)\in\tilde{T}_A(x_i)}\min_{\gamma_B(x_i)\in\tilde{T}_B(x_i)}|\gamma_A(x_i)-\gamma_B(x_i)|+\frac{1}{l_{\tilde{I}_A(x_i)}}\sum_{\eta_A(x_i)\in\tilde{I}_A(x_i)}\min_{\eta_B(x_i)\in\tilde{I}_B(x_i)}|\eta_A(x_i)-\eta_B(x_i)|+\frac{1}{l_{\tilde{F}_A(x_i)}}\sum_{\xi_A(x_i)\in\tilde{F}_A(x_i)}\min_{\xi_B(x_i)\in\tilde{F}_B(x_i)}|\xi_A(x_i)-\xi_B(x_i)|\Bigg)+\Bigg(\frac{1}{l_{\tilde{T}_B(x_i)}}\sum_{\gamma_B(x_i)\in\tilde{T}_B(x_i)}\min_{\gamma_A(x_i)\in\tilde{T}_A(x_i)}|\gamma_B(x_i)-\gamma_A(x_i)|+\frac{1}{l_{\tilde{I}_B(x_i)}}\sum_{\eta_B(x_i)\in\tilde{I}_B(x_i)}\min_{\eta_A(x_i)\in\tilde{I}_A(x_i)}|\eta_B(x_i)-\eta_A(x_i)|+\frac{1}{l_{\tilde{F}_B(x_i)}}\sum_{\xi_B(x_i)\in\tilde{F}_B(x_i)}\min_{\xi_A(x_i)\in\tilde{F}_A(x_i)}|\xi_B(x_i)-\xi_A(x_i)|\Bigg)\Bigg) \tag{4-15}$$

公式（4-14）退化为规范化的多值中智加权 Hamming 距离：

$$d_{mnnwh}(A,B)=\frac{1}{n}\left[\sum_{i=1}^{n}\frac{w_i}{6}\Bigg(\Bigg(\frac{1}{l_{\tilde{T}_A(x_i)}}\sum_{\gamma_A(x_i)\in\tilde{T}_A(x_i)}\min_{\gamma_B(x_i)\in\tilde{T}_B(x_i)}|\gamma_A(x_i)-\gamma_B(x_i)|+\frac{1}{l_{\tilde{I}_A(x_i)}}\sum_{\eta_A(x_i)\in\tilde{I}_A(x_i)}\min_{\eta_B(x_i)\in\tilde{I}_B(x_i)}|\eta_A(x_i)-\eta_B(x_i)|+\frac{1}{l_{\tilde{F}_A(x_i)}}\sum_{\xi_A(x_i)\in\tilde{F}_A(x_i)}\min_{\xi_B(x_i)\in\tilde{F}_B(x_i)}|\xi_A(x_i)-\xi_B(x_i)|\Bigg)+\Bigg(\frac{1}{l_{\tilde{T}_B(x_i)}}\sum_{\gamma_B(x_i)\in\tilde{T}_B(x_i)}\min_{\gamma_A(x_i)\in\tilde{T}_A(x_i)}|\gamma_B(x_i)-\gamma_A(x_i)|+\frac{1}{l_{\tilde{I}_B(x_i)}}\sum_{\eta_B(x_i)\in\tilde{I}_B(x_i)}\min_{\eta_A(x_i)\in\tilde{I}_A(x_i)}|\eta_B(x_i)-\eta_A(x_i)|+\frac{1}{l_{\tilde{F}_B(x_i)}}\sum_{\xi_B(x_i)\in\tilde{F}_B(x_i)}\min_{\xi_A(x_i)\in\tilde{F}_A(x_i)}|\xi_B(x_i)-\xi_A(x_i)|\Bigg)\Bigg)\right] \tag{4-16}$$

（2）若 $\lambda=2$，则公式（4-13）退化为多值中智加权 Euclidean 距离：

$$d_{mnwe}(A,B)=\sum_{i=1}^{n}\frac{w_i}{6}\left(\left(\frac{1}{l_{\tilde{T}_A(x_i)}}\sum_{\gamma_A(x_i)\in\tilde{T}_A(x_i)}\min_{\gamma_B(x_i)\in\tilde{T}_B(x_i)}|\gamma_A(x_i)-\gamma_B(x_i)|^2+\frac{1}{l_{\tilde{I}_A(x_i)}}\sum_{\eta_A(x_i)\in\tilde{I}_A(x_i)}\min_{\eta_B(x_i)\in\tilde{I}_B(x_i)}|\eta_A(x_i)-\eta_B(x_i)|^2+\frac{1}{l_{\tilde{F}_A(x_i)}}\sum_{\xi_A(x_i)\in\tilde{F}_A(x_i)}\min_{\xi_B(x_i)\in\tilde{F}_B(x_i)}|\xi_A(x_i)-\xi_B(x_i)|^2\right)^{1/2}+\left(\frac{1}{l_{\tilde{T}_B(x_i)}}\sum_{\gamma_B(x_i)\in\tilde{T}_B(x_i)}\min_{\gamma_A(x_i)\in\tilde{T}_A(x_i)}|\gamma_B(x_i)-\gamma_A(x_i)|^2+\frac{1}{l_{\tilde{I}_B(x_i)}}\sum_{\eta_B(x_i)\in\tilde{I}_B(x_i)}\min_{\eta_A(x_i)\in\tilde{I}_A(x_i)}|\eta_B(x_i)-\eta_A(x_i)|^2+\frac{1}{l_{\tilde{F}_B(x_i)}}\sum_{\xi_B(x_i)\in\tilde{F}_B(x_i)}\min_{\xi_A(x_i)\in\tilde{F}_A(x_i)}|\xi_B(x_i)-\xi_A(x_i)|^2\right)^{1/2}\right) \tag{4-17}$$

公式（4-13）退化为规范化的多值中智加权 Euclidean 距离：

$$d_{mnnwe}(A,B)=\frac{1}{n}\left[\sum_{i=1}^{n}\frac{w_i}{6}\left(\left(\frac{1}{l_{\tilde{T}_A(x_i)}}\sum_{\gamma_A(x_i)\in\tilde{T}_A(x_i)}\min_{\gamma_B(x_i)\in\tilde{T}_B(x_i)}|\gamma_A(x_i)-\gamma_B(x_i)|^2+\frac{1}{l_{\tilde{I}_A(x_i)}}\sum_{\eta_A(x_i)\in\tilde{I}_A(x_i)}\min_{\eta_B(x_i)\in\tilde{I}_B(x_i)}|\eta_A(x_i)-\eta_B(x_i)|^2+\frac{1}{l_{\tilde{F}_A(x_i)}}\sum_{\xi_A(x_i)\in\tilde{F}_A(x_i)}\min_{\xi_B(x_i)\in\tilde{F}_B(x_i)}|\xi_A(x_i)-\xi_B(x_i)|^2\right)^{1/2}+\left(\frac{1}{l_{\tilde{T}_B(x_i)}}\sum_{\gamma_B(x_i)\in\tilde{T}_B(x_i)}\min_{\gamma_A(x_i)\in\tilde{T}_A(x_i)}|\gamma_B(x_i)-\gamma_A(x_i)|^2+\frac{1}{l_{\tilde{I}_B(x_i)}}\sum_{\eta_B(x_i)\in\tilde{I}_B(x_i)}\min_{\eta_A(x_i)\in\tilde{I}_A(x_i)}|\eta_B(x_i)-\eta_A(x_i)|^2+\frac{1}{l_{\tilde{F}_B(x_i)}}\sum_{\xi_B(x_i)\in\tilde{F}_B(x_i)}\min_{\xi_A(x_i)\in\tilde{F}_A(x_i)}|\xi_B(x_i)-\xi_A(x_i)|^2\right)^{1/2}\right)\right] \tag{4-18}$$

定义 4-9 给定 $X=\{x_1,x_2,\cdots,x_n\}$ 上的两个多值中智集 A 与 B，x_i $(i=1,2,\cdots,n)$ 相应的权重为 $w=(w_1,w_2,\cdots,w_n)$，满足 $w_i>0$ 且 $\sum_{i=1}^{n}w_i=1$，则 A 与 B 的一般多值中智加权 Hausdorff 距离为：

$$d_{gmnwh}(A,B)=\sum_{i=1}^{n}\frac{w_i}{6}\Big(\Big(\max_{\gamma_A(x_i)\in\tilde{T}_A(x_i)}\min_{\gamma_B(x_i)\in\tilde{T}_B(x_i)}|\gamma_A(x_i)-\gamma_B(x_i)|^{\lambda}+\max_{\eta_A(x_i)\in\tilde{I}_A(x_i)}\min_{\eta_B(x_i)\in\tilde{I}_B(x_i)}|\eta_A(x_i)-\eta_B(x_i)|^{\lambda}+\max_{\xi_A(x_i)\in\tilde{F}_A(x_i)}\min_{\xi_B(x_i)\in\tilde{F}_B(x_i)}|\xi_A(x_i)-\xi_B(x_i)|^{\lambda}\Big)^{1/\lambda}+\Big(\max_{\gamma_B(x_i)\in\tilde{T}_B(x_i)}\min_{\gamma_A(x_i)\in\tilde{T}_A(x_i)}|\gamma_B(x_i)-\gamma_A(x_i)|^{\lambda}+\max_{\eta_B(x_i)\in\tilde{I}_B(x_i)}\min_{\eta_A(x_i)\in\tilde{I}_A(x_i)}|\eta_B(x_i)-\eta_A(x_i)|^{\lambda}+\max_{\xi_B(x_i)\in\tilde{F}_B(x_i)}\min_{\xi_A(x_i)\in\tilde{F}_A(x_i)}|\xi_B(x_i)-\xi_A(x_i)|^{\lambda}\Big)^{1/\lambda}\Big) \tag{4-19}$$

两个中智集 A 与 B 规范化的一般多值中智加权 Hausdorff 距离为：

$$d_{gmnnwh}(A,B)=\frac{1}{n}\left[\sum_{i=1}^{n}\frac{w_i}{6}\Big(\Big(\max_{\gamma_A(x_i)\in\tilde{T}_A(x_i)}\min_{\gamma_B(x_i)\in\tilde{T}_B(x_i)}|\gamma_A(x_i)-\gamma_B(x_i)|^{\lambda}+\max_{\eta_A(x_i)\in\tilde{I}_A(x_i)}\min_{\eta_B(x_i)\in\tilde{I}_B(x_i)}|\eta_A(x_i)-\eta_B(x_i)|^{\lambda}+\max_{\xi_A(x_i)\in\tilde{F}_A(x_i)}\min_{\xi_B(x_i)\in\tilde{F}_B(x_i)}|\xi_A(x_i)-\xi_B(x_i)|^{\lambda}\Big)^{1/\lambda}+\Big(\max_{\gamma_B(x_i)\in\tilde{T}_B(x_i)}\min_{\gamma_A(x_i)\in\tilde{T}_A(x_i)}|\gamma_B(x_i)-\gamma_A(x_i)|^{\lambda}+\max_{\eta_B(x_i)\in\tilde{I}_B(x_i)}\min_{\eta_A(x_i)\in\tilde{I}_A(x_i)}|\eta_B(x_i)-\eta_A(x_i)|^{\lambda}+\max_{\xi_B(x_i)\in\tilde{F}_B(x_i)}\min_{\xi_A(x_i)\in\tilde{F}_A(x_i)}|\xi_B(x_i)-\xi_A(x_i)|^{\lambda}\Big)^{1/\lambda}\Big)\right] \tag{4-20}$$

（1）若 $\lambda=1$，则公式（4-19）退化为多值中智加权 Hamming-Hausdorff 距离：

$$d_{gmnnh}(A,B)=\sum_{i=1}^{n}\frac{w_i}{6}\Big(\Big(\max_{\gamma_A(x_i)\in\tilde{T}_A(x_i)}\min_{\gamma_B(x_i)\in\tilde{T}_B(x_i)}|\gamma_A(x_i)-\gamma_B(x_i)|+\max_{\eta_A(x_i)\in\tilde{I}_A(x_i)}\min_{\eta_B(x_i)\in\tilde{I}_B(x_i)}|\eta_A(x_i)-\eta_B(x_i)|+\max_{\xi_A(x_i)\in\tilde{F}_A(x_i)}\min_{\xi_B(x_i)\in\tilde{F}_B(x_i)}|\xi_A(x_i)-\xi_B(x_i)|\Big)+ \tag{4-21}$$

$$
\begin{aligned}
&\left(\max_{\gamma_B(x_i)\in\tilde{T}_B(x_i)}\ \min_{\gamma_A(x_i)\in\tilde{T}_A(x_i)}\left|\gamma_B(x_i)-\gamma_A(x_i)\right|+\right.\\
&\max_{\eta_B(x_i)\in\tilde{I}_B(x_i)}\ \min_{\eta_A(x_i)\in\tilde{I}_A(x_i)}\left|\eta_B(x_i)-\eta_A(x_i)\right|+\\
&\left.\max_{\xi_B(x_i)\in\tilde{F}_B(x_i)}\ \min_{\xi_A(x_i)\in\tilde{F}_A(x_i)}\left|\xi_B(x_i)-\xi_A(x_i)\right|\right)\Big)
\end{aligned}
$$

公式（4-20）退化为规范化的多值中智加权 Hamming-Hausdorff 距离：

$$
\begin{aligned}
d_{mnnwhh}(A,B)=\frac{1}{n}\Bigg[\sum_{i=1}^{n}\frac{w_i}{6}\Big(&\Big(\max_{\gamma_A(x_i)\in\tilde{T}_A(x_i)}\ \min_{\gamma_B(x_i)\in\tilde{T}_B(x_i)}\left|\gamma_A(x_i)-\gamma_B(x_i)\right|+\\
&\max_{\eta_A(x_i)\in\tilde{I}_A(x_i)}\ \min_{\eta_B(x_i)\in\tilde{I}_B(x_i)}\left|\eta_A(x_i)-\eta_B(x_i)\right|+\\
&\max_{\xi_A(x_i)\in\tilde{F}_A(x_i)}\ \min_{\xi_B(x_i)\in\tilde{F}_B(x_i)}\left|\xi_A(x_i)-\xi_B(x_i)\right|\Big)+\\
&\Big(\max_{\gamma_B(x_i)\in\tilde{T}_B(x_i)}\ \min_{\gamma_A(x_i)\in\tilde{T}_A(x_i)}\left|\gamma_B(x_i)-\gamma_A(x_i)\right|+\\
&\max_{\eta_B(x_i)\in\tilde{I}_B(x_i)}\ \min_{\eta_A(x_i)\in\tilde{I}_A(x_i)}\left|\eta_B(x_i)-\eta_A(x_i)\right|+\\
&\max_{\xi_B(x_i)\in\tilde{F}_B(x_i)}\ \min_{\xi_A(x_i)\in\tilde{F}_A(x_i)}\left|\xi_B(x_i)-\xi_A(x_i)\right|\Big)\Big)\Bigg]
\end{aligned}
\tag{4-22}
$$

（2）若 $\lambda=2$，则公式（4-19）退化为多值中智加权 Euclidean-Hausdorff 距离：

$$
\begin{aligned}
d_{mnweh}(A,B)=\sum_{i=1}^{n}\frac{w_i}{6}\Big(&\Big(\max_{\gamma_A(x_i)\in\tilde{T}_A(x_i)}\ \min_{\gamma_B(x_i)\in\tilde{T}_B(x_i)}\left|\gamma_A(x_i)-\gamma_B(x_i)\right|^2+\\
&\max_{\eta_A(x_i)\in\tilde{I}_A(x_i)}\ \min_{\eta_B(x_i)\in\tilde{I}_B(x_i)}\left|\eta_A(x_i)-\eta_B(x_i)\right|^2+\\
&\max_{\xi_A(x_i)\in\tilde{F}_A(x_i)}\ \min_{\xi_B(x_i)\in\tilde{F}_B(x_i)}\left|\xi_A(x_i)-\xi_B(x_i)\right|^2\Big)^{1/2}+\\
&\Big(\max_{\gamma_B(x_i)\in\tilde{T}_B(x_i)}\ \min_{\gamma_A(x_i)\in\tilde{T}_A(x_i)}\left|\gamma_B(x_i)-\gamma_A(x_i)\right|^2+\\
&\max_{\eta_B(x_i)\in\tilde{I}_B(x_i)}\ \min_{\eta_A(x_i)\in\tilde{I}_A(x_i)}\left|\eta_B(x_i)-\eta_A(x_i)\right|^2+\\
&\max_{\xi_B(x_i)\in\tilde{F}_B(x_i)}\ \min_{\xi_A(x_i)\in\tilde{F}_A(x_i)}\left|\xi_B(x_i)-\xi_A(x_i)\right|^2\Big)^{1/2}\Big)
\end{aligned}
\tag{4-23}
$$

公式（4-20）退化为规范化的多值中智加权 Euclidean-Hausdorff 距离：

$$d_{mnnweh}(A,B)=\frac{1}{n}\left[\sum_{i=1}^{n}\frac{w_i}{6}\left(\left(\max_{\gamma_A(x_i)\in\tilde{T}_A(x_i)}\min_{\gamma_B(x_i)\in\tilde{T}_B(x_i)}|\gamma_A(x_i)-\gamma_B(x_i)|^2+\right.\right.\right.$$
$$\max_{\eta_A(x_i)\in\tilde{I}_A(x_i)}\min_{\eta_B(x_i)\in\tilde{I}_B(x_i)}|\eta_A(x_i)-\eta_B(x_i)|^2+$$
$$\max_{\xi_A(x_i)\in\tilde{F}_A(x_i)}\min_{\xi_B(x_i)\in\tilde{F}_B(x_i)}|\xi_A(x_i)-\xi_B(x_i)|^2)^{1/2}+$$
$$(\max_{\gamma_B(x_i)\in\tilde{T}_B(x_i)}\min_{\gamma_A(x_i)\in\tilde{T}_A(x_i)}|\gamma_B(x_i)-\gamma_A(x_i)|^2+ \tag{4-24}$$
$$\max_{\eta_B(x_i)\in\tilde{I}_B(x_i)}\min_{\eta_A(x_i)\in\tilde{I}_A(x_i)}|\eta_B(x_i)-\eta_A(x_i)|^2+$$
$$\left.\left.\max_{\xi_B(x_i)\in\tilde{F}_B(x_i)}\min_{\xi_A(x_i)\in\tilde{F}_A(x_i)}|\xi_B(x_i)-\xi_A(x_i)|^2)^{1/2}\right)\right]$$

性质 4-1 给定 A，B 与 C 三个中智集，则一般多值中智距离 d_{gmn}、一般多值中智 Hausdorff 距离 d_{gmnh}、一般多值中智加权距离 d_{gmnw} 与一般多值中智加权 Hausdorff 距离 d_{gmnwh} 满足定义 4-2 中的条件。

证明 结论（1）与（2）显然成立。

结论（3）$\forall A$，$B\in MVNSS$，

$$d_{gmn}(A,B)=\sum_{i=1}^{n}\frac{1}{2}(f_{gmn}(A(x_i),B(x_i))+f_{gmn}(B(x_i),A(x_i)))$$
$$=\sum_{i=1}^{n}\frac{1}{2}(f_{gmn}(B(x_i),A(x_i))+f_{gmn}(A(x_i),B(x_i)))=d_{gmn}(B,A)$$

类似地，可得 $d_{gmnh}(A,B)=d_{gmnh}(B,A)$，$d_{gmnw}(A,B)=d_{gmnw}(B,A)$ 与 $d_{gmnwh}(A,B)=d_{gmnwh}(B,A)$。

结论（4）$\forall A,B,C\in MVNSS$，若 $A\leqslant B\leqslant C$，根据定义 4-1，对于任意的 $x_i\in X$，则有：

$\gamma_A^{\sigma(j)}(x_i)\leqslant\gamma_B^{\sigma(j)}(x_i)\leqslant\gamma_C^{\sigma(j)}(x_i)$ 与 $\gamma_A^{\sigma(l_{\tilde{T}_A(x_i)})}(x_i)\leqslant\gamma_B^{\sigma(l_{\tilde{T}_B(x_i)})}(x_i)\leqslant\gamma_C^{\sigma(l_{\tilde{T}_C(x_i)})}(x_i)$

$\eta_A^{\sigma(k)}(x_i)\geqslant\eta_B^{\sigma(k)}(x_i)\geqslant\eta_C^{\sigma(k)}(x_i)$ 与 $\eta_A^{\sigma(l_{\tilde{I}_A(x_i)})}(x_i)\geqslant\eta_B^{\sigma(l_{\tilde{I}_B(x_i)})}(x_i)\geqslant$

$\eta_C^{\sigma(l_{\tilde{I}_C(x_i)})}(x_i)$

$\xi_A^{\sigma(m)}(x_i) \geqslant \xi_B^{\sigma(m)}(x_i) \geqslant \xi_C^{\sigma(m)}(x_i)$ 与 $\xi_A^{\sigma(l_{\tilde{F}_A})}(x_i) \geqslant \xi_B^{\sigma(l_{\tilde{F}_B})}(x_i) \geqslant \xi_C^{\sigma(l_{\tilde{F}_C})}(x_i)$

其中 $j=1,2,\cdots,l_{\tilde{T}(x_i)}$，$l_{\tilde{T}(x_i)}=\min(l_{\tilde{T}_A(x_i)},l_{\tilde{T}_B(x_i)},l_{\tilde{T}_C(x_i)})$，

$k=1,2,\cdots,l_{\tilde{I}(x_i)}$，$l_{\tilde{I}(x_i)}=\min(l_{\tilde{I}_A(x_i)},l_{\tilde{I}_B(x_i)},l_{\tilde{I}_B(x_i)})$，

$m=1,2,\cdots,l_{\tilde{F}(x_i)}$，$l_{\tilde{F}(x_i)}=\min(l_{\tilde{F}_A(x_i)},l_{\tilde{F}_B(x_i)},l_{\tilde{F}_C(x_i)})$。

因此，$\min\limits_{\gamma_B(x_i)\in\tilde{T}_B(x_i)}|\gamma_A(x_i)-\gamma_B(x_i)|^\lambda \leqslant \min\limits_{\gamma_C(x_i)\in\tilde{T}_C(x_i)}|\gamma_A(x_i)-\gamma_C(x_i)|^\lambda$

$\min\limits_{\eta_B(x_i)\in\tilde{I}_B(x_i)}|\eta_A(x_i)-\eta_B(x_i)|^\lambda \leqslant \min\limits_{\eta_C(x_i)\in\tilde{I}_C(x_i)}|\eta_A(x_i)-\eta_C(x_i)|^\lambda$

$\min\limits_{\xi_B(x_i)\in\tilde{F}_B(x_i)}|\xi_A(x_i)-\xi_B(x_i)|^\lambda \leqslant \min\limits_{\xi_C(x_i)\in\tilde{F}_C(x_i)}|\xi_A(x_i)-\xi_C(x_i)|^\lambda$

则
$$\frac{1}{l_{\tilde{T}_A(x_i)}}\sum_{\gamma_A(x_i)\in\tilde{T}_A(x_i)}\min_{\gamma_B(x_i)\in\tilde{T}_B(x_i)}|\gamma_A(x_i)-\gamma_B(x_i)|^\lambda \leqslant \frac{1}{l_{\tilde{T}_A(x_i)}}\sum_{\gamma_A(x_i)\in\tilde{T}_A(x_i)}\min_{\gamma_C(x_i)\in\tilde{T}_C(x_i)}|\gamma_A(x_i)-\gamma_C(x_i)|^\lambda$$

$$\frac{1}{l_{\tilde{I}_A(x_i)}}\sum_{\eta_A(x_i)\in\tilde{I}_A(x_i)}\min_{\eta_B(x_i)\in\tilde{I}_B(x_i)}|\eta_A(x_i)-\eta_B(x_i)|^\lambda \leqslant \frac{1}{l_{\tilde{I}_A(x_i)}}\sum_{\eta_A(x_i)\in\tilde{I}_A(x_i)}\min_{\eta_C(x_i)\in\tilde{I}_C(x_i)}|\eta_A(x_i)-\eta_C(x_i)|^\lambda$$

$$\frac{1}{l_{\tilde{F}_A(x_i)}}\sum_{\xi_A(x_i)\in\tilde{F}_A(x_i)}\min_{\xi_B(x_i)\in\tilde{F}_B(x_i)}|\xi_A(x_i)-\xi_B(x_i)|^\lambda \leqslant \frac{1}{l_{\tilde{F}_A(x_i)}}\sum_{\xi_A(x_i)\in\tilde{F}_A(x_i)}\min_{\xi_C(x_i)\in\tilde{F}_C(x_i)}|\xi_A(x_i)-\xi_C(x_i)|^\lambda$$

同理，

$$\frac{1}{l_{\tilde{T}_B(x_i)}}\sum_{\gamma_B(x_i)\in\tilde{T}_B(x_i)}\min_{\gamma_A(x_i)\in\tilde{T}_A(x_i)}|\gamma_B(x_i)-\gamma_A(x_i)|^\lambda \leqslant \frac{1}{l_{\tilde{T}_C(x_i)}}\sum_{\gamma_C(x_i)\in\tilde{T}_C(x_i)}\min_{\gamma_A(x_i)\in\tilde{T}_A(x_i)}|\gamma_C(x_i)-\gamma_A(x_i)|^\lambda$$

$$\frac{1}{l_{\tilde{I}_B(x_i)}}\sum_{\eta_B(x_i)\in\tilde{I}_B(x_i)}\min_{\eta_A(x_i)\in\tilde{I}_A(x_i)}|\eta_B(x_i)-\eta_A(x_i)|^\lambda \leqslant \frac{1}{l_{\tilde{I}_C(x_i)}}\sum_{\eta_C(x_i)\in\tilde{I}_C(x_i)}\min_{\eta_A(x_i)\in\tilde{I}_A(x_i)}|\eta_C(x_i)-\eta_A(x_i)|^\lambda$$

$$\frac{1}{l_{\tilde{F}_B(x_i)}}\sum_{\xi_B(x_i)\in\tilde{F}_B(x_i)}\min_{\xi_A(x_i)\in\tilde{F}_A(x_i)}\left|\xi_B(x_i)-\xi_A(x_i)\right|^{\lambda}\leqslant$$

$$\frac{1}{l_{\tilde{F}_C(x_i)}}\sum_{\xi_C(x_i)\in\tilde{F}_C(x_i)}\min_{\xi_A(x_i)\in\tilde{F}_A(x_i)}\left|\xi_C(x_i)-\xi_A(x_i)\right|^{\lambda}$$

因此，

$$\sum_{i=1}^{n}\frac{1}{6}\Bigg(\Bigg(\frac{1}{l_{\tilde{T}_A(x_i)}}\sum_{\gamma_A(x_i)\in\tilde{T}_A(x_i)}\min_{\gamma_B(x_i)\in\tilde{T}_B(x_i)}\left|\gamma_A(x_i)-\gamma_B(x_i)\right|^{\lambda}+$$

$$\frac{1}{l_{\tilde{I}_A(x_i)}}\sum_{\eta_A(x_i)\in\tilde{I}_A(x_i)}\min_{\eta_B(x_i)\in\tilde{I}_B(x_i)}\left|\eta_A(x_i)-\eta_B(x_i)\right|^{\lambda}+$$

$$\frac{1}{l_{\tilde{F}_A(x_i)}}\sum_{\xi_A(x_i)\in\tilde{F}_A(x_i)}\min_{\xi_B(x_i)\in\tilde{F}_B(x_i)}\left|\xi_A(x_i)-\xi_B(x_i)\right|^{\lambda}\Bigg)^{1/\lambda}+$$

$$\Bigg(\frac{1}{l_{\tilde{T}_B(x_i)}}\sum_{\gamma_B(x_i)\in\tilde{T}_B(x_i)}\min_{\gamma_A(x_i)\in\tilde{T}_A(x_i)}\left|\gamma_B(x_i)-\gamma_A(x_i)\right|^{\lambda}+$$

$$\frac{1}{l_{\tilde{I}_B(x_i)}}\sum_{\eta_B(x_i)\in\tilde{I}_B(x_i)}\min_{\eta_A(x_i)\in\tilde{I}_A(x_i)}\left|\eta_B(x_i)-\eta_A(x_i)\right|^{\lambda}+$$

$$\frac{1}{l_{\tilde{F}_B(x_i)}}\sum_{\xi_B(x_i)\in\tilde{F}_B(x_i)}\min_{\xi_A(x_i)\in\tilde{F}_A(x_i)}\left|\xi_B(x_i)-\xi_A(x_i)\right|^{\lambda}\Bigg)^{1/\lambda}\Bigg)\leqslant$$

$$\sum_{i=1}^{n}\frac{1}{6}\Bigg(\Bigg(\frac{1}{l_{\tilde{T}_A(x_i)}}\sum_{\gamma_A(x_i)\in\tilde{T}_A(x_i)}\min_{\gamma_C(x_i)\in\tilde{T}_C(x_i)}\left|\gamma_A(x_i)-\gamma_C(x_i)\right|^{\lambda}+$$

$$\frac{1}{l_{\tilde{I}_A(x_i)}}\sum_{\eta_A(x_i)\in\tilde{I}_A(x_i)}\min_{\eta_C(x_i)\in\tilde{I}_C(x_i)}\left|\eta_A(x_i)-\eta_C(x_i)\right|^{\lambda}+$$

$$\frac{1}{l_{\tilde{F}_A(x_i)}}\sum_{\xi_A(x_i)\in\tilde{F}_A(x_i)}\min_{\xi_C(x_i)\in\tilde{F}_C(x_i)}\left|\xi_A(x_i)-\xi_C(x_i)\right|^{\lambda}\Bigg)^{1/\lambda}+$$

$$\Bigg(\frac{1}{l_{\tilde{T}_C(x_i)}}\sum_{\gamma_C(x_i)\in\tilde{T}_C(x_i)}\min_{\gamma_A(x_i)\in\tilde{T}_A(x_i)}\left|\gamma_C(x_i)-\gamma_A(x_i)\right|^{\lambda}+$$

$$\frac{1}{l_{\tilde{I}_C(x_i)}}\sum_{\eta_C(x_i)\in\tilde{I}_C(x_i)}\min_{\eta_A(x_i)\in\tilde{I}_A(x_i)}\left|\eta_C(x_i)-\eta_A(x_i)\right|^{\lambda}+$$

$$\frac{1}{l_{\tilde{F}_C(x_i)}}\sum_{\xi_C(x_i)\in\tilde{F}_C(x_i)}\min_{\xi_A(x_i)\in\tilde{F}_A(x_i)}\left|\xi_C(x_i)-\xi_A(x_i)\right|^{\lambda}\Bigg)^{1/\lambda}\Bigg)$$

即 $d_{gmn}(A,B)\leqslant d_{gmn}(A,C)$。

同理，可得 $d_{gmn}(B,C)\leqslant d_{gmn}(A,C)$。证毕。

性质 4-2　给定 A，B 与 C 三个多值中智集，则一般规范化多值中智距离

d_{gmnn}、一般规范化多值中智 Hausdorff 距离 d_{gmnnh}、一般规范化多值中智加权距离 d_{gmnnw} 与一般规范化多值中智加权 Hausdorff 距离满足定义 4-3。

4.2 基于 TOPSIS 的多值中智多准则决策方法

4.2.1 决策方法

假定 $A=\{\alpha_1,\alpha_2,\cdots,\alpha_n\}$ 为方案集，准则集为 $C=\{c_1,c_2,\cdots,c_m\}$，且准则权重 w 不完全确定，并以区间的形式给出。设 $\boldsymbol{R}=(\alpha_{ij})_{n\times m}$ 为多值中智决策矩阵，决策者对每个方案下每一准则的评价值以中智数的形式给出，即 $\alpha_{ij}=\langle \tilde{T}_{\alpha_{ij}}, \tilde{I}_{\alpha_{ij}}, \tilde{F}_{\alpha_{ij}}\rangle$。其中 $\tilde{T}_{(.)}$ 表示真实程度，$\tilde{I}_{(.)}$ 表示不确定程度，$\tilde{F}_{(.)}$ 表示谬误度。

一般情况下，多准则决策问题的准则分为效益型和成本型两种。根据参考文献［129］中直觉模糊数的规范方法，成本型准则可以通过以下方式转化为效益型准则：

$$\beta_{ij}=\begin{cases}\alpha_{ij}, & \text{效益型 } c_j \\ (\alpha_{ij})^C, & \text{成本型 } c_j\end{cases} \quad (i=1,2,\cdots,n;\ j=1,2,\cdots,m) \tag{4-25}$$

其中 $(\alpha_{ij})^C$ 表示 α_{ij} 的补集，可根据定义 3-5 进行计算。

此方法结合多值中智数与 TOPSIS（Technique for Order Performance by Similarity to Idea Solution）方法解决评价信息为多值中智数的多准则决策问题，下面给出具体的决策步骤。

步骤 1　决策矩阵规范化。

见 3.2.2 小节内容。

步骤 2　确定正负理想解 A^+ 与 A^-。

步骤 3　计算权重系数。

由于准则权重信息不完全，需要先确定准则权重。根据公式（4-1）与公式（4-7）中的多值中智集的距离，可计算出每个方案在各个准则下的评价值 α_{ij} 与正负理想解 A^+ 和 A^- 之间的距离为：

$$G_{ij}^{+}=d_{gmn}(\alpha_{ij},A^{+})=\sum_{i=1}^{n}\frac{1}{6}\left(\left(\frac{1}{l_{\tilde{T}_{\alpha_{ij}}}}\sum_{\gamma_{\alpha_{ij}}\in\tilde{T}_{\alpha_{ij}}}\min_{\gamma_{A^{+}}\in\tilde{T}_{A^{+}}}|\gamma_{\alpha_{ij}}-\gamma_{A^{+}}|^{\lambda}+\frac{1}{l_{\tilde{I}_{\alpha_{ij}}}}\sum_{\eta_{\alpha_{ij}}\in\tilde{I}_{\alpha_{ij}}}\min_{\eta_{A^{+}}\in\tilde{I}_{A^{+}}}|\eta_{\alpha_{ij}}-\eta_{A^{+}}|^{\lambda}+\frac{1}{l_{\tilde{F}_{\alpha_{ij}}}}\sum_{\xi_{\alpha_{ij}}\in\tilde{F}_{\alpha_{ij}}}\min_{\xi_{A^{+}}\in\tilde{F}_{A^{+}}}|\xi_{\alpha_{ij}}-\xi_{A^{+}}|^{\lambda}\right)^{1/\lambda}+\left(\frac{1}{l_{\tilde{T}_{A^{+}}}}\sum_{\gamma_{A^{+}}\in\tilde{T}_{A^{+}}}\min_{\gamma_{\alpha_{ij}}\in\tilde{T}_{\alpha_{ij}}}|\gamma_{A^{+}}-\gamma_{\alpha_{ij}}|^{\lambda}+\frac{1}{l_{\tilde{I}_{A^{+}}}}\sum_{\eta_{A^{+}}\in\tilde{I}_{A^{+}}}\min_{\eta_{\alpha_{ij}}\in\tilde{I}_{\alpha_{ij}}}|\eta_{A^{+}}-\eta_{\alpha_{ij}}|^{\lambda}+\frac{1}{l_{\tilde{F}_{A^{+}}}}\sum_{\xi_{A^{+}}\in\tilde{F}_{A^{+}}}\min_{\xi_{\alpha_{ij}}\in\tilde{F}_{\alpha_{ij}}}|\xi_{A^{+}}-\xi_{\alpha_{ij}}|^{\lambda}\right)^{1/\lambda}\right) \tag{4-26}$$

或

$$G_{ij}^{+}=d_{gmn_h}(\alpha_{ij},A^{+})=\sum_{i=1}^{n}\frac{1}{6}((\max_{\gamma_{\alpha_{ij}}\in\tilde{T}_{\alpha_{ij}}}\min_{\gamma_{A^{+}}\in\tilde{T}_{A^{+}}}|\gamma_{\alpha_{ij}}-\gamma_{A^{+}}|^{\lambda}+\max_{\eta_{\alpha_{ij}}\in\tilde{I}_{\alpha_{ij}}}\min_{\eta_{A^{+}}\in\tilde{I}_{A^{+}}}|\eta_{\alpha_{ij}}-\eta_{A^{+}}|^{\lambda}+\max_{\xi_{\alpha_{ij}}\in\tilde{F}_{\alpha_{ij}}}\min_{\xi_{A^{+}}\in\tilde{F}_{A^{+}}}|\xi_{\alpha_{ij}}-\xi_{A^{+}}|^{\lambda})^{1/\lambda}+(\max_{\gamma_{A^{+}}\in\tilde{T}_{A^{+}}}\min_{\gamma_{\alpha_{ij}}\in\tilde{T}_{\alpha_{ij}}}|\gamma_{A^{+}}-\gamma_{\alpha_{ij}}|^{\lambda}+\max_{\eta_{A^{+}}\in\tilde{I}_{A^{+}}}\min_{\eta_{\alpha_{ij}}\in\tilde{I}_{\alpha_{ij}}}|\eta_{A^{+}}-\eta_{\alpha_{ij}}|^{\lambda}+\max_{\xi_{A^{+}}\in\tilde{F}_{A^{+}}}\min_{\xi_{\alpha_{ij}}\in\tilde{F}_{\alpha_{ij}}}|\xi_{A^{+}}-\xi_{\alpha_{ij}}|^{\lambda})^{1/\lambda}) \tag{4-27}$$

则 α_{ij} 与负理想解之间的距离为：

$$G_{ij}^{-}=d_{gmn}(\alpha_{ij},A^{-})=\sum_{i=1}^{n}\frac{1}{6}\left(\left(\frac{1}{l_{\tilde{T}_{\alpha_{ij}}}}\sum_{\gamma_{\alpha_{ij}}\in\tilde{T}_{\alpha_{ij}}}\min_{\gamma_{A^{-}}\in\tilde{T}_{A^{-}}}|\gamma_{\alpha_{ij}}-\gamma_{A^{-}}|^{\lambda}+\frac{1}{l_{\tilde{I}_{\alpha_{ij}}}}\sum_{\eta_{\alpha_{ij}}\in\tilde{I}_{\alpha_{ij}}}\min_{\eta_{A^{-}}\in\tilde{I}_{A^{-}}}|\eta_{\alpha_{ij}}-\eta_{A^{-}}|^{\lambda}+\frac{1}{l_{\tilde{F}_{\alpha_{ij}}}}\sum_{\xi_{\alpha_{ij}}\in\tilde{F}_{\alpha_{ij}}}\min_{\xi_{A^{-}}\in\tilde{F}_{A^{-}}}|\xi_{\alpha_{ij}}-\xi_{A^{-}}|^{\lambda}\right)^{1/\lambda}+\left(\frac{1}{l_{\tilde{T}_{A^{-}}}}\sum_{\gamma_{A^{-}}\in\tilde{T}_{A^{-}}}\min_{\gamma_{A^{-}}\in\tilde{T}_{A^{-}}}|\gamma_{A^{-}}-\gamma_{\alpha_{ij}}|^{\lambda}+\frac{1}{l_{\tilde{I}_{A^{-}}}}\sum_{\eta_{A^{-}}\in\tilde{I}_{A^{-}}}\min_{\eta_{\alpha_{ij}}\in\tilde{I}_{\alpha_{ij}}}|\eta_{A^{-}}-\eta_{\alpha_{ij}}|^{\lambda}+\frac{1}{l_{\tilde{F}_{A^{-}}}}\sum_{\xi_{A^{-}}\in\tilde{F}_{A^{-}}}\min_{\xi_{\alpha_{ij}}\in\tilde{F}_{\alpha_{ij}}}|\xi_{A^{-}}-\xi_{\alpha_{ij}}|^{\lambda}\right)^{1/\lambda}\right) \tag{4-28}$$

或

$$G_{ij}^{-}=d_{gmnh}(\alpha_{ij},A^{-})=\sum_{i=1}^{n}\frac{1}{6}((\max_{\gamma_{\alpha_{ij}}\in\tilde{T}_{\alpha_{ij}}}\min_{\gamma_{A^{-}}\in\tilde{T}_{A^{-}}}|\gamma_{\alpha_{ij}}-\gamma_{A^{-}}|^{\lambda}+\max_{\eta_{\alpha_{ij}}\in\tilde{I}_{\alpha_{ij}}}\min_{\eta_{A^{-}}\in\tilde{I}_{A^{-}}}|\eta_{\alpha_{ij}}-\eta_{A^{-}}|^{\lambda}+\max_{\xi_{\alpha_{ij}}\in\tilde{F}_{\alpha_{ij}}}\min_{\xi_{A^{-}}\in\tilde{F}_{A^{-}}}|\xi_{\alpha_{ij}}-\xi_{A^{-}}|^{\lambda})^{1/\lambda}+(\max_{\gamma_{A^{-}}\in\tilde{T}_{A^{-}}}\min_{\gamma_{\alpha_{ij}}\in\tilde{T}_{\alpha_{ij}}}|\gamma_{A^{-}}-\gamma_{\alpha_{ij}}|^{\lambda}+\max_{\eta_{A^{-}}\in\tilde{I}_{A^{-}}}\min_{\eta_{\alpha_{ij}}\in\tilde{I}_{\alpha_{ij}}}|\eta_{A^{-}}-\eta_{\alpha_{ij}}|^{\lambda}+\max_{\xi_{A^{-}}\in\tilde{F}_{A^{-}}}\min_{\xi_{\alpha_{ij}}\in\tilde{F}_{\alpha_{ij}}}|\xi_{A^{-}}-\xi_{\alpha_{ij}}|^{\lambda})^{1/\lambda}) \tag{4-29}$$

则方案 α_i 与负理想解之间的总体贴近度为：

$$G(\alpha_i)=\sum_{j=1}^{m}w_jG_{ij}，其中\ G_{ij}=\frac{G_{ij}^{-}}{G_{ij}^{+}+G_{ij}^{-}} \tag{4-30}$$

显然，$G(\alpha_i)$越大，方案越优。因此，可以建立线性规划模型：

$$\max \quad G=\sum_{i=1}^{n}G(\alpha_i)=\sum_{i=1}^{n}\sum_{j=1}^{m}w_jG_{ij}$$
$$\text{s.t.}\begin{cases}w\in H\\ \sum_{j=1}^{m}w_j=1\end{cases}\tag{4-31}$$

对模型（4-31）求解，则可求得权重系数。

步骤 4 计算每个方案与正理想解之间的贴近度。

根据步骤 3 中的计算结果以及公式（4-30），可得每个方案 $\alpha_k(k=1,2,\cdots,n)$ 与负理想解之间的距离。

步骤 5 对方案进行排序。

根据 $G(\alpha_i)$ 的大小关系对方案进行排序，$G(\alpha_i)$ 越大，方案 α_i 越优。

4.2.2 案例分析

本节案例背景来源于参考文献［66］。中国某大学为了提升本校的教学能力与科研水平，欲招聘一批德才兼备的教师。此招聘计划引起了学校内外的广泛关注，为了体现出本次招聘公开、公正与公平，学校拟从以下四个方面对应聘者进行考核：道德水平、科研能力、教学水平以及教育背景，分别用 c_1，c_2，c_3，c_4 表示。参与此次招聘的五位应聘者则分别用 α_1，α_2，α_3，α_4，α_5 表示，学校人事主管与部门主管组成决策董事会，对每个应聘者 $\alpha_i(i=1,2,3,4,5)$ 在每一准则下 $c_k(k=1,2,3,4)$ 的评价信息用多值中智数表示。决策者们根据自己的经验与知识提供相关权重为：$H=\{0.15\leqslant w_1\leqslant 0.3,\ 0.15\leqslant w_2\leqslant 0.25,\ 0.25\leqslant w_3\leqslant 0.4,\ 0.3\leqslant w_4\leqslant 0.45,\ 2.5w_1\leqslant w_3\}$，满足 $\sum_{l=1}^{4}w_l=1$。每一个决策者可以给出多个评价信息，但在最终决策信息收集过程中，对于每一个多值中智数的三个参数，相同的数值则只计数一次。最终决策矩阵 $\boldsymbol{R}=(\alpha_{ij})_{5\times 4}$ 如下：

$$
R=\begin{pmatrix}
\langle\{0.5,0.7\},\{0.3\},\{0.3\}\rangle & \langle\{0.4\},\{0.2\},\{0.1\}\rangle & \langle\{0.5\},\{0.3\},\{0.4\}\rangle & \langle\{0.5,0.6\},\{0.2\},\{0.3\}\rangle \\
\langle\{0.3\},\{0.2\},\{0.2\}\rangle & \langle\{0.6\},\{0.2\},\{0.3\}\rangle & \langle\{0.7\},\{0.2\},\{0.3\}\rangle & \langle\{0.4\},\{0.2\},\{0.1\}\rangle \\
\langle\{0.3\},\{0.2\},\{0.4\}\rangle & \langle\{0.4,0.5\},\{0.2\},\{0.2\}\rangle & \langle\{0.6\},\{0.1\},\{0.3\}\rangle & \langle\{0.5\},\{0.1\},\{0.2\}\rangle \\
\langle\{0.5\},\{0.3\},\{0.3\}\rangle & \langle\{0.6\},\{0.1\},\{0.2\}\rangle & \langle\{0.7\},\{0.2\},\{0.2,0.3\}\rangle & \langle\{0.6\},\{0.2\},\{0.2\}\rangle \\
\langle\{0.6\},\{0.2\},\{0.4\}\rangle & \langle\{0.7\},\{0.2\},\{0.4\}\rangle & \langle\{0.7\},\{0.3\},\{0.2\}\rangle & \langle\{0.5\},\{0.1\},\{0.3\}\rangle
\end{pmatrix}
$$

下面根据所提出的多准则决策方法，对案例进行求解。

步骤 1　决策矩阵规范化。

由于 c_1，c_2，c_3 与 c_4 四个准则都属于效益型准则，因此规范化的决策矩阵为 $\tilde{R}=(\beta_{ij})_{4\times3}=(\alpha_{ij})_{4\times3}$。

步骤 2　确定正理想解 A^+ 与负理想解 A^-。

令多值中智数的最大值为正理想解，最小值为负理想解。因此，可得 $A^+=\langle 1,0,0\rangle$ 与 $A^-=\langle 0,1,1\rangle$。

步骤 3　计算权重系数。

根据公式（4-26）与公式（4-28），取 $\lambda=2$，则每个方案各准则的评价信息与正、负理想解之间的距离见表 4-1。

表 4-1　利用一般多值中智距离计算的结果

方案	$G_{ij}^{+}=d_{gmn}(\alpha_{ij},\ A^{+})$				$G_{ij}^{-}=d_{gmn}(\alpha_{ij},\ A^{-})$			
	c_1	c_2	c_3	c_4	c_1	c_2	c_3	c_4
α_1	0.3730	0.3815	0.4346	0.3707	0.5999	0.6420	0.5676	0.6175
α_2	0.4308	0.3636	0.3367	0.3815	0.6028	0.6316	0.6515	0.6420
α_3	0.4702	0.3774	0.3432	0.3496	0.5568	0.6225	0.6549	0.6583

续表

方案	$G_{ij}^{+}=d_{gmn}(\alpha_{ij},A^{+})$				$G_{ij}^{-}=d_{gmn}(\alpha_{ij},A^{-})$			
	c_1	c_2	c_3	c_4	c_1	c_2	c_3	c_4
α_4	0.4123	0.3180	0.3175	0.3399	0.5897	0.6758	0.6568	0.6532
α_5	0.3887	0.3636	0.3367	0.3727	0.6110	0.6316	0.6515	0.6368

根据公式（4-31）可以建立以下线性规划模型：

$$\max\ G=0.5878w_1+0.6397w_2+0.6428w_3+0.6387w_4$$

$$\text{s.t.}\begin{cases}0.15\leqslant w_1\leqslant 0.3\\0.15\leqslant w_2\leqslant 0.25\\0.25\leqslant w_3\leqslant 0.4\\0.3\leqslant w_4\leqslant 0.45\\2.5w_1\leqslant w_3\\w_1+w_2+w_3+w_4=1\end{cases}$$

利用软件对上述模型进行求解，可得权重系数为 $w=(0.15,0.15,0.4,0.3)$。

步骤 4　计算每个方案与负理想解之间的贴近度。

根据公式（4-30），计算出每个方案 $\alpha_i(i=1,2,\cdots,n)$ 与负理想解之间的距离为：$G(\alpha_1)=0.6005$；$G(\alpha_2)=0.6346$；$G(\alpha_3)=0.6331$；$G(\alpha_4)=0.6573$；$G(\alpha_5)=0.6398$。

步骤 5　对方案进行排序。

根据步骤 4 可知，$G(\alpha_4)>G(\alpha_5)>G(\alpha_2)>G(\alpha_3)>G(\alpha_1)$。因此，最终排序为 $\alpha_4>\alpha_5>\alpha_2>\alpha_3>\alpha_1$，最优方案为 α_4，最劣方案为 α_1。

如果在步骤 3 中用一般多值中智 Hausdorff 距离计算，则可得权重系数为 $w=(0.15,0.15,0.4,0.3)$。因此，每个方案 $\alpha_i(i=1,2,\cdots,n)$ 与负理想解之间的贴近度 $G(\alpha_i)$ 为：$G(\alpha_1)=0.5991$；$G(\alpha_2)=0.6346$；$G(\alpha_3)=0.6327$；$G(\alpha_4)=0.6562$；$G(\alpha_5)=0.6398$。

显然，$G(\alpha_4)>G(\alpha_5)>G(\alpha_2)>G(\alpha_3)>G(\alpha_1)$。因此，最终排序为 $\alpha_4>\alpha_5>\alpha_2>\alpha_3>\alpha_1$，最优方案为 α_4，最劣方案为 α_1。

下面进一步分析距离中参数 λ 的取值对最终排序的影响情况，若在步骤 3

中所利用的一般多值中智距离与一般多值中智 Hausdorff 距离取不同的 λ 值，则计算结果见表 4-2 和表 4-3。

表 4-2 利用一般多值中智距离计算的结果

λ	α_1	α_2	α_3	α_4	α_5	最终排序
$\lambda=1$	0.6518	0.7033	0.7013	0.7317	0.7083	$\alpha_4>\alpha_5>\alpha_2>\alpha_3>\alpha_1$
$\lambda=2$	0.6005	0.6346	0.6331	0.6573	0.6398	$\alpha_4>\alpha_5>\alpha_2>\alpha_3>\alpha_1$
$\lambda=5$	0.5460	0.5623	0.5624	0.5727	0.5647	$\alpha_4>\alpha_5>\alpha_3>\alpha_2>\alpha_1$
$\lambda=10$	0.5242	0.5324	0.5331	0.5376	0.5336	$\alpha_4>\alpha_5>\alpha_3>\alpha_2>\alpha_1$
$\lambda=20$	0.5122	0.5164	0.5168	0.5189	0.5169	$\alpha_4>\alpha_5>\alpha_3>\alpha_2>\alpha_1$

表 4-3 利用一般多值中智 Hausdorff 距离计算的结果

λ	α_1	α_2	α_3	α_4	α_5	最终排序
$\lambda=1$	0.6500	0.7033	0.7008	0.7300	0.7083	$\alpha_4>\alpha_5>\alpha_2>\alpha_3>\alpha_1$
$\lambda=2$	0.5991	0.6346	0.6327	0.6562	0.6398	$\alpha_4>\alpha_5>\alpha_2>\alpha_3>\alpha_1$
$\lambda=5$	0.5455	0.5623	0.5622	0.5724	0.5647	$\alpha_4>\alpha_5>\alpha_2>\alpha_3>\alpha_1$
$\lambda=10$	0.5236	0.5326	0.5330	0.5375	0.5337	$\alpha_4>\alpha_5>\alpha_3>\alpha_2>\alpha_1$
$\lambda=20$	0.5118	0.5164	0.5167	0.5189	0.5170	$\alpha_4>\alpha_5>\alpha_3>\alpha_2>\alpha_1$

从表 4-2 与表 4-3 可知，当分别采用一般多值中智距离与一般多值中智 Hausdorff 距离进行计算时，其最终排序都为 $\alpha_4>\alpha_5>\alpha_2>\alpha_3>\alpha_1$ 或 $\alpha_4>\alpha_5>\alpha_3>\alpha_2>\alpha_1$。

同时，若根据求出的权重，利用一般多值中智加权距离与一般多值中智加权 Hausdorff 距离，则得出最终排序仍然为 $\alpha_4>\alpha_5>\alpha_2>\alpha_3>\alpha_1$ 或 $\alpha_4>\alpha_5>\alpha_3>\alpha_2>\alpha_1$，结论基本一致。最优方案为 α_4。

当参数 λ 值发生变化时，最终排序有一定的变化。当 λ 值取 10 或 20 时，方案 α_2 与 α_3 的优序关系会发生变化，但对最终决策的影响不太大，最优方案仍然是 α_4，最劣方案是 α_1。对于不同的参数与距离测度，决策者可以根据自己的偏好进行选择。一般情况下，由于决策信息评价值的取值范围都在[0,1]之间，当距离中的参数太大时，使得各评价值之间的距离更小，方案间的排序不够明晰，会影响最终的排序结果。

4.3　基于 VIKOR 的多值中智多准则决策方法

4.3.1　决策方法

假定 $A=\{\alpha_1,\alpha_2,\cdots,\alpha_n\}$ 为方案集，准则集为 $C=\{c_1,c_2,\cdots,c_m\}$，且准则相应的权重 $w=\{w_1,w_2,\cdots,w_n\}$，满足 $\sum_{j=1}^{n} w_j=1$。设 $\boldsymbol{R}=(\alpha_{ij})_{n\times m}$ 为多值中智决策矩阵，决策者对每一方案下每一准则的评价值以多值中智数的形式给出，即 $\alpha_{ij}=\langle \tilde{T}_{\alpha_{ij}},\tilde{I}_{\alpha_{ij}},\tilde{F}_{\alpha_{ij}}\rangle$。其中 $\tilde{T}_{(\cdot)}$ 表示真实程度，$\tilde{I}_{(\cdot)}$ 表示不确定程度，$\tilde{F}_{(\cdot)}$ 表示谬误度。

一般情况下，多准则决策问题的准则分为效益型和成本型两种。根据参考文献［129］中直觉模糊数的规范方法，成本型准则可以通过以下方式转化为效益型准则：

$$\beta_{ij}=\begin{cases}\alpha_{ij}, & \text{效益型 } c_j\\(\alpha_{ij})^C, & \text{成本型 } c_j\end{cases}\quad (i=1,2,\cdots,n;\ j=1,2,\cdots,m)\tag{4-32}$$

其中 $(\alpha_{ij})^C$ 表示 α_{ij} 的补集，可根据定义 3-5 进行计算

此方法结合多值中智数与 VIKOR 方法解决评价信息为多值中智数的多准则决策问题，下面给出具体的决策步骤。

步骤 1　决策矩阵规范化。

见 3.2.2 小节内容。

步骤 2　确定正负理想解 A^+ 与 A^-。

由于所有准则都属于效益型，决策矩阵每一列的正理想解 A_j^+ 与负理想解 A_j^- 分别为：$A_j^+=\max\limits_i \alpha_{ij}$ 且 $A_j^-=\min\limits_i \alpha_{ij}$。

步骤 3　计算各个方案的群体效用值 S_i。

根据 VIKOR 方法原理，每个方案的群体效用值 S_i 为：

$$S_i=\sum_{j=1}^{m}\frac{w_j d_{gmn}(A_j^+,\beta_{ij})}{d_{gmn}(A_j^+,A_j^-)}\tag{4-33}$$

其中 $d_{gmn}(A_j^+,\beta_{ij})$ 表示定义 4-4 中的一般多值中智距离。

步骤 4　计算各个方案的个体遗憾值 R_i。

根据步骤 3 中计算的距离，可得各个方案的个体遗憾值 R_i 为：

$$R_i = \max_j \left\{ \frac{w_j d_{gmn}(A_j^+, \beta_{ij})}{d_{gmn}(A_j^+, A_j^-)} \right\} \tag{4-34}$$

步骤 5 计算各个方案的折衷评价值 Q_i。

根据各个方案的群体效用值 S_i 与个体遗憾值 R_i，计算出各方案的折衷评价值 Q_i 为：

$$Q_i = \tau \frac{S_i - S^+}{S^- - S^+} + (1-\tau) \frac{R_i - R^+}{R^- - R^+} \tag{4-35}$$

其中 $S^+ = \min_i\{S_i\}$，$S^- = \max_i\{S_i\}$，$R^+ = \min_i\{R_i\}$ 与 $R^- = \max_i\{R_i\}$，τ 为折衷系数，且 $0 \leqslant \tau \leqslant 1$。由以上公式可以看出，折衷评价值由两个部分组成：群体效用值与个体遗憾值。τ 值的大小将决定采用群体效用最大化策略或者是个体遗憾最小化策略进行决策。当 $\tau > 0.5$ 时，根据群体效用最大化策略进行决策；当 $\tau = 0.5$ 时，根据群体效用最大化与个体遗憾最小化的均衡策略进行决策；当 $\tau < 0.5$ 时，根据个体遗憾最小化策略进行决策；不失一般性，取 $\tau = 0.5$，从均衡的角度进行决策。

步骤 6 对方案进行排序。

根据各个方案的群体效用值 S_i、个体遗憾值 R_i 与折衷评价值 Q_i 对方案进行排序，值越小，方案越优。理想方案需满足以下两个条件：

条件 1 $Q(\alpha^{(2)}) - Q(\alpha^{(1)}) \geqslant \frac{1}{n-1}$，其中 $\alpha^{(1)}$ 与 $\alpha^{(2)}$ 分别为排在第一与第二位置的方案。

条件 2 在 S_i 与 R_i 的排序中，至少有一个排序 $\alpha^{(1)}$ 排在最前面。

此时 $\alpha^{(1)}$ 即为最优方案。若上述两个条件不能同时满足，则进入下一步。

步骤 7 确定折衷方案。

若条件 1 满足，条件 2 不满足，则通过以下公式确定最大值 N：$Q(\alpha^{(i)}) - Q(\alpha^{(1)}) \leqslant \frac{1}{n-1}$。

从而，所有方案 $\alpha^{(i)}(i=1,2,\cdots,n)$ 都为折衷解。若条件 1 不满足，条件 2 满足，则方案 $\alpha^{(1)}$ 与方案 $\alpha^{(2)}$ 为折衷解。

4.3.2 案例分析

中国的经济因改革开放得到快速发展，中国消耗的矿物质也达到了一定水平。然而，本土的资源是有限的，现在已经难以满足工业发展的需求。因此，大部分中国企业需要在海外建立基地以维持发展。但在投资过程中需要考虑很多因素，如投资环境与风险，以保证项目的安全性与有效性。湖南省ABC公司主要业务是生产与销售矿物质，该公司也是中国最大的矿物质制造商之一。为了扩大经营范围，公司准备在海外建立事业部，由公司董事长、部门经理与该领域的一个专家组成决策董事会。通过前期调研，公司选取了五个国家，随后对这五个国家进行了详细的考察，包括：c_1，资源（矿物质的可行性与勘探性）；c_2，政策（如政府对外企的支持程度）；c_3，经济（如发展的有效性与稳定性）；c_4，基础设施（如高速公路与铁路设施等）。假定四个准则对应的权重为 $w=(0.3,0.2,0.4,0.1)$。在最初的评价与选择中，所有的决策者都以多值中智数的形式对每个方案的准则进行评价。决策者们可在调查资料的基础上，结合自己的经验与知识对每一个准则进行评价，每个人对每个参数可以给出多个值。但若多个人给出同一个值，则只计数一次。经过决策者讨论之后，得到如下决策矩阵：

$$
\boldsymbol{R}=\begin{pmatrix}
\langle\{0.4\},\{0.2\},\{0.4\}\rangle & \langle\{0.5\},\{0.1\},\{0.2\}\rangle & \langle\{0.6\},\{0.1,0.2\},\{0.3\}\rangle & \langle\{0.6\},\{0.2\},\{0.2\}\rangle \\
\langle\{0.5\},\{0.3\},\{0.1,0.2\}\rangle & \langle\{0.4\},\{0.1\},\{0.2\}\rangle & \langle\{0.7\},\{0.2\},\{0.3\}\rangle & \langle\{0.4\},\{0.2\},\{0.2\}\rangle \\
\langle\{0.5,0.6\},\{0.2\},\{0.1\}\rangle & \langle\{0.5\},\{0.2\},\{0.2\}\rangle & \langle\{0.5\},\{0.3\},\{0.1\}\rangle & \langle\{0.4,0.5\},\{0.1\},\{0.2\}\rangle \\
\langle\{0.4\},\{0.1\},\{0.3\}\rangle & \langle\{0.6\},\{0.2\},\{0.1\}\rangle & \langle\{0.5,0.6\},\{0.1\},\{0.2\}\rangle & \langle\{0.5\},\{0.2\},\{0.3\}\rangle \\
\langle\{0.5\},\{0.2\},\{0.3\}\rangle & \langle\{0.4\},\{0.1\},\{0.3\}\rangle & \langle\{0.6\},\{0.3\},\{0.2\}\rangle & \langle\{0.4\},\{0.1\},\{0.2\}\rangle
\end{pmatrix}
$$

在下面的求解过程中，先利用一般的多值中智距离进行求解。

步骤 1 决策矩阵规范化。

由于四个准则都属于效益型，则其规范化决策矩阵 $\tilde{\boldsymbol{R}}=\boldsymbol{R}$。

步骤 2 确定正、负理想解 A^+ 与 A^-。

由于所有准则都属于效益型，根据定义 3-8，决策矩阵每一列的正理想解 A_j^+ 与负理想解 A_j^- 分别为：

$$A_1^+=\langle\{0.5,0.6\},\{0.2\},\{0.1\}\rangle,\ A_2^+=\langle\{0.6\},\{0.2\},\{0.1\}\rangle,$$

$$A_3^+=\langle\{0.6\},\{0.1,0.2\},\{0.3\}\rangle,\ A_4^+=\langle\{0.6\},\{0.2\},\{0.2\}\rangle,$$

$$A_1^-=\langle\{0.4\},\{0.2\},\{0.4\}\rangle,\ A_2^-=\langle\{0.4\},\{0.1\},\{0.3\}\rangle,$$

$$A_3^-=\langle\{0.6\},\{0.3\},\{0.2\}\rangle,\ A_4^-=\langle\{0.4\},\{0.2\},\{0.2\}\rangle$$

步骤 3 至步骤 5 计算各个方案的群体效用值 S_i、个体遗憾值 R_i 与折衷评价值 Q_i。

根据公式（4-1），取 $\tau=0.5$，得出各个方案的群体效用值 S_i、个体遗憾值 R_i 与折衷评价值 Q_i，见表 4-4～表 4-6。

表 4-4 利用一般多值中智距离计算所得的群体效用值 S_i

参数	S_i					方案排序
	α_1	α_2	α_3	α_4	α_5	
$\lambda=1$	0.5200	0.4960	0.5800	0.4412	0.7206	$S_4<S_2<S_1<S_3<S_5$
$\lambda=2$	0.5496	0.6564	0.6179	0.5201	0.8192	$S_4<S_1<S_3<S_2<S_5$
$\lambda=5$	0.5780	0.8373	0.6624	0.6166	0.9185	$S_1<S_4<S_3<S_2<S_5$
$\lambda=10$	0.5887	0.9137	0.6803	0.6562	0.9576	$S_1<S_4<S_3<S_2<S_5$
$\lambda=20$	0.5943	0.9556	0.6899	0.6775	0.9784	$S_1<S_4<S_3<S_2<S_5$

表 4-5 利用一般多值中智距离计算所得的个体遗憾值 R_i

参数	R_i					方案排序
	α_1	α_2	α_3	α_4	α_5	
$\lambda=1$	0.3000	0.1600	0.4000	0.3000	0.2118	$R_2<R_5<R_1=R_4<R_3$
$\lambda=2$	0.3000	0.2104	0.4000	0.2885	0.2860	$R_2<R_5<R_4<R_1<R_3$
$\lambda=5$	0.3000	0.3090	0.4000	0.3215	0.3496	$R_1<R_2<R_4<R_5<R_3$

续表

参数	R_i					方案排序
	α_1	α_2	α_3	α_4	α_5	
$\lambda=10$	0.3000	0.3515	0.4000	0.3586	0.3739	$R_1<R_2<R_4<R_5<R_3$
$\lambda=20$	0.3000	0.3749	0.4000	0.3787	0.3867	$R_1<R_2<R_4<R_5<R_3$

表 4-6 利用一般多值中智距离计算所得的折衷评价值 Q_i

参数	Q_i					方案排序
	α_1	α_2	α_3	α_4	α_5	
$\lambda=1$	0.4327	0.0981	0.7484	0.2917	0.6079	$Q_2<Q_4<Q_1<Q_5<Q_3$
$\lambda=2$	0.2856	0.2279	0.6635	0.2060	0.6994	$Q_4<Q_2<Q_1<Q_3<Q_5$
$\lambda=5$	0	0.4258	0.6239	0.1642	0.7480	$Q_1<Q_4<Q_2<Q_3<Q_5$
$\lambda=10$	0	0.6980	0.6242	0.3845	0.8695	$Q_1<Q_4<Q_3<Q_2<Q_5$
$\lambda=20$	0	0.8448	0.6244	0.5018	0.9335	$Q_1<Q_4<Q_3<Q_2<Q_5$

步骤 6 对方案进行排序。

根据表 4-4～表 4-6 中各个方案的群体效用值 S_i、个体遗憾值 R_i 与折衷评价值 Q_i，对方案进行排序。显然，当 $\lambda=1$ 时，可得 $\alpha^{(1)}=\alpha_2$，$\alpha^{(2)}=\alpha_4$，$\alpha^{(3)}=\alpha_1$，且 $Q(\alpha^{(2)})-Q(\alpha^{(1)})=0.1936<\frac{1}{5-1}$。显然，条件 1 不满足，条件 2 满足。因 $Q(\alpha^{(3)})-Q(\alpha^{(1)})=0.3346>\frac{1}{5-1}$，则最优折衷解为$\{\alpha_2, \alpha_4\}$。同理，当 $\lambda=2$ 时，最优折衷解为$\{\alpha_1, \alpha_2, \alpha_4\}$；当 $\lambda=5$ 时，最优折衷解为$\{\alpha_1, \alpha_4\}$；当 $\lambda=10$ 或 $\lambda=20$ 时，最优折衷解仍为$\{\alpha_1\}$。

若在步骤 3 至步骤 5 中利用一般多值中智 Hausdorff 距离公式进行计算，则可得群体效用值 S_i、个体遗憾值 R_i 与折衷评价值 Q_i，见表 4-7～表 4-9。

表 4-7 利用一般多值中智 Hausdorff 距离计算所得的群体效用值 S_i

参数	S_i					方案排序
	α_1	α_2	α_3	α_4	α_5	
$\lambda=1$	0.5200	0.5517	0.5800	0.4778	0.7389	$S_4<S_1<S_2<S_3<S_5$
$\lambda=2$	0.5498	0.6938	0.6179	0.5485	0.8303	$S_4<S_1<S_3<S_2<S_5$
$\lambda=5$	0.5780	0.8565	0.6624	0.6319	0.9235	$S_1<S_4<S_3<S_2<S_5$
$\lambda=10$	0.5887	0.9242	0.6803	0.6646	0.9602	$S_1<S_4<S_3<S_2<S_5$
$\lambda=20$	0.5943	0.9610	0.6899	0.6819	0.9797	$S_1<S_4<S_3<S_2<S_5$

表 4-8 利用一般多值中智 Hausdorff 距离计算所得的个体遗憾值 R_i

参数	R_i					方案排序
	α_1	α_2	α_3	α_4	α_5	
$\lambda=1$	0.3000	0.1600	0.4000	0.3000	0.2222	$R_2<R_5<R_1=R_4<R_3$
$\lambda=2$	0.3000	0.2214	0.4000	0.2891	0.2933	$R_2<R_4<R_5<R_1<R_3$
$\lambda=5$	0.3000	0.3147	0.4000	0.2954	0.3529	$R_4<R_1<R_2<R_5<R_3$
$\lambda=10$	0.3000	0.3546	0.4000	0.2977	0.3756	$R_4<R_1<R_2<R_5<R_3$
$\lambda=20$	0.3000	0.3766	0.4000	0.2988	0.3876	$R_4<R_1<R_2<R_5<R_3$

表 4-9 利用一般多值中智 Hausdorff 距离计算所得的折衷评价值 Q_i

参数	Q_i					方案排序
	α_1	α_2	α_3	α_4	α_5	
$\lambda=1$	0.3725	0.1415	0.6957	0.2917	0.6296	$Q_2<Q_4<Q_1<Q_5<Q_3$
$\lambda=2$	0.2224	0.2578	0.6231	0.1895	0.7013	$Q_4<Q_1<Q_2<Q_3<Q_5$
$\lambda=5$	0.0220	0.4953	0.6221	0.0780	0.7749	$Q_1<Q_4<Q_2<Q_3<Q_5$
$\lambda=10$	0.0112	0.7297	0.6233	0.1022	0.8807	$Q_1<Q_4<Q_3<Q_2<Q_5$
$\lambda=20$	0.0059	0.8601	0.6240	0.1136	0.9387	$Q_1<Q_4<Q_3<Q_2<Q_5$

同理，根据表 4-7~表 4-9，可得最优折衷方案集。当 $\lambda=1$ 时，可得 $\alpha^{(1)}=\alpha_2$，$\alpha^{(2)}=\alpha_4$，$\alpha^{(3)}=\alpha_1$，$\alpha^{(4)}=\alpha_5$ 且 $Q(\alpha^{(2)})-Q(\alpha^{(1)})=0.1502<\frac{1}{5-1}$。显然，条件 1 不满足，条件 2 满足。因 $Q(\alpha^{(3)})-Q(\alpha^{(1)})=0.2310<\frac{1}{5-1}$且 $Q(\alpha^{(4)})-$

$Q\ (\alpha^{(1)})\ =0.4881>\frac{1}{5-1}$，则最优折衷解为$\{\alpha_1,\alpha_2,\alpha_4\}$。同理，当$\lambda=2$时，最优折衷解为$\{\alpha_1,\alpha_2,\alpha_4\}$；当$\lambda=5$或$\lambda=10$或$\lambda=20$时，最优折衷解为$\{\alpha_1,\alpha_4\}$。

由以上分析结果可知，在大多数情况下，利用两种公式计算出的结果都显示方案α_1是最优折衷方案。显然，利用一般多值中智距离所得的折衷解集与利用一般多值中智 Hausdorff 距离所得出的折衷解集存在微小的差距，但不影响最终的决策结果。决策者们可以根据自己的偏好选择适当的距离公式。

4.4　比较分析

为了验证本章所提出的基于 TOPSIS 的多值中智多准则决策方法与基于 VIKOR 的多值中智多准则决策方法的可行性与有效性，下面对两者进行比较分析。比较分析分为两种情况：①利用两种方法计算 4.2.2 小节中案例的结果；②利用两种方法计算 4.3.2 小节中案例的结果。

（1）利用两种方法对 4.2.2 小节中的案例进行求解

由于在基于 TOPSIS 的多值中智多准则决策方法中，准则权重信息不完全，因此基于 VIKOR 的多值中智多准则决策方法直接利用前者所求出的权重进行计算。根据 4.2.1 小节中的决策步骤，若利用一般多值中智距离，则可得结果见表 4-10 与表 4-11。

表 4-10　利用一般多值中智距离计算 4.2.2 小节案例的 S_i 与 R_i

参数	S_i	R_i
$\lambda=1$	$S_4<S_5<S_2<S_3<S_1$	$R_4<R_3<R_2=R_5<R_1$
$\lambda=2$	$S_4<S_5<S_2<S_3<S_1$	$R_4<R_5<R_3<R_2<R_1$
$\lambda=5$	$S_4<S_5<S_2<S_3<S_1$	$R_4<R_2<R_5<R_3<R_1$
$\lambda=10$	$S_4<S_5<S_2<S_3<S_1$	$R_4<R_2<R_5<R_3<R_1$
$\lambda=20$	$S_4<S_5<S_2<S_3<S_1$	$R_4<R_2<R_5<R_3<R_1$

表 4-11 利用一般多值中智距离计算所得的折衷评价值 Q_i

参数	Q_i					方案排序
	α_1	α_2	α_3	α_4	α_5	
$\lambda=1$	1	0.5099	0.4093	0	0.4278	$Q_4<Q_3<Q_5<Q_2<Q_1$
$\lambda=2$	1	0.5108	0.6287	0	0.4191	$Q_4<Q_5<Q_2<Q_3<Q_1$
$\lambda=5$	1	0.5829	0.8332	0	0.5441	$Q_4<Q_5<Q_2<Q_3<Q_1$
$\lambda=10$	1	0.6168	0.9133	0	0.6561	$Q_4<Q_2<Q_5<Q_3<Q_1$
$\lambda=20$	1	0.6360	0.9558	0	0.7185	$Q_4<Q_2<Q_5<Q_3<Q_1$

当 $\lambda=1$ 时，可得 $\alpha^{(1)}=\alpha_4$，$\alpha^{(2)}=\alpha_3$ 且 $Q(\alpha^{(2)})-Q(\alpha^{(1)})=0.4093>\frac{1}{5-1}$。显然，条件 1 与条件 2 都满足，则 α_4 为最优折衷方案；同理可得 $\lambda=2$ 或 $\lambda=5$ 或 $\lambda=10$ 或 $\lambda=20$ 时，最优折衷解仍然为 α_4。显然，本章所提出的两种方法结论一致。

若利用一般多值中智 Hausdorff 距离进行求解，则可得结果见表 4-12。

表 4-12 利用一般多值中智 Hausdorff 距离计算 4.2.2 小节案例的 S_i、R_i 与 Q_i

参数	S_i	R_i	Q_i
$\lambda=1$	$S_4<S_5<S_3<S_2<S_1$	$R_4<R_3<R_2=R_5<R_1$	$Q_4<Q_5<Q_3<Q_2<Q_1$
$\lambda=2$	$S_4<S_5<S_2<S_3<S_1$	$R_4<R_5<R_2<R_3<R_1$	$Q_4<Q_5<Q_2<Q_3<Q_1$
$\lambda=5$	$S_4<S_5<S_2<S_3<S_1$	$R_4<R_2<R_5<R_3<R_1$	$Q_4<Q_5<Q_2<Q_3<Q_1$
$\lambda=10$	$S_4<S_5<S_2<S_3<S_1$	$R_4<R_2<R_5<R_3<R_1$	$Q_4<Q_2<Q_5<Q_3<Q_1$
$\lambda=20$	$S_4<S_5<S_2<S_3<S_1$	$R_4<R_2<R_5<R_3<R_1$	$Q_4<Q_2<Q_5<Q_3<Q_1$

当 $\lambda=1$ 时，可得 $\alpha^{(1)}=\alpha_4$，$\alpha^{(2)}=\alpha_5$ 且 $Q(\alpha^{(2)})-Q(\alpha^{(1)})=0.4495>\frac{1}{5-1}$。显然，条件 1 与条件 2 都满足，则 α_4 为最优折衷方案；同理可得 $\lambda=2$ 或 $\lambda=5$ 或 $\lambda=10$ 或 $\lambda=20$ 时，最优折衷解仍然为 α_4。显然，本章所提出的两种方法结论一致。

（2）利用两种方法对 4.3.2 小节中的案例进行求解

由于在 4.3.2 小节案例中多准则决策问题的权重已知，根据 4.2.2 小节中的决策步骤，利用基于 TOPSIS 的多值中智多准则决策方法可以省略求权重系数这一步，直接利用 4.1 节中的距离公式求出各个方案准则下的评价值与正负理想解之间的距离，其中正负理想解分别取 $A^+=\langle 1,0,0\rangle$ 与 $A^-=\langle 0,1,1\rangle$。根据一般多值中智距离，则可得结果见表 4-13。

表 4-13　利用一般多值中智距离的结果

参数	$d(\alpha_i, A^-)$					方案排序
	α_1	α_2	α_3	α_4	α_5	
$\lambda=1$	0.6881	0.7059	0.7183	0.7217	0.6833	$\alpha_4>\alpha_3>\alpha_2>\alpha_1>\alpha_5$
$\lambda=2$	0.6244	0.6362	0.6442	0.6470	0.6209	$\alpha_4>\alpha_3>\alpha_2>\alpha_1>\alpha_5$
$\lambda=5$	0.5578	0.5630	0.5678	0.5693	0.5560	$\alpha_4>\alpha_3>\alpha_2>\alpha_1>\alpha_5$
$\lambda=10$	0.5302	0.5329	0.5360	0.5368	0.5293	$\alpha_4>\alpha_3>\alpha_2>\alpha_1>\alpha_5$
$\lambda=20$	0.5153	0.5166	0.5183	0.5187	0.5148	$\alpha_4>\alpha_3>\alpha_2>\alpha_1>\alpha_5$

若利用一般多值中智 Hausdorff 距离，则可得结果见表 4-14。

表 4-14　利用一般多值中智 Hausdorff 距离的结果

参数	$d(\alpha_i, A^-)$					方案排序
	α_1	α_2	α_3	α_4	α_5	
$\lambda=1$	0.6867	0.7050	0.7167	0.7200	0.6833	$\alpha_4>\alpha_3>\alpha_2>\alpha_1>\alpha_5$
$\lambda=2$	0.6239	0.6360	0.6427	0.6455	0.6209	$\alpha_4>\alpha_3>\alpha_2>\alpha_1>\alpha_5$
$\lambda=5$	0.5578	0.5631	0.5671	0.5685	0.5560	$\alpha_4>\alpha_3>\alpha_2>\alpha_1>\alpha_5$
$\lambda=10$	0.5304	0.5330	0.5356	0.5365	0.5293	$\alpha_4>\alpha_3>\alpha_2>\alpha_1>\alpha_5$
$\lambda=20$	0.5153	0.5167	0.5181	0.5185	0.5148	$\alpha_4>\alpha_3>\alpha_2>\alpha_1>\alpha_5$

从表 4-13 与表 4-14 可以看出，利用一般多值中智距离与利用一般多值中智 Hausdorff 距离所得出的结论一致，最终排序为 $\alpha_4>\alpha_3>\alpha_2>\alpha_1>\alpha_5$，最优方案始终为 α_4，最劣方案为 α_5。

若利用一般多值中智加权距离与利用一般多值中智加权 Hausdorff 距离，则最终排序为 $\alpha_4>\alpha_3>\alpha_2>\alpha_1>\alpha_5$，最优方案始终为 α_4，最劣方案为 α_5。同时，在 4.3.2 小节案例中，方案 α_4 都在最优折衷解集中，结论基本一致。

因此，分别通过两种方法计算 4.2.2 小节案例与 4.3.2 小节案例可知，比较得到的结论是一致的，验证了方法的可行性与有效性。两种方法的主要优势在于都以距离为基础，方法直观、便于理解，给决策者提供了更多的选择。TOPSIS 方法选择绝对理想点，且可用于权重信息不完全确定的多准则决策问题求解，可给出清晰的方案排序；VIKOR 方法主要用来求解权重信息完全确定的多准则决策问题，考虑群体效用的最大化与个体遗憾的最小化以及决策者的主观偏好，得到最优的折衷方案集，以便决策者做进一步的选择。

4.5 本章小结

本章首先针对多值中智集提出了一系列距离公式，如一般多值中智距离、一般多值中智 Hausdorff 距离、一般多值中智加权距离与一般多值中智加权 Hausdorff 距离，并讨论了相关性质。所提出的距离公式可克服犹豫距离公式中的缺陷[74]，即当两个多值中智数中各参数的个数不一致时，不需要考虑元素的个数是否相等，也不需要主观地加入任何元素。同时，基于所提出的距离公式，对决策者评价信息为多值中智数，准则权重信息不完全确定与准则权重信息完全确定的多准则决策问题，本章分别提出了基于 TOPSIS 的多值中智多准则决策方法与基于 VIKOR 的多值中智多准则决策方法，并利用案例对所提出的两种方法进行了比较分析，验证了方法的有效性与可行性。

5 基于ELECTRE的多值中智多准则决策方法

正如前两章所介绍，基于不同算子与距离的多准则决策方法会产生不一样的决策结果。本章将介绍另外一种类型的决策方法，即关系模型。此方法可以避免这些问题，同时可给决策者提供更多的选择。关系模型主要利用优序关系或者优先级函数对各个准则进行排序，如 ELECTRE（Elimination Et Choice Translation Reality）族方法。Benayoun 与 Roy[166,167]首次提出 ELECTRE 方法，随后出现了 ELECTRE Ⅰ，Ⅱ，Ⅲ，Ⅳ，IS 与 TRI[168]等扩展方法。ELECTRE 方法已经成功应用到各个领域[169-177]。例如，Yadav[59]提出了基于 ELECTRE 方法对厂址选择的多准则决策问题进行求解。Vahdani 和 Hadipour[178]提出了基于 ELECTRE 方法处理区间值模糊信息的多准则决策问题。Yang 等[179]提出了基于 ELECTRE 方法处理决策权重与信息均为区间数的多准则决策问题。Wang 等[180]提出了基于犹豫模糊语言的优序多准则决策问题。Chen[181]提出了基于可能度的区间值直觉的优序方法。

ELECTRE 方法所涉及的准则权重与评价值都是确定的数值，但在多数情况下，评价信息很难用一个精确的数值来表示。因此，结合 ELECTRE Ⅲ 方法，本章定义了多值中智数的占优关系，并讨论了相关性质。同时，基于多值中智数的占优关系，提出了多值中智多准则决策方法，主要解决准则权重与准则评价信息均为多值中智数的多准则决策问题，并进行了案例分析。

基于以上分析，本章的内容安排如下：5.1 节主要介绍了 ELECTRE Ⅲ 方法中的占优关系；5.2 节定义了多值中智数的占优关系；5.3 节考虑了准则权重与准则评价信息均为多值中智数的决策问题，提出了基于占优关系的多值中智多准则决策方法；5.4 节是案例分析；5.5 节对本章进行了小结。

5.1 赋值的占优关系

假定两个方案 a_i 与 a_k，所涉及的准则均为效益型。ELECTRE III 方法主要是利用三个相关的临界值：偏好临界值 p_j、无差异临界值 q_j 与否决临界值 v_j 来构建每个准则 j 下的一致性指数与非一致性指数。其中，p_j 表示方案 a_i 在准则 j 下严格优于方案 a_k 的临界值，q_j 表示两方案间在准则 j 下无差异的临界值，v_j 则表示方案 a_i 在准则 j 下低于方案 a_k 的临界值，大于或等于临界值 v_j 时，认为方案 a_i 在总体上级别不高于方案 a_k。一般情况下，准则值的函数形式为 $g_j(a_i)$，临界值为 $p_j(g_j(a_i))$，$q_j(g_j(a_i))$ 与 $v_j(g_j(a_i))$[43,44]。为了便于理解，本节中临界值的取值都为常数。

定义 5-1[166,167]　给定方案集 $A=\{a_1,\cdots,a_i,\cdots,a_n\}$，准则集 $G=\{g_1,\cdots,g_j,\cdots,g_m\}$ 且所有准则为效益型，在准则 g_j 下利用无差异临界值 q_j 与偏好临界值 p_j（$0\leqslant q_j<p_j$）构建一致性指数，则对任意的两个方案 $a_1,a_2\in A$，单个准则下的一致性指数表示大多数准则满足“方案 a_1 至少与方案 a_2 级别一样高”。

（1）若在准则 g_j 下，方案 a_1 的准则值大于或等于方案 a_2 的准则值与无差异临界值之间的差值，即若 $g_j(a_1)+q_j\geqslant g_j(a_2)$，则 $c_j(a_1,a_2)=1$；

（2）若在准则 g_j 下，方案 a_1 的准则值与偏好临界值的和小于方案 a_2 的准则值，则方案 a_1 在准则 g_j 下的级别不高于方案 a_2，即若 $g_j(a_1)+p_j\leqslant g_j(a_2)$，则 $c_j(a_1,a_2)=0$；

（3）处于上述两种情况之间的用线性变换表示，即若 $g_j(a_1)+q_j<g_j(a_2)<g_j(a_1)+p_j$，则 $c_j(a_1,a_2)=\dfrac{g_j(a_1)-g_j(a_2)+p_j}{p_j-q_j}$。

例 5-1　令 $p=0.2$ 且 $q=0.1$。

（1）若 $g_j(a_1)=0.3$ 且 $g_j(a_2)=0.35$，有 $g_j(a_1)+q>g_j(a_2)$，则 $c_j(a_1,a_2)=1$；

（2）若 $g_j(a_1)=0.1$ 且 $g_j(a_2)=0.3$，有 $g_j(a_1)+p\leqslant g_j(a_2)$，则 $c_j(a_1,a_2)=0$；

（3）若 $g_j(a_1)=0.25$ 且 $g_j(a_2)=0.4$，有 $g_j(a_1)+q<g_j(a_2)<g_j(a_1)+p$，则

$c_j(a_1,a_2)=\dfrac{0.25-0.4+0.2}{0.2-0.1}=0.5$。

定义 5-2[166,167]　根据定义 5-1 中介绍的否决临界值 $v_j(0\leqslant q_j<p_j<v_j)$，非一致性指数 $d(a_1,a_2)$ 定义为极少数准则不满足“方案 a_1 至少与方案 a_2 级别一样高”。

（1）若在准则 g_j 下，方案 a_2 的准则值小于或等于 a_1 的准则值与偏好临界值的和，即若 $g_j(a_2)-g_j(a_1)\leqslant p_j$，则 $d_j(a_1,a_2)=0$；

（2）若在准则 g_j 下，方案 a_2 的准则值大于或等于 a_1 的准则值与否决临界值的和，即若 $g_j(a_2)-g_j(a_1)\geqslant v_j$，则 $d_j(a_1,a_2)=1$；

（3）处于上述两种情况之间的用线性变换表示，即若 $p_j<g_j(a_2)-g_j(a_1)<v_j$，则 $d_j(a_1,a_2)=\dfrac{g_j(a_2)-g_j(a_1)-p_j}{v_j-p_j}$。

注：若方案 a_2 在某个准则下劣于方案 a_1，即使其他准则都满足方案 a_2 优于方案 a_1，也不能认为方案 a_2 在总体上优于方案 a_1。

例 5-2　令 $p=0.1$ 且 $v=0.2$。

（1）若 $g_j(a_1)=0.3$ 且 $g_j(a_2)=0.4$，有 $g_j(a_2)-g_j(a_1)\leqslant p$，则 $d_j(a_1,a_2)=0$；

（2）若 $g_j(a_1)=0.1$ 且 $g_j(a_2)=0.3$，有 $g_j(a_2)-g_j(a_1)\geqslant v$，则 $d_j(a_1,a_2)=1$；

（3）若 $g_j(a_1)=0.2$ 且 $g_j(a_2)=0.35$，有 $p<g_j(a_2)-g_j(a_1)<v$，则 $d_j(a_1,a_2)=\dfrac{0.35-0.2-0.1}{0.2-0.1}=0.5$。

定义 5-3[166,167]　给定方案 a_1 与 a_2，且 a_1，$a_2\in B$，则其二元关系为：

（1）若 $g_j(a_1)-g_j(a_2)\geqslant p_j$，则 a_1 严格优于 a_2，记为 $P(a_1,a_2)$；

（2）若 $q_j<g_j(a_1)-g_j(a_2)<p_j$，则 a_1 弱优于 a_2，记为 $W(a_1,a_2)$；

（3）若 $|g_j(a_1)-g_j(a_2)|\leqslant q_j$，则 a_1 与 a_2 无差异，记为 $I(a_1,a_2)$。

例 5-3　令 $p=0.2$，$q=0.1$。

（1）若 $g_j(a_1)=0.5$ 且 $g_j(a_2)=0.3$，有 $g_j(a_1)-g_j(a_2)\geqslant p$，则 a_1 严格优于 a_2；

（2）若 $g_j(a_1)=0.5$ 且 $g_j(a_2)=0.35$，有 $q<g_j(a_1)-g_j(a_2)<p$，则 a_1 弱优于 a_2；

（3）若 $g_j(a_1)=0.4$ 且 $g_j(a_2)=0.3$，有 $|g_j(a_1)-g_j(a_2)|\leqslant q$，则 a_1 与 a_2

无差异。

5.2 多值中智数的占优关系

根据 ELECTRE 方法原理，下面定义多值中智数的占优关系、一致性指数与非一致性指数。

定义 5-4 给定 $A=\langle \tilde{T}_A,\tilde{I}_A,\tilde{F}_A\rangle$ 与 $B=\langle \tilde{T}_B,\tilde{I}_B,\tilde{F}_B\rangle$ 两个多值中智数，p 与 q $(0\leqslant q<p)$ 是两个临界值，则两个多值中智数的真实程度、不确定程度与谬误度之间的一致性指数分别为：

$$
\begin{aligned}
r_{p,q}(\tilde{T}_A,\tilde{T}_B) &= \frac{1}{l(\tilde{T}_A)} \sum_{\gamma_A\in\tilde{T}_A} \min_{\gamma_B\in\tilde{T}_B} \{c_{p,q}(\gamma_A,\gamma_B)\} \\
r_{p,q}(\tilde{I}_A,\tilde{I}_B) &= \frac{1}{l(\tilde{I}_A)} \sum_{\eta_A\in\tilde{I}_A} \min_{\eta_B\in\tilde{I}_B} \{c_{p,q}(\eta_A,\eta_B)\} \\
r_{p,q}(\tilde{F}_A,\tilde{F}_B) &= \frac{1}{l(\tilde{F}_A)} \sum_{\xi_A\in\tilde{F}_A} \min_{\xi_B\in\tilde{F}_B} \{c_{p,q}(\xi_A,\xi_B)\}
\end{aligned}
\tag{5-1}
$$

两个多值中智数之间的一致性指数为 $r_{p,q}(A, B)$：

$$
r_{p,q}(A,\ B)=\frac{1}{3}(r_{p,q}(\tilde{T}_A,\tilde{T}_B)+r_{p,q}(\tilde{I}_A,\tilde{I}_B)+r_{p,q}(\tilde{F}_A,\tilde{F}_B)) \tag{5-2}
$$

其中 $l(\cdot)$ 表示集合中元素的个数，且 $c_{p,q}(\gamma_A,\gamma_B)$，$c_{p,q}(\eta_A,\eta_B)$ 与 $c_{p,q}(\xi_A,\xi_B)$ 分别表示 γ_A 与 γ_B，η_A 与 η_B，ξ_A 与 ξ_B 在无差异临界值 q 与偏好临界值 p 下的一致性指数。

从定义 5-4 中可以看出，当 $\tilde{T}_A$，$\tilde{I}_A$ 与 $\tilde{F}_A$，$\tilde{T}_B$，$\tilde{I}_B$ 与 $\tilde{F}_B$ 中只含有一个元素时，则 $r_{p,q}(\tilde{T}_A,\tilde{T}_B)$，$r_{p,q}(\tilde{I}_A,\tilde{I}_B)$ 与 $r_{p,q}(\tilde{F}_A,\tilde{F}_B)$ 将退化为定义 5-1 中的一致性指数。

根据定义 5-4 可得到以下性质。

性质 5-1 给定 $A=\langle \tilde{T}_A,\tilde{I}_A,\tilde{F}_A\rangle$ 与 $B=\langle \tilde{T}_B,\tilde{I}_B,\tilde{F}_B\rangle$ 两个多值中智数，且 p

与 $q(0\leqslant q<p)$ 是两个临界值，则有：

（1）$0\leqslant r_{p,q}(\tilde{T}_A,\tilde{T}_B)\leqslant 1$；

（2）$0\leqslant r_{p,q}(\tilde{I}_A,\tilde{I}_B)\leqslant 1$；

（3）$0\leqslant r_{p,q}(\tilde{F}_A,\tilde{F}_B)\leqslant 1$；

（4）$0\leqslant r_{p,q}(A,B)\leqslant 1$。

定义 5-5　多值中智数强占优、弱占优与无差异关系定义如下：

（1）若 $r_{p,q}(A,B)-r_{p,q}(B,A)=1$，则 A 强占优于 B（B 被 A 强占优），记为 $A>_S B$；

（2）若 $r_{p,q}(A,B)-r_{p,q}(B,A)=0$，则 A 与 B 无差异，记为 $A\sim B$；

（3）若 $0<r_{p,q}(A,B)-r_{p,q}(B,A)<1$，则 A 弱占优于 B（B 被 A 弱占优），记为 $A>_W B$；

（4）若 $0<r_{p,q}(B,A)-r_{p,q}(A,B)<1$，则 B 弱占优于 A（A 被 B 弱占优），记为 $B>_W A$。

例 5-4　令 $p=0.06$ 且 $q=0.05$。

（1）若 $A=\langle\{0.5,0.6\},\{0.2\},\{0.3\}\rangle$ 与 $B=\langle\{0.2\},\{0.1\},\{0.2\}\rangle$ 是两个多值中智数，有 $r_{p,q}(A,B)-r_{p,q}(B,A)=1$，则 $A>_S B$；

（2）若 $A=\langle\{0.3\},\{0.1\},\{0.2\}\rangle$ 与 $B=\langle\{0.3,0.31\},\{0.15\},\{0.15\}\rangle$ 是两个多值中智数，有 $r_{p,q}(A,B)-r_{p,q}(B,A)=0$，则 $A\sim B$；

（3）若 $A=\langle\{0.2,0.3\},\{0.2\},\{0.3\}\rangle$ 与 $B=\langle\{0.2\},\{0.3\},\{0.2\}\rangle$ 是两个多值中智数，有 $r_{p,q}(A,B)-r_{p,q}(B,A)=\frac{1}{3}$，则 $A>_W B$。

性质 5-2　令 A，$B\in MVNSS$，且 p 与 q（$0\leqslant q<p$）是两个临界值，则 $A>_S B$ 当且仅当 $\min\{\gamma_A|\gamma_A\in\tilde{T}_A\}-\max\{\gamma_B|\gamma_B\in\tilde{T}_B\}\geqslant p$，$\min\{\eta_A|\eta_A\in\tilde{I}_A\}-\max\{\eta_B|\eta_B\in\tilde{I}_B\}\geqslant p$ 且 $\min\{\xi_A|\xi_A\in\tilde{F}_A\}-\max\{\xi_B|\xi_B\in\tilde{F}_B\}\geqslant p$。

证明　（1）必要性：$A>_S B\Rightarrow\begin{cases}\min\{\gamma_A|\gamma_A\in\tilde{T}_A\}-\max\{\gamma_B|\gamma_B\in\tilde{T}_B\}\geqslant p\\ \min\{\eta_A|\eta_A\in\tilde{I}_A\}-\max\{\eta_B|\eta_B\in\tilde{I}_B\}\geqslant p\\ \min\{\xi_A|\xi_A\in\tilde{F}_A\}-\max\{\xi_B|\xi_B\in\tilde{F}_B\}\geqslant p\end{cases}$

根据定义 5-5，若 $A>_S B$，则 $r_{p,q}(A,B)-r_{p,q}(B,A)=1$。因 $0\leqslant r_{p,q}(A,B)\leqslant 1$ 且 $0\leqslant r_{p,q}(B,A)\leqslant 1$，则 $r_{p,q}(B,A)=0$。因此，$r_{p,q}(\tilde{T}_A,\tilde{T}_B)=r_{p,q}(\tilde{I}_A,\tilde{I}_B)=r_{p,q}(\tilde{F}_A,\tilde{F}_B)=0$，即 $\frac{1}{l(\tilde{T}_B)}\sum\limits_{\gamma_B\in\tilde{T}_B}\min\limits_{\gamma_A\in\tilde{T}_A}c_{p,q}(\gamma_B,\gamma_A)=0$，$\frac{1}{l(\tilde{I}_B)}\sum\limits_{\eta_B\in\tilde{I}_B}\min\limits_{\eta_A\in\tilde{I}_A}c_{p,q}(\eta_B,\eta_A)=0$，$\frac{1}{l(\tilde{F}_B)}\sum\limits_{\xi_B\in\tilde{F}_B}\min\limits_{\xi_A\in\tilde{F}_A}c_{p,q}(\xi_B,\xi_A)=0$。根据定义 5-1，有 $c_{p,q}(\gamma_B,\gamma_A)$，$c_{p,q}(\eta_B,\eta_A)$，$c_{p,q}(\xi_B,\xi_A)\in[0,1]$，则 $c_{p,q}(\gamma_B,\gamma_A)=0,c_{p,q}(\eta_B,\eta_A)=0$ 且 $c_{p,q}(\xi_B,\xi_A)=0$。因此，对于任意的 $\gamma_A\in\tilde{T}_A,\gamma_B\in\tilde{T}_B$，有 $\gamma_A-\gamma_B\geqslant p$；任意的 $\eta_A\in\tilde{I}_A,\eta_B\in\tilde{I}_B$，有 $\eta_A-\eta_B\geqslant p$；任意的 $\xi_A\in\tilde{F}_A,\xi_B\in\tilde{F}_B$，有 $\xi_A-\xi_B\geqslant p$。显然，$\min\{\gamma_A|\gamma_A\in\tilde{T}_A\}-\max\{\gamma_B|\gamma_B\in\tilde{T}_B\}\geqslant p$，$\min\{\eta_A|\eta_A\in\tilde{I}_A\}-\max\{\eta_B|\eta_B\in\tilde{I}_B\}\geqslant p$ 与 $\min\{\xi_A|\xi_A\in\tilde{F}_A\}-\max\{\xi_B|\xi_B\in\tilde{F}_B\}\geqslant p$ 成立。

（2）充分性：
$$\left.\begin{array}{l}\min\{\gamma_A|\gamma_A\in\tilde{T}_A\}-\max\{\gamma_B|\gamma_B\in\tilde{T}_B\}\geqslant p\\ \min\{\eta_A|\eta_A\in\tilde{I}_A\}-\max\{\eta_B|\eta_B\in\tilde{I}_B\}\geqslant p\\ \min\{\xi_A|\xi_A\in\tilde{F}_A\}-\max\{\xi_B|\xi_B\in\tilde{F}_B\}\geqslant p\end{array}\right\}\Rightarrow A>_S B$$

由于 $\min\{\gamma_A|\gamma_A\in\tilde{T}_A\}-\max\{\gamma_B|\gamma_B\in\tilde{T}_B\}\geqslant p$，则对于任意的 $\gamma_A\in\tilde{T}_A$，$\gamma_B\in\tilde{T}_B$，有 $\gamma_A-\gamma_B\geqslant p$。根据定义 5-1，有 $c_{p,q}(\gamma_B,\gamma_A)=0,c_{p,q}(\gamma_A,\gamma_B)=1$，则 $\frac{1}{l(\tilde{T}_A)}\sum\limits_{\gamma_A\in\tilde{T}_A}\min\limits_{\gamma_B\in\tilde{T}_B}c_{p,q}(\gamma_A,\gamma_B)=1$，$\frac{1}{l(\tilde{T}_B)}\sum\limits_{\gamma_B\in\tilde{T}_B}\min\limits_{\gamma_A\in\tilde{T}_A}c_{p,q}(\gamma_B,\gamma_A)=0$，即 $r_{p,q}(\tilde{T}_A,\tilde{T}_B)=1$ 且 $r_{p,q}(\tilde{F}_B,\tilde{F}_A)=0$。类似可得 $r_{p,q}(\tilde{I}_A,\tilde{I}_B)=1$ 与 $r_{p,q}(\tilde{I}_B,\tilde{I}_A)=0$，$r_{p,q}(\tilde{F}_A,\tilde{F}_B)=1$ 与 $r_{p,q}(\tilde{F}_B,\tilde{F}_A)=0$。因此，有 $r_{p,q}(A,B)-r_{p,q}(B,A)=1$。根据定义 5-5，有 $A>_S B$。

性质 5-3 令 A，B，$C\in MVNSS$，且 p 与 $q(0\leqslant q<p)$ 是两个临界值，若 $A>_S B$ 且 $B>_S C$，则 $A>_S C$。

证明 根据性质 5-2，若 $A>_S B$，则 $\min\{\gamma_A|\gamma_A\in\tilde{T}_A\}-\max\{\gamma_B|\gamma_B\in\tilde{T}_B\}\geqslant p$，$\min\{\eta_A|\eta_A\in\tilde{I}_A\}-\max\{\eta_B|\eta_B\in\tilde{I}_B\}\geqslant p$ 且 $\min\{\xi_A|\xi_A\in\tilde{F}_A\}-\max\{\xi_B|\xi_B\in\tilde{F}_B\}\geqslant p$。

如果 $B>_S C$，则 $\min\{\gamma_B|\gamma_B\in\tilde{T}_B\}-\max\{\gamma_C|\gamma_C\in\tilde{T}_C\}\geqslant p$，$\min\{\eta_B|\eta_B\in\tilde{I}_B\}-\max\{\eta_C|\eta_C\in\tilde{I}_C\}\geqslant p$ 且 $\min\{\xi_B|\xi_B\in\tilde{F}_B\}-\max\{\xi_C|\xi_C\in\tilde{F}_C\}\geqslant p$。因此，$\max\{\gamma_B|\gamma_B\in\tilde{T}_B\}-\max\{\gamma_C|\gamma_C\in\tilde{T}_C\}\geqslant p$，$\max\{\eta_B|\eta_B\in\tilde{I}_B\}-\max\{\eta_C|\eta_C\in\tilde{I}_C\}\geqslant p$，$\max\{\xi_B|\xi_B\in\tilde{F}_B\}-\max\{\xi_C|\xi_C\in\tilde{F}_C\}\geqslant p$。

则有：

$$\left.\begin{aligned}&\min\{\gamma_A|\gamma_A\in\tilde{T}_A\}-\max\{\gamma_B|\gamma_B\in\tilde{T}_B\}\geqslant p\\&\max\{\gamma_B|\gamma_B\in\tilde{T}_B\}-\max\{\gamma_C|\gamma_C\in\tilde{T}_C\}\geqslant p\end{aligned}\right\}\Rightarrow\begin{aligned}&\min\{\gamma_A|\gamma_A\in\tilde{T}_A\}-\\&\max\{\gamma_C|\gamma_C\in\tilde{T}_C\}\geqslant 2p>p\end{aligned}$$

$$\left.\begin{aligned}&\min\{\eta_A|\eta_A\in\tilde{I}_A\}-\max\{\eta_B|\eta_B\in\tilde{I}_B\}\geqslant p\\&\max\{\eta_B|\eta_B\in\tilde{I}_B\}-\max\{\eta_C|\eta_C\in\tilde{I}_C\}\geqslant p\end{aligned}\right\}\Rightarrow\begin{aligned}&\min\{\eta_A|\eta_A\in\tilde{I}_A\}-\\&\max\{\eta_C|\eta_C\in\tilde{I}_C\}\geqslant 2p>p\end{aligned}$$

$$\left.\begin{aligned}&\min\{\xi_A|\xi_A\in\tilde{F}_A\}-\max\{\xi_B|\xi_B\in\tilde{F}_B\}\geqslant p\\&\max\{\xi_B|\xi_B\in\tilde{F}_B\}-\max\{\xi_C|\xi_C\in\tilde{F}_C\}\geqslant p\end{aligned}\right\}\Rightarrow\begin{aligned}&\min\{\xi_A|\xi_A\in\tilde{F}_A\}-\\&\max\{\xi_C|\xi_C\in\tilde{F}_C\}\geqslant 2p>p\end{aligned}$$

根据性质 5-2 可知，$A>_S C$。

性质 5-4　令 A，B，$C\in MVNSS$，且 p 与 $q(0\leqslant q<p)$ 是两个临界值。

（1）强占优关系具有以下性质：

①非自反性：$\forall A\in MVNSS$，$A\not>_S A$；

②非对称性：$\forall A,B\in MVNSS$，$A>_S B\Rightarrow\neg\ (B>_S A)$；

③传递性：$\forall A,B,C\in MVNSS$，$A>_S B,B>_S C\Rightarrow A>_S C$。

（2）弱占优关系具有以下性质：

④非自反性：$\forall A\in MVNSS$，$A\not>_W A$；

⑤非对称性：$\forall A,B\in MVNSS$，$A>_W B\Rightarrow\neg\ (B>_W A)$；

⑥非传递性：$\exists\ A$，B，$C\in MVNSS$，$A>_W B$，$B>_W C\nRightarrow A>_W C$。

（3）无差异关系具有以下性质：

⑦自反性：$\forall A\in MVNSS$，$A\sim A$；

⑧对称性：$\forall A,B\in MVNSS$，$A\sim B\Rightarrow B\sim A$；

⑨非传递性：$\exists A,B,C\in MVNSS$，$A\sim B$，$B\sim C\nRightarrow A\sim C$。

根据定义 5-4 与定义 5-5，上述①~⑤、⑦与⑧显然成立，下面对⑥与⑨举出反例。

例 5-5 令 $p=0.06$，$q=0.05$，则有：

（1）给定 $A=\langle\{0.2,0.16\},\{0.2\},\{0.15\}\rangle$，$B=\langle\{0.15,0.16\},\{0.14\},\{0.15\}\rangle$ 与 $C=\langle\{0.1\},\{0.1\},\{0.09\}\rangle$ 三个多值中智数，则 $r_{p,q}(A,B)-r_{p,q}(B,A)=0.3333$，$r_{p,q}(B,C)-r_{p,q}(C,B)=0.3333$，$r_{p,q}(A,C)-r_{p,q}(C,A)=1$。显然，$A>_W B$，$B>_W C$，但 $A>_S C$。因此，弱占优关系是非传递的。

（2）给定 $A=\langle\{0.12,0.18\},\{0.1\},\{0.2\}\rangle$，$B=\langle\{0.14,0.16\},\{0.1\},\{0.2\}\rangle$与 $C=\langle\{0.12,0.14\},\{0.1\},\{0.2\}\rangle$三个多值中智数，则 $r_{p,q}(A,B)-r_{p,q}(B,A)=0$，$r_{p,q}(B,C)-r_{p,q}(C,B)=0$，$r_{p,q}(A,C)-r_{p,q}(C,A)=0.1667$。则 $A\sim B$，$B\sim C$，但 $A>_W C$。因此，无差异关系是非传递的。

类似于占优关系，下面给出多值中智数的强反对关系、弱反对关系与无差异反对关系。

定义 5-6 给定 $A=\langle\tilde{T}_A,\tilde{I}_A,\tilde{F}_A\rangle$与 $B=\langle\tilde{T}_B,\tilde{I}_B,\tilde{F}_B\rangle$两个多值中智数，$p,v(p<v)$ 是两个临界值。则两个多值中智数的真实程度、不确定程度与谬误度的非一致性指数为：

$$
\begin{aligned}
t_{p,v}(\tilde{T}_A,\tilde{T}_B)&=\frac{1}{l(\tilde{T}_A)}\sum_{\gamma_A\in\tilde{T}_A}\min_{\gamma_B\in\tilde{T}_B}\{d_{p,v}(\gamma_A,\gamma_B)\}\\
t_{p,v}(\tilde{I}_A,\tilde{I}_B)&=\frac{1}{l(\tilde{I}_A)}\sum_{\eta_A\in\tilde{I}_A}\min_{\eta_B\in\tilde{I}_B}\{d_{p,v}(\eta_A,\eta_B)\}\\
t_{p,v}(\tilde{F}_A,\tilde{F}_B)&=\frac{1}{l(\tilde{F}_A)}\sum_{\xi_A\in\tilde{F}_A}\min_{\xi_B\in\tilde{F}_B}\{d_{p,v}(\xi_A,\xi_B)\}
\end{aligned}
\tag{5-3}
$$

两个多值中智数的非一致性指数 $t_{p,v}(A,B)$为：

$$
t_{p,v}(A,B)=\frac{1}{3}\left(t_{p,v}(\tilde{T}_A,\tilde{T}_B)+t_{p,v}(\tilde{I}_A,\tilde{I}_B)+t_{p,v}(\tilde{F}_A,\tilde{F}_B)\right)\tag{5-4}
$$

其中 $l(\cdot)$表示集合中元素的个数，$d_{p,v}(\gamma_A,\gamma_B)$，$d_{p,v}(\eta_A,\eta_B)$与 $d_{p,v}(\xi_A,\xi_B)$分别表示 γ_A 与 γ_B，η_A 与 η_B，ξ_A 与 ξ_B 在偏好临界值 p 与否定临界值

v 下的非一致性指数。

注：若 $\tilde{T}_A$，$\tilde{I}_A$ 与 $\tilde{F}_A$，$\tilde{T}_B$，$\tilde{I}_B$ 与 $\tilde{F}_B$ 中只有一个元素，则 $t_{p,q}(\tilde{T}_A,\tilde{T}_B)$，$t_{p,q}(\tilde{I}_A,\tilde{I}_B)$ 与 $t_{p,q}(\tilde{F}_A,\tilde{F}_B)$ 将退化为定义 5-2 中的非一致性指数。

根据定义 5-6，可得以下性质。

性质 5-5　给定 $A=\langle\tilde{T}_A,\tilde{I}_A,\tilde{F}_A\rangle$ 与 $B=\langle\tilde{T}_B,\tilde{I}_B,\tilde{F}_B\rangle$ 两个多值中智数，且 p，$v(p<v)$ 是两个临界值，则有：

（1）$0\leqslant t_{p,v}(\tilde{T}_A,\tilde{T}_B)\leqslant 1$；

（2）$0\leqslant t_{p,v}(\tilde{I}_A,\tilde{I}_B)\leqslant 1$；

（3）$0\leqslant t_{p,v}(\tilde{F}_A,\tilde{F}_B)\leqslant 1$；

（4）$0\leqslant t_{p,v}(A,B)\leqslant 1$。

证明　略。

定义 5-7　两个多值中智数的强反对关系、弱反对关系与无差异反对关系为：

（1）若 $t_{p,v}(A,B)-t_{p,v}(B,A)=1$，则 A 强反对于 B（B 被 A 强反对），记为 $A>_{SO}B$；

（2）若 $t_{p,v}(A,B)-t_{p,v}(B,A)=0$，则 A 与 B 无差异反对，记为 $A\sim_O B$；

（3）若 $0<t_{p,v}(A,B)-t_{p,v}(B,A)<1$，则 A 弱反对于 B（B 被 A 弱反对），记为 $A>_{WO}B$；

（4）若 $0<t_{p,v}(B,A)-t_{p,v}(A,B)<1$，则 B 弱反对于 A（A 被 B 弱反对），记为 $B>_{WO}A$。

例 5-6　令 $p=0.1$，$v=0.2$。

（1）给定 $A=\langle\{0.2,0.3\},\{0.1\},\{0.2\}\rangle$ 与 $B=\langle\{0.5,0.7\},\{0.3\},\{0.4\}\rangle$ 两个多值中智数，则 $t_{p,v}(A,B)-t_{p,v}(B,A)=1$。因此，$A>_{SO}B$；

（2）给定 $A=\langle\{0.2,0.5\},\{0.1\},\{0.15\}\rangle$ 与 $B=\langle\{0.2,0.6\},\{0.1\},\{0.2\}\rangle$ 两个多值中智数，则 $t_{p,v}(A,B)-t_{p,v}(B,A)=0$。因此，$A\sim_O B$；

（3）给定 $A=\langle\{0.2,0.5\},\{0.1\},\{0.2\}\rangle$ 与 $B=\langle\{0.25,0.65\},\{0.3\},\{0.2\}\rangle$ 两个多值中智数，则 $t_{p,v}(A,B)-t_{p,v}(B,A)=0.4167$。因此，$A>_{WO}B$。

根据定义 5-6 与定义 5-7，可得到以下一些性质。

性质 5-6 令 $A, B \in MVNSS$，且 p 与 v（$0<p<v$）是两个临界值，则 $A>_{SO}B$ 当且仅当 $\min\{\gamma_B | \gamma_B \in \tilde{T}_B\} - \max\{\gamma_A | \gamma_A \in \tilde{T}_A\} \geqslant v$，$\min\{\eta_B | \eta_B \in \tilde{I}_B\} - \max\{\eta_A | \eta_A \in \tilde{I}_A\} \geqslant v$，$\min\{\xi_B | \xi_B \in \tilde{F}_B\} - \max\{\xi_A | \xi_A \in \tilde{F}_A\} \geqslant v$。

证明 （1）必要性：$A>_{SO}B \Rightarrow \begin{cases} \min\{\gamma_B | \gamma_B \in \tilde{T}_B\} - \max\{\gamma_A | \gamma_A \in \tilde{T}_A\} \geqslant v \\ \min\{\eta_B | \eta_B \in \tilde{I}_B\} - \max\{\eta_A | \eta_A \in \tilde{I}_A\} \geqslant v \\ \min\{\xi_B | \xi_B \in \tilde{F}_B\} - \max\{\xi_A | \xi_A \in \tilde{F}_A\} \geqslant v \end{cases}$

根据定义 5-7，若 $A>_{SO}B$，则 $t_{p,v}(A,B)-t_{p,v}(B,A)=1$。由于 $0 \leqslant t_{p,v}(A,B) \leqslant 1$，$0 \leqslant t_{p,v}(B,A) \leqslant 1$，可得 $t_{p,v}(A,B)=1$，$t_{p,v}(B,A)=0$。因此，$t_{p,v}(\tilde{T}_A, \tilde{T}_B) = t_{p,v}(\tilde{I}_A, \tilde{I}_B) = t_{p,v}(\tilde{F}_A, \tilde{F}_B) = 1$，即 $\dfrac{1}{l(\tilde{T}_A)} \sum_{\gamma_A \in \tilde{T}_A} \min_{\gamma_B \in \tilde{T}_B} d_{p,v}(\gamma_A, \gamma_B) = \dfrac{1}{l(\tilde{I}_A)} \sum_{\eta_A \in \tilde{I}_A} \min_{\eta_B \in \tilde{I}_B} d_{p,v}(\eta_A, \eta_B) = \dfrac{1}{l(\tilde{F}_A)} \sum_{\xi_A \in \tilde{F}_A} \min_{\xi_B \in \tilde{F}_B} d_{p,v}(\xi_A, \xi_B) = 1$。根据定义 5-2，有 $d_{p,v}(\gamma_A, \gamma_B)$，$d_{p,v}(\eta_A, \eta_B)$，$d_{p,v}(\xi_A, \xi_B) \in [0,1]$，则 $d_{p,v}(\gamma_A, \gamma_B) = d_{p,v}(\eta_A, \eta_B) = d_{p,v}(\xi_A, \xi_B) = 1$。因此，对于任意 $\gamma_A \in \tilde{T}_A$，$\gamma_B \in \tilde{T}_B$，有 $\gamma_B - \gamma_A \geqslant v$；对于任意 $\eta_A \in \tilde{I}_A$，$\eta_B \in \tilde{I}_B$，有 $\eta_B - \eta_A \geqslant v$；对于任意 $\xi_A \in \tilde{F}_A$，$\xi_B \in \tilde{F}_B$，有 $\xi_B - \xi_A \geqslant v$。显然，$\min\{\gamma_B | \gamma_B \in \tilde{T}_B\} - \max\{\gamma_A | \gamma_A \in \tilde{T}_A\} \geqslant v$，$\min\{\eta_B | \eta_B \in \tilde{I}_B\} - \max\{\eta_A | \eta_A \in \tilde{I}_A\} \geqslant v$，$\min\{\xi_B | \xi_B \in \tilde{F}_B\} - \max\{\xi_A | \xi_A \in \tilde{F}_A\} \geqslant v$ 成立。

（2）充分性：$\left.\begin{matrix} \min\{\gamma_B | \gamma_B \in \tilde{T}_B\} - \max\{\gamma_A | \gamma_A \in \tilde{T}_A\} \geqslant v \\ \min\{\eta_B | \eta_B \in \tilde{I}_B\} - \max\{\eta_A | \eta_A \in \tilde{I}_A\} \geqslant v \\ \min\{\xi_B | \xi_B \in \tilde{F}_B\} - \max\{\xi_A | \xi_A \in \tilde{F}_A\} \geqslant v \end{matrix}\right\} \Rightarrow A>_{SO}B$

因 $\min\{\gamma_B | \gamma_B \in \tilde{T}_B\} - \max\{\gamma_A | \gamma_A \in \tilde{T}_A\} \geqslant v$，则对于任意的 $\gamma_A \in \tilde{T}_A, \gamma_B \in \tilde{T}_B$，有 $\gamma_B - \gamma_A \geqslant v$。根据定义 5-2，可得 $d_{p,v}(\gamma_A, \gamma_B) = 1$，$d_{p,v}(\gamma_B, \gamma_A) = 0$。因此，$\dfrac{1}{l(\tilde{T}_A)} \sum_{\gamma_A \in \tilde{T}_A} \min_{\gamma_B \in \tilde{T}_B} d_{p,v}(\gamma_A, \gamma_B) = 1$ 且 $\dfrac{1}{l(\tilde{T}_B)} \sum_{\gamma_B \in \tilde{T}_B} \min_{\gamma_A \in \tilde{T}_A} d_{p,v}(\gamma_B, \gamma_A) = 1$，即 $t_{p,v}(\tilde{T}_A,$

$\tilde{T}_B)=1$ 且 $t_{p,v}(\tilde{T}_B,\tilde{T}_A)=0$。同理可得 $t_{p,v}(\tilde{I}_A,\tilde{I}_B)=1$ 与 $t_{p,v}(\tilde{I}_B,\tilde{I}_A)=0$，$t_{p,v}(\tilde{F}_A,\tilde{F}_B)=1$ 与 $t_{p,v}(\tilde{F}_B,\tilde{F}_A)=0$。因此，根据定义 5-7，有 $t_{p,v}(A,B)-t_{p,v}(B,A)=1$，即 $A>_{SO}B$。

性质 5-7　令 $A,B,C\in MVNSS$，且 p 与 $v(p<v)$ 是两个临界值，如果 $A>_{SO}B$ 且 $B>_{SO}C$，则 $A>_{SO}C$。

证明　根据性质 5-6，若 $A>_{SO}B$，则 $\min\{\gamma_B|\gamma_B\in\tilde{T}_B\}-\max\{\gamma_A|\gamma_A\in\tilde{T}_A\}\geqslant v$，$\min\{\eta_B|\eta_B\in\tilde{I}_B\}-\max\{\eta_A|\eta_A\in\tilde{I}_A\}\geqslant v$，$\min\{\xi_B|\xi_B\in\tilde{F}_B\}-\max\{\xi_A|\xi_A\in\tilde{F}_A\}\geqslant v$。因此，$\max\{\gamma_B|\gamma_B\in\tilde{T}_B\}-\max\{\gamma_A|\gamma_A\in\tilde{T}_A\}\geqslant v$，$\max\{\eta_B|\eta_B\in\tilde{I}_B\}-\max\{\eta_A|\eta_A\in\tilde{I}_A\}\geqslant v$，$\max\{\xi_B|\xi_B\in\tilde{F}_B\}-\max\{\xi_A|\xi_A\in\tilde{F}_A\}\geqslant v$ 成立。

如果 $B>_{SO}C$，则有 $\min\{\gamma_C|\gamma_C\in\tilde{T}_C\}-\max\{\gamma_B|\gamma_B\in\tilde{T}_B\}\geqslant v$，$\min\{\eta_C|\eta_C\in\tilde{I}_C\}-\max\{\eta_B|\eta_B\in\tilde{I}_B\}\geqslant v$，$\min\{\xi_C|\xi_C\in\tilde{F}_C\}-\max\{\xi_B|\xi_B\in\tilde{F}_B\}\geqslant v$。

因此，

$$\left.\begin{array}{l}\max\{\gamma_B|\gamma_B\in\tilde{T}_B\}-\max\{\gamma_A|\gamma_A\in\tilde{T}_A\}\geqslant v\\ \min\{\gamma_C|\gamma_C\in\tilde{T}_C\}-\max\{\gamma_B|\gamma_B\in\tilde{T}_B\}\geqslant v\end{array}\right\}\Rightarrow\begin{array}{l}\min\{\gamma_C|\gamma_C\in\tilde{T}_C\}-\\ \max\{\gamma_A|\gamma_A\in\tilde{T}_A\}\geqslant 2v>v\end{array}$$

$$\left.\begin{array}{l}\max\{\eta_B|\eta_B\in\tilde{I}_B\}-\max\{\eta_A|\eta_A\in\tilde{I}_A\}\geqslant v\\ \min\{\eta_C|\eta_C\in\tilde{I}_C\}-\max\{\eta_B|\eta_B\in\tilde{I}_B\}\geqslant v\end{array}\right\}\Rightarrow\begin{array}{l}\min\{\eta_C|\eta_C\in\tilde{I}_C\}-\\ \max\{\eta_A|\eta_A\in\tilde{I}_A\}\geqslant 2v>v\end{array}$$

$$\left.\begin{array}{l}\max\{\xi_B|\xi_B\in\tilde{F}_B\}-\max\{\xi_A|\xi_A\in\tilde{F}_A\}\geqslant v\\ \min\{\xi_C|\xi_C\in\tilde{F}_C\}-\max\{\xi_B|\xi_B\in\tilde{F}_B\}\geqslant v\end{array}\right\}\Rightarrow\begin{array}{l}\min\{\xi_C|\xi_C\in\tilde{F}_C\}-\\ \max\{\xi_A|\xi_A\in\tilde{F}_A\}\geqslant 2v>v\end{array}$$

根据性质 5-6，$A>_{SO}C$ 成立。

性质 5-8　令 $A,B,C\in MVNSS$，p 与 $v(0<p<v)$ 是两个临界值，则

（1）强反对关系具有以下性质：

①反自反性：$\forall A\in MVNSS$，$A\not>_{SO}A$；

②反对称性：$\forall A,B\in MVNSS$，$A>_{SO}B\Rightarrow\neg\ (B>_{SO}A)$；

③传递性：$\forall A,B,C\in MVNSS$，$A>_{SO}B$，$B>_{SO}C\Rightarrow A>_{SO}C$。

（2）弱反对关系具有以下性质：

④反自反性：$\forall A \in MVNSS$，$A \not> _{WO} A$；

⑤反对称性：$\forall A, B \in MVNSS$，$A >_{WO} B \Rightarrow \neg (B >_{WO} A)$；

⑥非传递性：$\exists A, B, C \in MVNSS$，$A >_{WO} B$，$B >_{WO} C \not\Rightarrow A >_{WO} C$。

（3）无差异反对关系具有以下性质：

⑦自反性：$\forall A \in MVNSS$，$A \sim_O A$；

⑧对称性：$\forall A, B \in MVNSS$，$A \sim_O B \Rightarrow B \sim_O A$；

⑨非传递性：$\exists A, B, C \in MVNSS$，$A \sim_O B$，$B \sim_O C \not\Rightarrow A \sim_O C$。

根据定义 5-2、定义 5-6 以及定义 5-7 可知，上述①~⑤、⑦与⑧显然成立，下面对⑥与⑨举出反例。

例 5-7 令 $p=0.15$，$v=0.2$，则有：

（1）给定 $A=\langle\{0.1, 0.2\}, \{0.05\}, \{0.1\}\rangle$，$B=\langle\{0.3, 0.4\}, \{0.15\}, \{0.2\}\rangle$ 与 $C=\langle\{0.5, 0.6\}, \{0.25\}, \{0.3\}\rangle$ 三个多值中智数，则 $t_{p,v}(A,B)-t_{p,v}(B,A)=0.1667$，$t_{p,v}(B,C)-t_{p,v}(C,B)=0.1667$，$t_{p,v}(A,C)-t_{p,v}(C,A)=1$。显然，$A>_{WO}B$，$B>_{WO}C$，但 $A>_{SO}C$。因此，弱反对关系是非传递的。

（2）给定 $A=\langle\{0.1\}, \{0.2\}, \{0.3\}\rangle$，$B=\langle\{0.25\}, \{0.1\}, \{0.3\}\rangle$ 与 $C=\langle\{0.3, 0.4\}, \{0.15\}, \{0.25\}\rangle$ 三个多值中智数，则 $t_{p,v}(A,B)-t_{p,v}(B,A)=0$，$t_{p,v}(B,C)-t_{p,v}(C,B)=0$，$t_{p,v}(A,C)-t_{p,v}(C,A)=0.1667$。根据定义 5-7，$A\sim_O B$，$B\sim_O C$，但 $A>_{WO}C$。因此，无差异反对关系是非传递的。

5.3 基于 ELECTRE 的多准则决策方法

本节所提出的多准则决策方法可用于准则权重与评价信息均为多值中智数的多准则决策问题求解。

设方案 $A=\{\alpha_1, \alpha_2, \cdots, \alpha_n\}$ 以及准则 $C=\{c_1, c_2, \cdots, c_m\}$，对应的准则权重系数为 $w_j=(w_1, w_2, \cdots, w_n)$ 且 $w_j \geqslant 0 (j=1, 2, \cdots, m)$，$\sum_{j=1}^{m} w_j=1$。决策者对方案 α_i 在准则 c_j 下的评价值以多值中智数的形式给出，即 $\alpha_{ij}=\langle \tilde{T}_{\alpha_{ij}}, \tilde{I}_{\alpha_{ij}}, \tilde{F}_{\alpha_{ij}}\rangle$，其中 $\tilde{T}_{(.)}$ 表示真实程度，$\tilde{I}_{(.)}$ 表示不确定程度，$\tilde{F}_{(.)}$ 表示谬误度。决策者给出的评价决策矩阵用 $\boldsymbol{R}=(\alpha_{ij})_{n\times m}$ 表示。该方法是多值中智数与 ELECTRE III 方法的结

合，可用于解决上述的多准则决策问题。

一般情况下，多准则决策问题的准则可分为效益型和成本型。根据直觉模糊数的处理方法，成本型准则可转化为效益型准则：

$$\beta_{ij}{}^{k}=\begin{cases}\alpha_{ij}{}^{k}, & \text{效益型 } c_j \\ (\alpha_{ij}{}^{k})^{C}, & \text{成本型 } c_j\end{cases} \quad (i=1,2,\cdots,n;\ j=1,2,\cdots,m) \tag{5-5}$$

其中$(\alpha_{ij}{}^{k})^{C}$是定义 3-5 中 $\alpha_{ij}{}^{k}$ 的补集。

下面给出具体的决策步骤。

步骤 1　决策矩阵规范化。

见 3.2.2 小节中的步骤 1。

步骤 2　确定加权的规范化矩阵。

根据准则权重以及定义 3-3 中的运算规则，确定加权的规范化决策矩阵为：

$$\tilde{\alpha}_{ij}^{*}=\tilde{\alpha}_{ij}\otimes w_j \quad (i=1,2,\cdots,n;\ j=1,2,\cdots,m) \tag{5-6}$$

其中 w_j 表示第 j 个准则的权重。

步骤 3　确定一致性下标集。

一致性下标集需满足约束条件 $\tilde{\alpha}_{ij}^{*}>_{S}\tilde{\alpha}_{kj}^{*}$ 或 $\tilde{\alpha}_{ij}^{*}>_{W}\tilde{\alpha}_{kj}^{*}$ 或 $\tilde{\alpha}_{ij}^{*}\sim\tilde{\alpha}_{kj}^{*}$，即

$$O_{ik}=\{j\,|\,r_{p,q}(\tilde{\alpha}_{ij}^{*},\tilde{\alpha}_{kj}^{*})-r_{p,q}(\tilde{\alpha}_{kj}^{*},\tilde{\alpha}_{ij}^{*})\geqslant 0\} \quad (i,k=1,2,\cdots,n) \tag{5-7}$$

其中 $r_{p,q}(\tilde{\alpha}_{ij}^{*},\tilde{\alpha}_{kj}^{*})$表示 $\tilde{\alpha}_{ij}^{*}$ 与 $\tilde{\alpha}_{kj}^{*}$ 之间的一致性指数，可根据定义 5-4 计算得出。

步骤 4　确定一致性指数矩阵。

根据准则相关的权重 w，得出一致性指数 $C(\alpha_i,\alpha_k)$：

$$C(\alpha_i,\alpha_k)=s(c^{*}(\alpha_i,\alpha_k)) \tag{5-8}$$

其中 $c^*(\alpha_i,\alpha_k)=\bigoplus_{j\in O_{ik}}w_j$，且 $s(\cdot)$ 表示定义 3-7 中的记分函数。

因此，一致性指数矩阵 $\boldsymbol{C}$ 为：

$$\boldsymbol{C}=\begin{pmatrix} - & c_{12} & \cdots & c_{1n} \\ c_{21} & - & \cdots & c_{2n} \\ \vdots & \vdots & & \vdots \\ c_{n1} & c_{n2} & \cdots & - \end{pmatrix} \tag{5-9}$$

步骤 5　确定优序关系的信度指数。

根据步骤 4 的结果，可得两两方案间优序关系的信度指数为：

$$\sigma(\alpha_i,\alpha_k)=C(\alpha_i,\alpha_k)\cdot\prod_{j=1}^{m}\delta_j(\alpha_i,\alpha_k) \tag{5-10}$$

其中，

$$\delta_j(\alpha_i,\alpha_k)=\begin{cases}\dfrac{1-t_{p,q}(\tilde{\alpha}_{ij}^*,\tilde{\alpha}_{kj}^*)}{1-C(\alpha_i,\alpha_k)} & \text{当 } t_{p,q}(\tilde{\alpha}_{ij}^*,\tilde{\alpha}_{kj}^*)>C(\alpha_i,\alpha_k) \\ 1 & \text{其他}\end{cases}$$

$t_{p,q}(\tilde{\alpha}_{ij}^*,\tilde{\alpha}_{kj}^*)$ 表示两个准则值 $\tilde{\alpha}_{ij}^*$ 与 $\tilde{\alpha}_{kj}^*$ 之间的非一致性指数，可根据定义 5-6 计算得出。

步骤 6　确定方案间的排序。

方案间的最终排序需根据向上与向下淘汰两种方式进行。令 $\lambda=\max\limits_{\alpha_i,\alpha_k\in A}\sigma(\alpha_i,\alpha_k)$，$\lambda-\kappa(\lambda)$ 是一个信度值满足 $\kappa(\lambda)$ 充分接近 λ。因考虑到 λ 与 $\kappa(\lambda)$ 之间的差值非常小（关于 $\kappa(\lambda)$ 的详细内容见参考文献［167］），定义 S 为：

$$S(\alpha_i,\alpha_k)=\begin{cases}1 & \text{当 } \sigma(\alpha_i,\alpha_k)>\lambda-\kappa(\lambda) \\ 0 & \text{其他}\end{cases} \tag{5-11}$$

根据矩阵 $\boldsymbol{S}(\alpha_i,\alpha_k)$，方案 α_i 最终的得分等于方案 α_i 占优于其他方案的数目减去方案 α_i 被占优的数目。向下淘汰是指在所有方案得分明确的条件下，首先选出得分最高的方案，并去掉此方案所在的行与列，再利用同样的方法计算剩下的方案，直到最后一个方案为止，即为最终的排序；向上淘汰法则是指在第一步首先选出得分最低的方案作为最劣方案，其他程序与向下淘汰法类似。最后，综合两种方法得出的排序，以确定最终的排序。

步骤 7　选择最优方案。

根据步骤 6 中的最终排序，选择最优方案。

5.4　案例分析

本节案例背景来源于参考文献［66］。中国某大学为了提升本校的教学能力与科研水平，欲招聘一批德才兼备的教师。此招聘计划引起了学校内外的广泛关注，为了体现出本次招聘的公开、公正与公平，学校拟从以下四个方面对应聘者进行考核：道德水平、科研能力、教学水平以及教育背景，分别用 c_1，c_2，c_3，c_4 表示。参与此次招聘的五位应聘者则分别用 α_1，α_2，α_3，α_4，α_5 表示，学校人事主管与部门主管组成决策董事会，对每个应聘者 $\alpha_i(i=1,2,3,4,5)$ 在每一准则下 $c_k(k=1,2,3,4)$ 的评价信息以及准则权重均用多值中智数表示。学校给出的考核准则权重为：$w_1=\langle\{0.3,0.45\},\{0.2\},\{0.1\}\rangle$，$w_2=\langle\{0.3\},\{0.1\},\{0.2\}\rangle$，$w_3=\langle\{0.2\},\{0.2\},\{0.3\}\rangle$，$w_4=\langle\{0.3\},\{0.3\},\{0.2\}\rangle$。每一个决策者可以给出多个评价信息，但在最终决策信息收集过程中，对于每一个多值中智数的三个参数，相同的数值只计数一次。最终决策矩阵 $\boldsymbol{R}=(\alpha_{ij})_{5\times4}$ 为：

$$
R=\begin{pmatrix}
\langle\{0.5,0.7\},\{0.3\},\{0.3\}\rangle & \langle\{0.4\},\{0.2\},\{0.1\}\rangle & \langle\{0.5\},\{0.3\},\{0.4\}\rangle & \langle\{0.5,0.6\},\{0.2\},\{0.3\}\rangle \\
\langle\{0.3\},\{0.2\},\{0.2\}\rangle & \langle\{0.6\},\{0.2\},\{0.3\}\rangle & \langle\{0.7\},\{0.2\},\{0.3\}\rangle & \langle\{0.4\},\{0.2\},\{0.1\}\rangle \\
\langle\{0.3\},\{0.2\},\{0.4\}\rangle & \langle\{0.4,0.5\},\{0.2\},\{0.2\}\rangle & \langle\{0.6\},\{0.1\},\{0.3\}\rangle & \langle\{0.5\},\{0.1\},\{0.2\}\rangle \\
\langle\{0.5\},\{0.3\},\{0.3\}\rangle & \langle\{0.6\},\{0.1\},\{0.2\}\rangle & \langle\{0.7\},\{0.2\},\{0.2,0.3\}\rangle & \langle\{0.6\},\{0.2\},\{0.2\}\rangle \\
\langle\{0.6\},\{0.2\},\{0.4\}\rangle & \langle\{0.7\},\{0.2\},\{0.4\}\rangle & \langle\{0.7\},\{0.3\},\{0.2\}\rangle & \langle\{0.5\},\{0.1\},\{0.3\}\rangle
\end{pmatrix}
$$

下面利用本章所提出的方法对案例进行求解。

步骤 1 决策矩阵规范化。

由于 c_1，c_2，c_3 与 c_4 四个准则都属于效益型准则，因此规范化的决策矩阵为 $\tilde{\boldsymbol{R}}^k=(\beta_{ij})_{4\times3}=(\alpha_{ij})_{4\times3}$。

步骤 2 确定加权的规范化矩阵。

根据公式（5-6）以及定义 3-3 中的运算规则，可得加权的规范化决策矩阵为：

$$
\boldsymbol{R}=\begin{pmatrix}
\langle\{0.15,0.225,0.21,0.315\},\{0.44\},\{0.37\}\rangle & \langle\{0.12\},\{0.28\},\{0.28\}\rangle & \langle\{0.1\},\{0.44\},\{0.58\}\rangle & \langle\{0.15,0.18\},\{0.44\},\{0.44\}\rangle \\
\langle\{0.09,0.135\},\{0.36\},\{0.28\}\rangle & \langle\{0.18\},\{0.28\},\{0.44\}\rangle & \langle\{0.14\},\{0.36\},\{0.51\}\rangle & \langle\{0.12\},\{0.44\},\{0.28\}\rangle \\
\langle\{0.09,0.135\},\{0.36\},\{0.46\}\rangle & \langle\{0.12,0.15\},\{0.28\},\{0.36\}\rangle & \langle\{0.12\},\{0.28\},\{0.51\}\rangle & \langle\{0.15\},\{0.37\},\{0.36\}\rangle \\
\langle\{0.15,0.225\},\{0.44\},\{0.37\}\rangle & \langle\{0.18\},\{0.19\},\{0.36\}\rangle & \langle\{0.14\},\{0.36\},\{0.44,0.51\}\rangle & \langle\{0.18\},\{0.44\},\{0.36\}\rangle \\
\langle\{0.18,0.27\},\{0.36\},\{0.46\}\rangle & \langle\{0.21\},\{0.28\},\{0.52\}\rangle & \langle\{0.14\},\{0.44\},\{0.44\}\rangle & \langle\{0.15\},\{0.37\},\{0.44\}\rangle
\end{pmatrix}
$$

步骤 3 确定一致性下标集。

令所有准则 $c_j(j=1,2,3,4)$ 下的临界值为 $q_j=0.05$，$p_j=0.10$，$v_j=0.15$。根据公式（5-7），有 $\tilde{\alpha}_{11}^*>_W\tilde{\alpha}_{21}^*$，$\tilde{\alpha}_{13}^*>_W\tilde{\alpha}_{23}^*$，$\tilde{\alpha}_{14}^*>_W\tilde{\alpha}_{24}^*$。因此，$O_{12}=\{1,3,4\}$。

类似地，可得其他评价值的一致性下标集为：

$$
\boldsymbol{O}=(O_{ik})=\begin{pmatrix}
- & \{1,3,4\} & \{1,3,4\} & \{1,2,3,4\} & \{1,3,4\} \\
\{2\} & - & \{2,3\} & \{2,3\} & \{3\} \\
\{2\} & \{1,4\} & - & \{2\} & \varnothing \\
\{2\} & \{1,4\} & \{1,3,4\} & - & \{3\} \\
\{2\} & \{1,2,4\} & \{1,2,3,4\} & \{1,2,4\} & -
\end{pmatrix}
$$

步骤 4 确定一致性指数矩阵。

根据公式（5-8），一致性指数 c_{12} 的计算过程如下：

$$c^*(\alpha_1,\alpha_2)=w_1\oplus w_3\oplus w_4=\langle\{0.608,0.692\},\{0.012\},\{0.006\}\rangle$$

$$c_{12}=s(c^*(\alpha_1,\alpha_2))=0.2227$$

类似地，可计算出其他的一致性指数，则可得一致性指数矩阵为：

$$C=\begin{pmatrix} - & 0.2227 & 0.2227 & 0.2525 & 0.2227 \\ 0.2000 & - & 0.1733 & 0.1733 & 0.2333 \\ 0.2000 & 0.2142 & - & 0.2000 & 0 \\ 0.2000 & 0.2142 & 0.2227 & - & 0.2333 \\ 0.2000 & 0.2346 & 0.2525 & 0.2346 & - \end{pmatrix}$$

步骤 5　确定信度指数。

根据步骤 4 与公式（5-10），可得信度矩阵为：

$$\boldsymbol{\sigma}=\begin{pmatrix} - & 0.1911 & 0.1640 & 0.2525 & 0.1911 \\ 0.1667 & - & 0.1398 & 0.1733 & 0.1764 \\ 0.1667 & 0.2142 & - & 0.2000 & 0 \\ 0.2000 & 0.2142 & 0.2227 & - & 0.2029 \\ 0.2000 & 0.2346 & 0.2525 & 0.2346 & - \end{pmatrix}$$

步骤 6　确定方案的排序。

根据步骤 5，令 $\lambda=\max\limits_{\alpha_i,\alpha_j\in A}\sigma(\alpha_i,\alpha_j)=0.2525$。取 $\kappa(\lambda)=0.05$，则

$$S(\alpha_i,\alpha_j)=\begin{pmatrix} - & 0 & 0 & 1 & 0 \\ 0 & - & 0 & 0 & 0 \\ 0 & 1 & - & 0 & 0 \\ 0 & 1 & 1 & - & 1 \\ 0 & 1 & 1 & 1 & - \end{pmatrix}$$

若采用向下淘汰法，可得方案排序为：$\{\alpha_5\}\rightarrow\{\alpha_1,\alpha_4\}\rightarrow\{\alpha_3\}\rightarrow\{\alpha_2\}$；向上淘汰法方案排序为：$\{\alpha_1,\alpha_5\}\rightarrow\{\alpha_4\}\rightarrow\{\alpha_3\}\rightarrow\{\alpha_2\}$。因此，方案的最终排序为：$\{\alpha_5\}\rightarrow\{\alpha_1\}\rightarrow\{\alpha_4\}\rightarrow\{\alpha_3\}\rightarrow\{\alpha_2\}$。

步骤 7　选择最佳方案。

根据步骤 6 的方案排序可知，最优方案为 α_5，最劣方案为 α_2。

本章所提方法的主要优势是可用于求解准则之间部分可补偿性的决策问题，即当某个方案在一个准则上的表现比另一个方案差太多时，则不再认为

前一个方案比后一个方案更优。同时，用 ELECTRE 决策方法对备选方案数目大于准则数目的多准则决策问题进行求解时，更能体现出该方法的优越性。

5.5　本章小结

本章主要针对准则权重与准则评价信息均为多值中智数的多准则决策问题进行了相关分析。首先，根据 ELECTRE III 方法的原理，定义了多值中智数的占优关系，并讨论了相关性质。其次，根据所定义的占优关系，提出了相应的多准则决策方法。最后，通过案例分析表明了该方法的有效性与可行性。该方法的主要优势在于不仅考虑了准则评价信息是多值中智数，同时考虑了准则权重也是多值中智数，更符合客观实际情况。同时，本章方法能够给决策者提供更多的选择。

6 基于QUALIFLEX的多值中智多准则决策方法

虽然前一章中给出的ELECTRE方法已广泛应用于不同领域，但其更适用于选择方案比较多且准则个数比较少的多准则决策问题。对于一些准则数目远大于方案数目的决策问题，如果采用ELECTRE方法，其决策过程就会相当复杂，且不能直观地给出最优方案。在现实决策问题中会经常碰到此类问题，如参考文献［182］中绿色供应商的选择问题，其准则数目比较多，相比之下，选择方案则比较少。因此，有必要找出新的方法来克服这些缺陷。

Paelinck[183-185]首次提出了另外一种基于排序的多准则决策方法（QUALItative FLEXible multiple criteria method），简称QUALIFLEX方法。此方法针对多准则决策问题中的偏好方案进行排序，同时可以检测出每一个方案被不同准则支持的程度[138,186]。QUALIFLEX方法是首先对每一个准则下方案的排列组合进行两两比较，然后选取一致性指数或非一致性指数最大的组合作为最优的排序[187]。该方法主要适用于准则数目远大于方案数目的决策问题。近年来，对于QUALIFLEX方法也有不同的扩展，主要是基于可能度和距离两种形式。如Chen[188]针对区间值直觉模糊信息提出了基于可能度的QUALIFLEX多准则决策方法；Wang等[189]针对区间值二型模糊信息提出了基于可能度的QUALIFLEX多准则决策方法；Lee和Chen[190]以及Chen[181,191]分别对犹豫模糊语言以及区间值二型梯形模糊信息提出了相应的QUALIFLEX多准则决策方法；Chen等[192,193]在区间值二型模糊集的环境下，提出了基于距离的QUALIFLEX扩展方法；Zhang和Xu[194]在犹豫模糊信息的环境下，提出了基于距离的QUALIFLEX方法。显然，这些扩展方法大都适用于区间值的多准则决策问题。

因此，本章首先定义了基于可能度的多值中智数的偏好关系，并提出了相应的多准则决策方法。同时，本章分别对真实程度、不确定程度与谬误度定义了基于可能度的偏好关系，以便更好地处理不确定决策信息。其次，本章定义了基于距离的偏好关系，并提出了相应的决策方法。基于以上分析，本章内容主要安排如下：6.1 节介绍基于可能度的 QUALIFLEX 多值中智多准则决策方法，包括相应的偏好关系、性质、方法以及案例分析；6.2 节主要介绍基于距离的 QUALIFLEX 多值中智多准则决策方法，包括偏好关系、性质与案例分析等；6.3 节对本章所提出的两种方法进行比较分析；6.4 节对本章内容进行小结。

6.1　基于可能度的 QUALIFLEX 多值中智多准则决策方法

6.1.1　基于可能度的多值中智数偏好关系

定义 6-1　给定 $A=\langle \tilde{T}_A,\tilde{I}_A,\tilde{F}_A\rangle$ 与 $B=\langle \tilde{T}_B,\tilde{I}_B,\tilde{F}_B\rangle$ 两个多值中智数，则基于偏好关系 $P(A,B)$ 的真实程度、不确定程度和谬误度的可能度分别为 $P(\tilde{T}_A,\tilde{T}_B)$，$P(\tilde{I}_A,\tilde{I}_B)$ 和 $P(\tilde{F}_A,\tilde{F}_B)$：

$$P(\tilde{T}_A,\tilde{T}_B)=\begin{cases}\dfrac{1}{l_{\tilde{T}_A}\cdot l_{\tilde{T}_B}}\sum\limits_{\gamma_A\in\tilde{T}_A}\sum\limits_{\gamma_B\in\tilde{T}_B}\dfrac{\gamma_A}{\gamma_A+\gamma_B} & \tilde{T}_A\neq\{0\}\text{ 或 }\tilde{T}_B\neq\{0\}\\ 0.5 & \tilde{T}_A=\{0\}\text{ 且 }\tilde{T}_B=\{0\}\end{cases} \tag{6-1}$$

$$P(\tilde{I}_A,\tilde{I}_B)=\begin{cases}1-\dfrac{1}{l_{\tilde{I}_A}\cdot l_{\tilde{I}_B}}\sum\limits_{\eta_A\in\tilde{I}_A}\sum\limits_{\eta_B\in\tilde{I}_B}\dfrac{\eta_A}{\eta_A+\eta_B} & \tilde{I}_A\neq\{0\}\text{ 或 }\tilde{I}_B\neq\{0\}\\ 0.5 & \tilde{I}_A=\{0\}\text{ 且 }\tilde{I}_B=\{0\}\end{cases} \tag{6-2}$$

$$P(\tilde{F}_A,\tilde{F}_B)=\begin{cases}1-\dfrac{1}{l_{\tilde{F}_A}\cdot l_{\tilde{F}_B}}\sum\limits_{\xi_A\in\tilde{F}_A}\sum\limits_{\xi_B\in\tilde{F}_B}\dfrac{\xi_A}{\xi_A+\xi_B} & \tilde{F}_A\neq\{0\}\text{ 或 }\tilde{F}_B\neq\{0\}\\ 0.5 & \tilde{F}_A=\{0\}\text{ 且 }\tilde{F}_B=\{0\}\end{cases} \tag{6-3}$$

偏好关系 $P(A,B)$ 的可能度为：

$$P(A,B)=\frac{1}{3}(P(\tilde{T}_A,\tilde{T}_B)+P(\tilde{I}_A,\tilde{I}_B)+P(\tilde{F}_A,\tilde{F}_B)) \tag{6-4}$$

其中 $l_{(\cdot)}$ 表示集合（·）中的元素。

例 6-1 给定两个多值中智数 $A=\langle\{0.5,0.6\},\{0.4\},\{0.2\}\rangle$ 与 $B=\langle\{0.5\},\{0.5\},\{0.1,0.3\}\rangle$，则有：

$$P(\tilde{T}_A,\tilde{T}_B)=0.5227,\ P(\tilde{I}_A,\tilde{I}_B)=0.5556,\ P(\tilde{F}_A,\tilde{F}_B)=0.4667$$

因此，$P(A,B)=\frac{1}{3}(P(\tilde{T}_A,\tilde{T}_B)+P(\tilde{I}_A,\tilde{I}_B)+P(\tilde{F}_A,\tilde{F}_B))=0.515$。

显然，基于可能度的偏好关系是一个全序关系，可以对任意的两个中智数进行比较。

性质 6-1 给定两个多值中智数 $A=\langle\tilde{T}_A,\tilde{I}_A,\tilde{F}_A\rangle$ 与 $B=\langle\tilde{T}_B,\tilde{I}_B,\tilde{F}_B\rangle$，则基于偏好关系 $A\geqslant B$ 的真实程度、不确定程度与谬误度的可能度 $P(\tilde{T}_A,\tilde{T}_B)$，$P(\tilde{I}_A,\tilde{I}_B)$ 和 $P(\tilde{F}_A,\tilde{F}_B)$ 具有以下性质：

（1）$0\leqslant P(\tilde{T}_A,\tilde{T}_B)\leqslant 1$；

（2）$0\leqslant P(\tilde{I}_A,\tilde{I}_B)\leqslant 1$；

（3）$0\leqslant P(\tilde{F}_A,\tilde{F}_B)\leqslant 1$；

（4）$P(\tilde{T}_A,\tilde{T}_B)+P(\tilde{T}_B,\tilde{T}_A)=1$；

（5）$P(\tilde{I}_A,\tilde{I}_B)+P(\tilde{I}_B,\tilde{I}_A)=1$；

（6）$P(\tilde{F}_A,\tilde{F}_B)+P(\tilde{F}_B,\tilde{F}_A)=1$；

（7）若 $\tilde{T}_A=\tilde{T}_B$，则 $P(\tilde{T}_A,\tilde{T}_B)=0.5$；

（8）若 $\tilde{I}_A=\tilde{I}_B$，则 $P(\tilde{I}_A,\tilde{I}_B)=0.5$；

（9）若 $\tilde{F}_A=\tilde{F}_B$，则 $P(\tilde{F}_A,\tilde{F}_B)=0.5$。

证明 性质（1）、（2）与（3）显然成立。

性质（4）：若 $\tilde{T}_A=\tilde{T}_B=\{0\}$，则根据定义 6-1，有 $P(\tilde{T}_A,\tilde{T}_B)=P(\tilde{T}_B,\tilde{T}_A)=$

0.5，因此 $P(\tilde{T}_A,\tilde{T}_B)+P(\tilde{T}_B,\tilde{T}_A)=1$。若 $\tilde{T}_A\neq\{0\}$ 或者 $\tilde{T}_B\neq\{0\}$，$\tilde{T}_i(i=A,B)$ 中所有的元素都按升序排列，$\gamma_i^{\sigma(\cdot)}(i=A,B)$ 表示 $\tilde{T}_i(i=A,B)$ 中的第（·）个元素，则有

$$
\begin{aligned}
&P(\tilde{T}_A,\tilde{T}_B)+P(\tilde{T}_B,\tilde{T}_A)\\
&=\frac{1}{l_{\tilde{T}_A}\cdot l_{\tilde{T}_B}}\left(\frac{\gamma_A^{\sigma(1)}}{\gamma_A^{\sigma(1)}+\gamma_B^{\sigma(1)}}+\frac{\gamma_A^{\sigma(1)}}{\gamma_A^{\sigma(1)}+\gamma_B^{\sigma(2)}}+\frac{\gamma_A^{\sigma(1)}}{\gamma_A^{\sigma(1)}+\gamma_B^{\sigma(3)}}+\cdots+\frac{\gamma_A^{\sigma(1)}}{\gamma_A^{\sigma(1)}+\gamma_B^{\sigma(l_{\tilde{T}_B})}}+\cdots+\right.\\
&\left.\frac{\gamma_A^{\sigma(l_{\tilde{T}_A})}}{\gamma_A^{\sigma(l_{\tilde{T}_A})}+\gamma_B^{\sigma(1)}}+\frac{\gamma_A^{\sigma(l_{\tilde{T}_A})}}{\gamma_A^{\sigma(l_{\tilde{T}_A})}+\gamma_B^{\sigma(2)}}+\frac{\gamma_A^{\sigma(l_{\tilde{T}_A})}}{\gamma_A^{\sigma(l_{\tilde{T}_A})}+\gamma_B^{\sigma(3)}}+\cdots+\frac{\gamma_A^{\sigma(l_{\tilde{T}_A})}}{\gamma_A^{\sigma(l_{\tilde{T}_A})}+\gamma_B^{\sigma(l_{\tilde{T}_B})}}\right)+\\
&\frac{1}{l_{\tilde{T}_B}\cdot l_{\tilde{T}_A}}\left(\frac{\gamma_B^{\sigma(1)}}{\gamma_B^{\sigma(1)}+\gamma_A^{\sigma(1)}}+\frac{\gamma_B^{\sigma(1)}}{\gamma_B^{\sigma(1)}+\gamma_A^{\sigma(2)}}+\frac{\gamma_B^{\sigma(1)}}{\gamma_B^{\sigma(1)}+\gamma_A^{\sigma(3)}}+\cdots+\frac{\gamma_B^{\sigma(1)}}{\gamma_B^{\sigma(1)}+\gamma_A^{\sigma(l_{\tilde{T}_A})}}+\cdots+\right.\\
&\left.\frac{\gamma_B^{\sigma(l_{\tilde{T}_B})}}{\gamma_B^{\sigma(l_{\tilde{T}_B})}+\gamma_A^{\sigma(1)}}+\frac{\gamma_B^{\sigma(l_{\tilde{T}_B})}}{\gamma_B^{\sigma(l_{\tilde{T}_B})}+\gamma_A^{\sigma(2)}}+\frac{\gamma_B^{\sigma(l_{\tilde{T}_B})}}{\gamma_B^{\sigma(l_{\tilde{T}_B})}+\gamma_A^{\sigma(3)}}+\cdots+\frac{\gamma_B^{\sigma(l_{\tilde{T}_B})}}{\gamma_B^{\sigma(l_{\tilde{T}_B})}+\gamma_A^{\sigma(l_{\tilde{T}_A})}}\right)\\
&=\frac{1}{l_{\tilde{T}_A}\cdot l_{\tilde{T}_B}}\left(\left(\frac{\gamma_A^{\sigma(1)}}{\gamma_A^{\sigma(1)}+\gamma_B^{\sigma(1)}}+\frac{\gamma_B^{\sigma(1)}}{\gamma_B^{\sigma(1)}+\gamma_A^{\sigma(1)}}\right)+\left(\frac{\gamma_A^{\sigma(1)}}{\gamma_A^{\sigma(1)}+\gamma_B^{\sigma(2)}}+\frac{\gamma_B^{\sigma(2)}}{\gamma_B^{\sigma(2)}+\gamma_A^{\sigma(1)}}\right)+\cdots+\right.\\
&\left.\left(\frac{\gamma_A^{\sigma(1)}}{\gamma_A^{\sigma(1)}+\gamma_B^{\sigma(l_{\tilde{T}_B})}}+\frac{\gamma_B^{\sigma(l_{\tilde{T}_B})}}{\gamma_B^{\sigma(l_{\tilde{T}_B})}+\gamma_A^{\sigma(1)}}\right)+\cdots+\left(\frac{\gamma_A^{\sigma(l_{\tilde{T}_A})}}{\gamma_A^{\sigma(l_{\tilde{T}_A})}+\gamma_B^{\sigma(l_{\tilde{T}_B})}}+\frac{\gamma_B^{\sigma(l_{\tilde{T}_B})}}{\gamma_B^{\sigma(l_{\tilde{T}_B})}+\gamma_A^{\sigma(l_{\tilde{T}_A})}}\right)\right)\\
&=\frac{1}{l_{\tilde{T}_A}\cdot l_{\tilde{T}_B}}(l_{\tilde{T}_B}\cdot l_{\tilde{T}_A})=1
\end{aligned}
$$

同理可得，$P(\tilde{I}_A,\tilde{I}_B)+P(\tilde{I}_B,\tilde{I}_A)=1$ 与 $P(\tilde{F}_A,\tilde{F}_B)+P(\tilde{F}_B,\tilde{F}_A)=1$。

性质（7）：若 $\tilde{T}_A=\tilde{T}_B=\{0\}$，则有 $P(\tilde{T}_A,\tilde{T}_B)=0.5$。若 $\tilde{T}_A\neq\{0\}$ 或者 $\tilde{T}_B\neq\{0\}$，$\tilde{T}_i(i=A,B)$ 中所有的元素按照升序排列，且 $\gamma_i^{\sigma(\cdot)}(i=A,B)$ 是 $\tilde{T}_i(i=A,B)$ 中的第（·）个元素。根据定义 6-1，因 $\tilde{T}_A=\tilde{T}_B$，则有 $\gamma_A^{\sigma(j)}=\gamma_B^{\sigma(j)}$，$\gamma_A^{\sigma(l_{\tilde{T}_A})}=\gamma_B^{\sigma(l_{\tilde{T}_B})}$ 且 $l_{\tilde{T}_A}=l_{\tilde{T}_B}$。因此，

$$
\begin{aligned}
P(\tilde{T}_A,\tilde{T}_B)&=\frac{1}{l_{\tilde{T}_A}\cdot l_{\tilde{T}_B}}\sum_{\gamma_A\in\tilde{T}_A}\sum_{\gamma_B\in\tilde{T}_B}\frac{\gamma_A}{\gamma_A+\gamma_B}\\
&=\frac{1}{(l_{\tilde{T}_A})^2}\left(\frac{\gamma_A^{\sigma(1)}}{\gamma_A^{\sigma(1)}+\gamma_A^{\sigma(1)}}+\frac{\gamma_A^{\sigma(1)}}{\gamma_A^{\sigma(1)}+\gamma_A^{\sigma(2)}}+\frac{\gamma_A^{\sigma(1)}}{\gamma_A^{\sigma(1)}+\gamma_A^{\sigma(3)}}+\cdots+\frac{\gamma_A^{\sigma(1)}}{\gamma_A^{\sigma(1)}+\gamma_A^{\sigma(l_{\tilde{T}_A})}}+\right.
\end{aligned}
$$

$$\frac{\gamma_A^{\sigma(2)}}{\gamma_A^{\sigma(2)}+\gamma_A^{\sigma(1)}}+\frac{\gamma_A^{\sigma(2)}}{\gamma_A^{\sigma(2)}+\gamma_A^{\sigma(2)}}+\frac{\gamma_A^{\sigma(2)}}{\gamma_A^{\sigma(2)}+\gamma_A^{\sigma(3)}}+\cdots+\frac{\gamma_A^{\sigma(2)}}{\gamma_A^{\sigma(2)}+\gamma_A^{\sigma(l_{\tilde{T}_A})}}+\cdots+$$

$$\left.\frac{\gamma_A^{\sigma(l_{\tilde{T}_A})}}{\gamma_A^{\sigma(l_{\tilde{T}_A})}+\gamma_A^{\sigma(1)}}+\frac{\gamma_A^{\sigma(l_{\tilde{T}_A})}}{\gamma_A^{\sigma(l_{\tilde{T}_A})}+\gamma_A^{\sigma(2)}}+\frac{\gamma_A^{\sigma(l_{\tilde{T}_A})}}{\gamma_A^{\sigma(l_{\tilde{T}_A})}+\gamma_A^{\sigma(3)}}+\cdots+\frac{\gamma_A^{\sigma(l_{\tilde{T}_A})}}{\gamma_A^{\sigma(l_{\tilde{T}_A})}+\gamma_A^{\sigma(l_{\tilde{T}_A})}}\right)$$

$$=\frac{1}{(l_{\tilde{T}_A})^2}\left[\frac{1}{2}l_{\tilde{T}_A}+\left(\frac{\gamma_A^{\sigma(1)}}{\gamma_A^{\sigma(1)}+\gamma_A^{\sigma(2)}}+\frac{\gamma_A^{\sigma(2)}}{\gamma_A^{\sigma(2)}+\gamma_A^{\sigma(1)}}\right)+\right.$$

$$\left(\frac{\gamma_A^{\sigma(1)}}{\gamma_A^{\sigma(1)}+\gamma_A^{\sigma(3)}}+\frac{\gamma_A^{\sigma(3)}}{\gamma_A^{\sigma(3)}+\gamma_A^{\sigma(1)}}\right)+\cdots+\left(\frac{\gamma_A^{\sigma(1)}}{\gamma_A^{\sigma(1)}+\gamma_A^{\sigma(l_{\tilde{T}_A})}}+\frac{\gamma_A^{\sigma(l_{\tilde{T}_A})}}{\gamma_A^{\sigma(l_{\tilde{T}_A})}+\gamma_A^{\sigma(1)}}\right)+$$

$$\left(\frac{\gamma_A^{\sigma(2)}}{\gamma_A^{\sigma(2)}+\gamma_A^{\sigma(3)}}+\frac{\gamma_A^{\sigma(3)}}{\gamma_A^{\sigma(3)}+\gamma_A^{\sigma(2)}}\right)+\cdots+\left(\frac{\gamma_A^{\sigma(2)}}{\gamma_A^{\sigma(2)}+\gamma_A^{\sigma(l_{\tilde{T}_A})}}+\frac{\gamma_A^{\sigma(l_{\tilde{T}_A})}}{\gamma_A^{\sigma(l_{\tilde{T}_A})}+\gamma_A^{\sigma(2)}}\right)+\cdots+$$

$$\left.\left(\frac{\gamma_A^{\sigma(l_{\tilde{T}_A}-1)}}{\gamma_A^{\sigma(l_{\tilde{T}_A}-1)}+\gamma_A^{\sigma(l_{\tilde{T}_A})}}+\frac{\gamma_A^{\sigma(l_{\tilde{T}_A})}}{\gamma_A^{\sigma(l_{\tilde{T}_A})}+\gamma_A^{\sigma(l_{\tilde{T}_A}-1)}}\right)\right]$$

$$=\frac{1}{(l_{\tilde{T}_A})^2}\left[\frac{1}{2}l_{\tilde{T}_A}+l_{\tilde{T}_A}(l_{\tilde{T}_A}-1)-(1+2+\cdots+(l_{\tilde{T}_A}-1))\right]$$

$$=\frac{1}{(l_{\tilde{T}_A})^2}\cdot\left[\frac{1}{2}(l_{\tilde{T}_A})^2\right]=0.5$$

同理可得性质（8）与性质（9）。

性质 6-2 给定 $A=\langle\tilde{T}_A,\tilde{I}_A,\tilde{F}_A\rangle$ 与 $B=\langle\tilde{T}_B,\tilde{I}_B,\tilde{F}_B\rangle$ 两个多值中智数，则 A 与 B 基于可能度的偏好关系 $P(A,B)$ 满足以下性质：

（1）$0\leqslant P(A,B)\leqslant 1$；

（2）$P(A,A)=0.5$；

（3）$P(A,B)+P(B,A)=1$；

（4）若 $P(A,B)=P(B,A)$，则 $P(A,B)=P(B,A)=0.5$；

（5）若 $P(A,B)\geqslant 0.5$ 且 $P(B,C)\geqslant 0.5$，则 $P(A,C)\geqslant 0.5$；

（6）若 $A=B$，则 $P(A,B)=0.5$；

（7）若 $A\geqslant B$，则 $P(A,B)\geqslant 0.5$；

（8）若 $A\leqslant B$，则 $P(A,B)\leqslant 0.5$。

证明 下面给出性质（6）与性质（7）的证明过程，其他证明省略。

性质（6）：若 $A=B$ 且 $\tilde{T}_A=\tilde{T}_B=\{0\}$，$\tilde{I}_A=\tilde{I}_B=\{0\}$ 且 $\tilde{F}_A=\tilde{F}_B=\{0\}$，则有 $P(A\geqslant B)=0.5$。若 $A=B$ 且 $\tilde{T}_A\neq\{0\}$ 或者 $\tilde{T}_B\neq\{0\}$，$\tilde{I}_A\neq\{0\}$ 或者 $\tilde{I}_B\neq\{0\}$ 以及 $\tilde{F}_A=\{0\}$ 或 $\tilde{F}_B=\{0\}$，则根据定义 6-1 可知 $\tilde{T}_A=\tilde{T}_B$，$\tilde{I}_A=\tilde{I}_B$ 且 $\tilde{F}_A=\tilde{F}_B$。根据性质 6-1，有 $P(\tilde{T}_A,\tilde{T}_B)=P(\tilde{I}_A,\tilde{I}_B)=P(\tilde{F}_A,\tilde{F}_B)=0.5$。因此，$P(A,B)=\frac{1}{3}(P(\tilde{T}_A,\tilde{T}_B)+P(\tilde{I}_A,\tilde{I}_B)+P(\tilde{F}_A,\tilde{F}_B))=0.5$ 成立。

性质（7）：若 $A\geqslant B$，则根据定义 6-1，有 $\gamma_A^{\sigma(j)}\leqslant\gamma_B^{\sigma(j)}$ 且 $\gamma_A^{\sigma(l_{\tilde{T}_A})}\leqslant\gamma_B^{\sigma(l_{\tilde{T}_B})}$ $(j=1,2,\cdots,l_{\tilde{T}},l_{\tilde{T}}=\min(l_{\tilde{T}_A},l_{\tilde{T}_B}))$。因此，

$$
\begin{aligned}
&P(\tilde{T}_A,\tilde{T}_B)\\
&=\frac{1}{l_{\tilde{T}_A}\cdot l_{\tilde{T}_B}}\left(\left(\frac{\gamma_A^{\sigma(1)}}{\gamma_A^{\sigma(1)}+\gamma_B^{\sigma(1)}}+\frac{\gamma_A^{\sigma(2)}}{\gamma_A^{\sigma(2)}+\gamma_B^{\sigma(2)}}+\cdots+\frac{\gamma_A^{\sigma(l_{\tilde{T}_A})}}{\gamma_A^{\sigma(l_{\tilde{T}_A})}+\gamma_B^{\sigma(l_{\tilde{T}_B})}}\right)+\right.\\
&\left(\frac{\gamma_A^{\sigma(1)}}{\gamma_A^{\sigma(1)}+\gamma_B^{\sigma(2)}}+\frac{\gamma_A^{\sigma(2)}}{\gamma_A^{\sigma(2)}+\gamma_B^{\sigma(1)}}\right)+\left(\frac{\gamma_A^{\sigma(1)}}{\gamma_A^{\sigma(1)}+\gamma_A^{\sigma(3)}}+\frac{\gamma_A^{\sigma(3)}}{\gamma_A^{\sigma(3)}+\gamma_B^{\sigma(1)}}\right)+\cdots+\\
&\left(\frac{\gamma_A^{\sigma(1)}}{\gamma_A^{\sigma(1)}+\gamma_B^{\sigma(l_{\tilde{T}_A})}}+\frac{\gamma_A^{\sigma(l_{\tilde{T}_A})}}{\gamma_A^{\sigma(l_{\tilde{T}_A})}+\gamma_B^{\sigma(1)}}\right)+\left(\frac{\gamma_A^{\sigma(2)}}{\gamma_A^{\sigma(2)}+\gamma_B^{\sigma(3)}}+\frac{\gamma_A^{\sigma(3)}}{\gamma_A^{\sigma(3)}+\gamma_B^{\sigma(2)}}\right)+\cdots+\\
&\left.\left(\frac{\gamma_A^{\sigma(2)}}{\gamma_A^{\sigma(2)}+\gamma_B^{\sigma(l_{\tilde{T}_A})}}+\frac{\gamma_A^{\sigma(l_{\tilde{T}_A})}}{\gamma_A^{\sigma(l_{\tilde{T}_A})}+\gamma_B^{\sigma(2)}}\right)+\cdots+\left(\frac{\gamma_A^{\sigma(l_{\tilde{T}_A}-1)}}{\gamma_A^{\sigma(l_{\tilde{T}_A}-1)}+\gamma_B^{\sigma(l_{\tilde{T}_A})}}+\frac{\gamma_A^{\sigma(l_{\tilde{T}_A})}}{\gamma_A^{\sigma(l_{\tilde{T}_A})}+\gamma_B^{\sigma(l_{\tilde{T}_A}-1)}}\right)\right)\geqslant\\
&\frac{1}{(l_{\tilde{T}_A})^2}\left[\frac{1}{2}l_{\tilde{T}_A}+l_{\tilde{T}_A}(l_{\tilde{T}_A}-1)-(1+2+\cdots+(l_{\tilde{T}_A}-1))\right]\\
&=\frac{1}{(l_{\tilde{T}_A})^2}\cdot\left[\frac{1}{2}(l_{\tilde{T}_A})^2\right]=0.5
\end{aligned}
$$

定义 6-2　给定 $A=\langle\tilde{T}_A,\tilde{I}_A,\tilde{F}_A\rangle$ 与 $B=\langle\tilde{T}_B,\tilde{I}_B,\tilde{F}_B\rangle$ 两个多值中智数，则以下偏好关系成立：

（1）若 $P(A,B)>0.5$，则 A 优于 B，记为 $A\succ B$；

（2）若 $P(A,B)=0.5$，则 A 与 B 无差别，记为 $A\sim B$；

（3）若 $P(A,B)<0.5$，则 A 劣于 B，记为 $A\prec B$。

例 6-2　根据例 6-1 可知 $P(A,B)=0.515>0.5$，A 优于 B，等价于 $A\succ B$。

6.1.2 基于可能度的 QUALIFLEX 多准则决策方法

假定 $A=\{\alpha_1,\alpha_2,\cdots,\alpha_n\}$ 为方案集，准则集为 $C=\{c_1,c_2,\cdots,c_m\}$，准则相应的权重为 $W=(w_1,w_2,\cdots,w_m)$，其中 $w_j\geqslant 0(j=1,2,\cdots,m)$ 且 $\sum_{j=1}^{m}w_j=1$。设 $\boldsymbol{R}=(\alpha_{ij})_{n\times m}$ 为多值中智决策矩阵，决策者对每一方案下每一准则的评价值以多值中智数的形式给出，即 $\alpha_{ij}=\langle\tilde{T}_{\alpha_{ij}},\tilde{I}_{\alpha_{ij}},\tilde{F}_{\alpha_{ij}}\rangle$。其中 $\tilde{T}_{\alpha_{ij}}$ 表示真实程度，$\tilde{I}_{\alpha_{ij}}$ 表示不确定程度，$\tilde{F}_{\alpha_{ij}}$ 表示谬误度。

本节通过两两比较建立扩展的 QUALIFLEX 方法，用来解决多值中智环境下的多准则决策问题。下面给出决策方法的具体步骤。

步骤 1 决策矩阵规范化。

一般情况下，多准则决策问题的准则分为效益型和成本型两种。根据参考文献［129］中直觉模糊数的规范方法，成本型准则可以通过以下方式转化为效益型准则：

$$\beta_{ij}=\begin{cases}\alpha_{ij}, & \text{效益型 } c_j\\ (\alpha_{ij})^C, & \text{成本型 } c_j\end{cases}\quad (i=1,2,\cdots,n;\ j=1,2,\cdots,m) \tag{6-5}$$

其中$(\alpha_{ij})^C$ 表示 α_{ij}的补集，可根据定义 3-5 进行计算。

步骤 2 确定所有方案的排列组合。

给定方案集 α，假定方案存在 $n!$ 个排列组合。P^{τ} 表示第 τ 个排列组合，则：

$$P^{\tau}=(\cdots,\alpha_\delta,\cdots,\alpha_\theta,\cdots)\quad (\tau=1,2,\cdots,n!) \tag{6-6}$$

其中 $\alpha_\delta,\alpha_\theta\in\alpha$，且方案 α_δ 要优于或等于方案 α_θ。

步骤 3 计算可能度。

根据定义 6-1，基于$(\alpha_\delta,\alpha_\theta)(\alpha_\delta,\alpha_\theta\in\alpha)$的可能度关系 $P(\alpha_{\delta j},\alpha_{\theta j})$可以表示为：

$$P(\alpha_{\delta j},\alpha_{\theta j})=\frac{1}{3}(P(\tilde{T}_{\alpha_{\delta j}},\tilde{T}_{\alpha_{\theta j}})+P(\tilde{I}_{\alpha_{\delta j}},\tilde{I}_{\alpha_{\theta j}})+P(\tilde{F}_{\alpha_{\delta j}},\tilde{F}_{\alpha_{\theta j}})) \tag{6-7}$$

每一对方案$(\alpha_\delta,\alpha_\theta)$都需要考虑所有的准则 $c_j\in C$，则可以确定相应的排列组合 P^τ。根据定义 6-1 以及偏好关系 $P(\alpha_{\delta j},\alpha_{\theta j})$，则有以下结论成立：（1）若 $P(\alpha_{\delta j},\alpha_{\theta j})>0.5$，则两个方案存在一致性；（2）若 $P(\alpha_{\delta j},\alpha_{\theta j})=0.5$，则两个方案存在无差别性；（3）若 $P(\alpha_{\delta j},\alpha_{\theta j})<0.5$，则两个方案存在非一致性。$P(\alpha_{\delta j},\alpha_{\theta j})$越大，则一致性越大。

步骤 4 计算加权一致性指数。

根据准则权重 $w_j(j=1,2,\cdots,m)$，每一对方案$(\alpha_\delta,\alpha_\theta)(\alpha_\delta,\alpha_\theta\in\alpha)$的加权一致性指数可以表示为：

$$\varphi^\tau(\alpha_\delta,\alpha_\theta)=\sum_{j=1}^{m}(P(\alpha_{\delta j},\alpha_{\theta j})\cdot w_j)\tag{6-8}$$

步骤 5 计算综合一致性指数。

根据步骤 4，每一个排列组合 $P^\tau(\tau=1,2,\cdots,n!)$的综合一致性指数为：

$$\varphi^\tau=\sum_{\alpha_\delta,\alpha_\theta\in\alpha}\varphi^\tau(\alpha_\delta,\alpha_\theta)\tag{6-9}$$

同时，综合一致性指数 φ^τ 可以作为方案排序的评价标准。

步骤 6 确定方案排序。

排列组合的综合指数越大，则方案排序越优。因此，通过比较每一排序 P^τ 的综合指数值 φ^τ，选取最大值 φ^τ，即

$$P^*=\max_{\tau=1}^{n!}\{\varphi^\tau\}\tag{6-10}$$

6.1.3 案例分析

考虑汽车制造企业绿色供应商的选择问题（改编自参考文献[182]）。评价的标准是制造的整个过程中能够降低环境的影响，且能达到提高收益的目标。因此，如何从几个供应商中选择一个合适的供应商就是一个多准则决策问题。假定有三个供应商 $\alpha_i(i=1,2,3)$可供选择，每个供应商都有九个评价准则 $c_j(j=1,2,\cdots,9)$：c_1 为环境污染，c_2 为资源消费，c_3 为生态设计，c_4 为绿色概念，c_5 为环境管理系统，c_6 为管理者对绿色供应活动承担的义务，c_7 为

环境保护技术，c_8 为环境保护材料的使用，c_9 为工作人员对环境保护的意识程度，其中 c_1 是成本型准则，其他都是效益型准则，具体描述见表 6-1。企业对准则提供的相应权重为：$w=(0.1226, 0.0900, 0.1311, 0.1415, 0.1303, 0.1017, 0.0846, 0.0974, 0.1008)$。该企业业务经理、购买部经理与负责环境保护的经理分别对三个供应商的每一个准则进行评估，且以多值中智数的形式给出。在评价信息收集过程中，对于每一个参数，同一个值重复多次并不意味着它比其他值重要，有可能在这个领域的专家给出了一个值，而非此领域的专家则给出了两个相同的值。此方法仅适用于决策者数量比较少的情况，同一个决策者可以给出多个值，但若多个决策者对某一参数给出同一个数值，则只计数一次。对于每个供应商在每一个准则下的评价信息见表 6-2。

表 6-1　供应商评价准则

准则	名　称	说　明
c_1	环境污染	在生产过程中，平均每天释放的污染物、浪费的材料以及有害物质
c_2	资源消费	在生产过程中，原材料、能源与水等资源的消耗
c_3	生态设计	用于减少原材料消耗的产品设计、产品回收、原材料的恢复等
c_4	绿色概念	绿色客户占总客户的比例
c_5	环境管理系统	环境证书（如 ISO 1400）、环境政策、环境目标的规划、所有环境活动的检验与控制
c_6	管理者对绿色供应活动承担的义务	中高级管理者对提高绿色供应链活动的承诺与支持
c_7	环境保护技术	利用环保技术保护自然环境与资源，抑制人类活动的负面影响
c_8	环境保护材料的使用	在产品生产过程中，可循环材料的使用水平
c_9	工作人员对环境保护的意识程度	对员工进行环境保护培训

表 6-2 决策者对供应商的评价

准则	供应商		
	α_1	α_2	α_3
c_1	⟨{0.3,0.7},{0.4},{0.2}⟩	⟨{0.3,0.5},{0.5},{0.2}⟩	⟨{0.4,0.7},{0.3},{0.1,0.2}⟩
c_2	⟨{0.5,0.6},{0.3},{0.4}⟩	⟨{0.4},{0.5},{0.2}⟩	⟨{0.6},{0.3},{0.1,0.2}⟩
c_3	⟨{0.4},{0.6},{0.4}⟩	⟨{0.5,0.7},{0.3},{0.3}⟩	⟨{0.5},{0.4},{0.3}⟩
c_4	⟨{0.7},{0.3},{0.2}⟩	⟨{0.3,0.4},{0.2},{0.4}⟩	⟨{0.4,0.6},{0.1},{0.3}⟩
c_5	⟨{0.5},{0.2},{0.1}⟩	⟨{0.5},{0.4},{0.1}⟩	⟨{0.4,0.7},{0.2},{0.5}⟩
c_6	⟨{0.6,0.7},{0.3},{0.2}⟩	⟨{0.6},{0.5,0.6},{0.3}⟩	⟨{0.5,0.6},{0.2},{0.6}⟩
c_7	⟨{0.6,0.9},{0.6},{0.4}⟩	⟨{0.6,0.8},{0.4},{0.6}⟩	⟨{0.5,0.8},{0.2},{0.4}⟩
c_8	⟨{0.6,0.8},{0.3},{0.5}⟩	⟨{0.7,0.9},{0.2},{0.4}⟩	⟨{0.6},{0.1,0.5},{0.3}⟩
c_9	⟨{0.7,0.9},{0.3},{0.6}⟩	⟨{0.6,0.8},{0.2},{0.4}⟩	⟨{0.6,0.8},{0.3},{0.4}⟩

下面利用前文所提出的基于可能度的扩展的 QUALIFLEX 方法进行求解。

步骤 1 决策矩阵规范化。

由于 c_1 是成本型准则且其他准则是效益型准则，根据公式（6-5），可得规范化的多值中智决策矩阵 $\tilde{\boldsymbol{R}}^k=(\beta_{ij}^k)_{4\times3}$，见表 6-3。

表 6-3 规范化的决策矩阵

准则	供应商		
	α_1	α_2	α_3
c_1	⟨{0.2},{0.6},{0.3,0.7}⟩	⟨{0.2},{0.5},{0.3,0.5}⟩	⟨{0.1,0.2},{0.7},{0.4,0.7}⟩
c_2	⟨{0.5,0.6},{0.3},{0.4}⟩	⟨{0.4},{0.5},{0.2}⟩	⟨{0.6},{0.3},{0.1,0.2}⟩
c_3	⟨{0.4},{0.6},{0.4}⟩	⟨{0.5,0.7},{0.3},{0.3}⟩	⟨{0.5},{0.4},{0.3}⟩
c_4	⟨{0.7},{0.3},{0.2}⟩	⟨{0.3,0.4},{0.2},{0.4}⟩	⟨{0.4,0.6},{0.1},{0.3}⟩
c_5	⟨{0.5},{0.2},{0.1}⟩	⟨{0.5},{0.4},{0.1}⟩	⟨{0.4,0.7},{0.2},{0.5}⟩
c_6	⟨{0.6,0.7},{0.3},{0.2}⟩	⟨{0.6},{0.5,0.6},{0.3}⟩	⟨{0.5,0.6},{0.2},{0.6}⟩
c_7	⟨{0.6,0.9},{0.6},{0.4}⟩	⟨{0.6,0.8},{0.4},{0.6}⟩	⟨{0.5,0.8},{0.2},{0.4}⟩
c_8	⟨{0.6,0.8},{0.3},{0.5}⟩	⟨{0.7,0.9},{0.2},{0.4}⟩	⟨{0.6},{0.1,0.5},{0.3}⟩
c_9	⟨{0.7,0.9},{0.3},{0.6}⟩	⟨{0.6,0.8},{0.2},{0.4}⟩	⟨{0.6,0.8},{0.3},{0.4}⟩

步骤 2 确定方案的所有排列组合。

由于 $n=3$，则存在 6（3! = 6）个排列组合：$P^1=(\alpha_1,\alpha_2,\alpha_3)$，$P^2=(\alpha_1,\alpha_3,\alpha_2)$，$P^3=(\alpha_2,\alpha_1,\alpha_3)$，$P^4=(\alpha_2,\alpha_3,\alpha_1)$，$P^5=(\alpha_3,\alpha_1,\alpha_2)$，$P^6=(\alpha_3,\alpha_2,\alpha_1)$。

步骤 3 计算可能度。

分别根据真实程度、不确定程度与谬误度的可能度 $P(\tilde{T}_{\alpha_{\delta j}},\tilde{T}_{\alpha_{\theta j}})$，$P(\tilde{I}_{\alpha_{\delta j}},\tilde{I}_{\alpha_{\theta j}})$ 与 $P(\tilde{F}_{\alpha_{\delta j}},\tilde{F}_{\alpha_{\theta j}})$，可得每两个方案的可能度 $P(\alpha_{\delta j},\alpha_{\theta j})$，见表 6-4。

表 6-4 可能度 $P(\alpha_{\delta j},\alpha_{\theta j})$ 的计算结果

准则	$P(\tilde{T}_{\alpha_{1j}},\tilde{T}_{\alpha_{2j}})$	$P(\tilde{I}_{\alpha_{1j}},\tilde{I}_{\alpha_{2j}})$	$P(\tilde{F}_{\alpha_{1j}},\tilde{F}_{\alpha_{2j}})$	$P(\alpha_{1j},\alpha_{2j})$	$P(\tilde{T}_{\alpha_{1j}},\tilde{T}_{\alpha_{3j}})$	$P(\tilde{I}_{\alpha_{1j}},\tilde{I}_{\alpha_{3j}})$	$P(\tilde{F}_{\alpha_{1j}},\tilde{F}_{\alpha_{3j}})$	$P(\alpha_{1j},\alpha_{3j})$
c_1	0.5000	0.5455	0.4604	0.5020	0.5833	0.5385	0.5338	0.5519
c_2	0.5778	0.6250	0.3333	0.5120	0.4773	0.5000	0.2667	0.4146
c_3	0.4040	0.3333	0.4286	0.3886	0.4444	0.4000	0.4286	0.4243
c_4	0.6682	0.4000	0.6667	0.5783	0.5874	0.2500	0.6000	0.4791
c_5	0.5000	0.6667	0.5000	0.5556	0.4861	0.5000	0.8333	0.6065
c_6	0.5192	0.6458	0.6000	0.5884	0.5418	0.4000	0.7500	0.5639
c_7	0.5145	0.4000	0.6000	0.5048	0.5366	0.2500	0.5000	0.4289
c_8	0.4664	0.4000	0.4444	0.4369	0.5357	0.4375	0.3750	0.4494
c_9	0.5336	0.4000	0.4000	0.4445	0.5336	0.5000	0.4000	0.4779

准则	$P(\tilde{T}_{\alpha_{2j}},\tilde{T}_{\alpha_{1j}})$	$P(\tilde{I}_{\alpha_{2j}},\tilde{I}_{\alpha_{1j}})$	$P(\tilde{F}_{\alpha_{2j}},\tilde{F}_{\alpha_{1j}})$	$P(\alpha_{2j},\alpha_{1j})$	$P(\tilde{T}_{\alpha_{2j}},\tilde{T}_{\alpha_{3j}})$	$P(\tilde{I}_{\alpha_{2j}},\tilde{I}_{\alpha_{3j}})$	$P(\tilde{F}_{\alpha_{2j}},\tilde{F}_{\alpha_{3j}})$	$P(\alpha_{2j},\alpha_{3j})$
c_1	0.5000	0.4545	0.5396	0.4980	0.5833	0.5833	0.5748	0.5805
c_2	0.4222	0.3750	0.6667	0.4880	0.4000	0.3750	0.4167	0.3972
c_3	0.5960	0.6667	0.5714	0.6114	0.5417	0.5714	0.5000	0.5377
c_4	0.3318	0.6000	0.3333	0.4217	0.4155	0.3333	0.4286	0.3925
c_5	0.5000	0.3333	0.5000	0.4444	0.4861	0.3333	0.8333	0.5509
c_6	0.4808	0.3542	0.4000	0.4116	0.5227	0.2679	0.6667	0.4858
c_7	0.4855	0.6000	0.4000	0.4952	0.5224	0.3333	0.4000	0.4186
c_8	0.5336	0.6000	0.5556	0.5631	0.5692	0.5238	0.4286	0.5072
c_9	0.4664	0.6000	0.6000	0.5555	0.5000	0.6000	0.5000	0.5333

续表

准则	$P(\tilde{T}_{\alpha_{3j}},\tilde{T}_{\alpha_{1j}})$	$P(\tilde{I}_{\alpha_{3j}},\tilde{I}_{\alpha_{1j}})$	$P(\tilde{F}_{\alpha_{3j}},\tilde{F}_{\alpha_{1j}})$	$P(\alpha_{3j},\alpha_{1j})$	$P(\tilde{T}_{\alpha_{3j}},\tilde{T}_{\alpha_{2j}})$	$P(\tilde{I}_{\alpha_{3j}},\tilde{I}_{\alpha_{2j}})$	$P(\tilde{F}_{\alpha_{3j}},\tilde{F}_{\alpha_{2j}})$	$P(\alpha_{3j},\alpha_{2j})$
c_1	0. 4167	0. 4615	0. 4662	0. 4481	0. 4167	0. 4167	0. 4252	0. 4195
c_2	0. 5227	0. 5000	0. 7333	0. 5854	0. 6000	0. 6250	0. 5833	0. 6028
c_3	0. 5556	0. 6000	0. 5714	0. 5757	0. 4583	0. 4286	0. 5000	0. 4623
c_4	0. 4126	0. 7500	0. 4000	0. 5209	0. 5845	0. 6667	0. 5714	0. 6075
c_5	0. 5139	0. 5000	0. 1667	0. 3935	0. 5139	0. 6667	0. 1667	0. 4491
c_6	0. 4582	0. 6000	0. 2500	0. 4361	0. 4773	0. 7321	0. 3333	0. 5142
c_7	0. 4634	0. 7500	0. 5000	0. 5711	0. 4776	0. 6667	0. 6000	0. 5814
c_8	0. 4643	0. 5625	0. 6250	0. 5506	0. 4308	0. 4762	0. 5714	0. 4928
c_9	0. 4664	0. 5000	0. 6000	0. 5221	0. 5000	0. 4000	0. 5000	0. 4667

步骤 4 计算加权一致性指数。

根据公式(6-8)以及步骤 3 中的可能度 $P(\alpha_{\delta j},\alpha_{\theta j})$，计算出每一对方案 $(\alpha_{\delta},\alpha_{\theta})$ $(\alpha_{\delta},\alpha_{\theta}\in\alpha)$ 的加权一致性指数 $\varphi^{\tau}(\alpha_{\delta},\alpha_{\theta})$，结果见表 6-5。

表 6-5 加权一致性指数

可能度	加权一致性指数			可能度	加权一致性指数		
P^1	$\varphi^1(\alpha_1,\ \alpha_2)$	$\varphi^1(\alpha_1,\ \alpha_3)$	$\varphi^1(\alpha_2,\ \alpha_3)$	P^2	$\varphi^2(\alpha_1,\ \alpha_3)$	$\varphi^2(\alpha_1,\ \alpha_2)$	$\varphi^2(\alpha_3,\ \alpha_2)$
	0. 5027	0. 4902	0. 4927		0. 4902	0. 5027	0. 5073
P^3	$\varphi^3(\alpha_2,\ \alpha_1)$	$\varphi^3(\alpha_2,\ \alpha_3)$	$\varphi^3(\alpha_1,\ \alpha_3)$	P^4	$\varphi^4(\alpha_2,\ \alpha_3)$	$\varphi^4(\alpha_2,\ \alpha_1)$	$\varphi^4(\alpha_3,\ \alpha_1)$
	0. 4973	0. 4927	0. 4902		0. 4927	0. 4973	0. 5098
P^5	$\varphi^5(\alpha_3,\ \alpha_1)$	$\varphi^5(\alpha_3,\ \alpha_2)$	$\varphi^5(\alpha_1,\ \alpha_2)$	P^6	$\varphi^6(\alpha_3,\ \alpha_2)$	$\varphi^6(\alpha_3,\ \alpha_1)$	$\varphi^6(\alpha_2,\ \alpha_1)$
	0. 5098	0. 5073	0. 5027		0. 5073	0. 5098	0. 4973

步骤 5 计算综合一致性指数。

根据公式（6-9），可得综合一致性指数：$\varphi^1=1.4856$；$\varphi^2=1.5002$；$\varphi^3=1.4802$；$\varphi^4=1.4997$；$\varphi^5=1.5198$；$\varphi^6=1.5144$。

步骤 6 确定方案的最终排序。

根据步骤 5 的计算结果以及公式（6-9），可得 $\varphi^5>\varphi^6>\varphi^2>\varphi^4>\varphi^1>\varphi^3$ 且 $P^*=\max_{\tau=1}^{n!}\{\varphi^{\tau}\}=P^5$。因此，三个供应商的最终排序为：$\alpha_3>\alpha_1>\alpha_2$。最优方

案为 α_3。

6.2 基于距离的 QUALIFLEX 多值中智多准则决策方法

6.2.1 多值中智数与理想解的距离

根据多值中智数 Hausdorff 距离，有以下性质成立。

性质 6-3 给定 $A=\langle \tilde{T}_A, \tilde{I}_A, \tilde{F}_A \rangle$ 与 $B=\langle \tilde{T}_B, \tilde{I}_B, \tilde{F}_B \rangle$ 多值中智数，且 $\tilde{1}=\langle 1, 0, 0\rangle$ 是理想的多值中智数，d 表示 A 与 $\tilde{1}$ 之间的一般 Hausdorff 距离，则有：

（1）$\forall A \in MVNSS$，$0 \leqslant d(A, \tilde{1}) \leqslant 1$；

（2）$d(\tilde{1}, \tilde{1})=0$；

（3）$\forall A \in MVNSS$，$d(A, \tilde{1})=d(\tilde{1}, A)$；

（4）$\forall A, B \in MVNSS$，若 $A \leqslant B$，则 $d(A, \tilde{1}) \geqslant d(B, \tilde{1})$。

性质 6-4 给定 A 与 B 两个多值中智数，且 $\tilde{1}=\langle 1, 0, 0\rangle$ 为理想的多值中智数，则 A 与 $\tilde{1}$ 之间的距离比 B 与 $\tilde{1}$ 之间的距离大的充分必要条件是 $d(A, \tilde{1})>d(B, \tilde{1})$。

注：对于任意两个多值中智数 A 与 B，且一般的 Hausdorff 距离 $d(A, \tilde{1})$ 与 $d(B, \tilde{1})$ 为实数，则两个距离满足一定的线性关系：$d(A, \tilde{1})>d(B, \tilde{1})$，$d(A, \tilde{1})=d(B, \tilde{1})$ 或者 $d(A, \tilde{1})<d(B, \tilde{1})$。因此，两个多值中智数的比较可以通过与理想解 $\tilde{1}$ 之间的一般 Hausdorff 距离来描述。

定义 6-3 给定 A 与 B 两个多值中智数，且 $\tilde{1}=\langle 1, 0, 0\rangle$ 为理想中智数，$d(A, \tilde{1})$ 与 $d(B, \tilde{1})$ 分别表示两个多值中智数与理想解之间的 Hausdorff 距离，则有：

（1）若 $d(A, \tilde{1})>d(B, \tilde{1})$，则 A 劣于 B，记为 $A \prec B$；

（2）若 $d(A, \tilde{1})<d(B, \tilde{1})$，则 A 优于 B，记为 $A \succ B$；

（3）若 $d(A,\tilde{1})=d(B,\tilde{1})$，则 A 与 B 无差别，记为 $A\sim B$。

例 6-3　给定 $A=\langle\{0.4,0.7\},\{0.1\},\{0.3\}\rangle$ 与 $B=\langle\{0.5,0.6\},\{0.1\},\{0.2\}\rangle$ 两个多值中智数，且 $\tilde{1}=\langle 1,0,0\rangle$ 为正理想解。

（1）根据定义 4-1 中的比较方法可得 $\gamma_A^{\sigma(1)}\leqslant\gamma_B^{\sigma(1)}$ 且 $\gamma_A^{\sigma(2)}\leqslant\gamma_B^{\sigma(2)}$，则有 $A\leqslant B$；

（2）根据定义 4-6，有 $d(A,\tilde{1})=0.2833$ 与 $d(B,\tilde{1})=0.2500$。再根据定义 6-3，可得 $d(A,\tilde{1})>d(B,\tilde{1})$，则 A 劣于 B，即 $A<B$。

6.2.2　基于距离的 QUALIFLEX 多准则决策方法

假定 $A=\{\alpha_1,\alpha_2,\cdots,\alpha_n\}$ 为方案集，准则集为 $C=\{c_1,c_2,\cdots,c_m\}$，且准则相应的权重为 $w_j=\langle\tilde{T}_{w_j},\tilde{I}_{w_j},\tilde{F}_{w_j}\rangle(j=1,2,\cdots,m)$。设 $\boldsymbol{R}=(\alpha_{ij})_{n\times m}$ 为多值中智决策矩阵，决策者对每一方案下每一准则的评价值以多值中智数的形式给出，即 $\alpha_{ij}=\langle\tilde{T}_{\alpha_{ij}},\tilde{I}_{\alpha_{ij}},\tilde{F}_{\alpha_{ij}}\rangle$，其中 $\tilde{T}_{(\cdot)}$ 表示真实程度，$\tilde{I}_{(\cdot)}$ 表示不确定程度，$\tilde{F}_{(\cdot)}$ 表示谬误度。

针对准则评价信息与权重都以多值中智数表示的多准则决策问题，本小节所提方法主要是通过计算多值中智数与理想解之间的距离来确定所有方案排列组合的一致性指数。

因此，针对每一组方案 $(\alpha_\delta,\alpha_\theta)(\alpha_\delta,\alpha_\theta\in\alpha)$ 在准则 c_j 下的一致性指数 $\varphi_j^\tau(\alpha_\delta,\alpha_\theta)$ 可以表示为：

$$\varphi_j^\tau(\alpha_\delta,\alpha_\theta)=d(\beta_{\delta j},\tilde{1})-d(\beta_{\theta j},\tilde{1})\tag{6-11}$$

根据定义 6-3 中的基于距离的比较方法，有以下结论：

（1）若 $\varphi_j^\tau(\alpha_\delta,\alpha_\theta)>0$，即 $d(\beta_{\delta j},\tilde{1})>d(\beta_{\theta j},\tilde{1})$，则方案 α_θ 在准则 c_j 下要优于 α_δ。因此，基于一般的 Hausdorff 距离的排序与第 τ 个排列组合条件下 α_δ 与 α_θ 之间的排序存在一致性；

（2）若 $\varphi_j^\tau(\alpha_\delta,\alpha_\theta)=0$，即 $d(\beta_{\delta j},\tilde{1})=d(\beta_{\theta j},\tilde{1})$，则在一般基于 Hausdorff 距离的排序与第 τ 个排列组合下，α_δ 与 α_θ 具有同样的排序；

（3）若 $\varphi_j^\tau(\alpha_\delta,\alpha_\theta)<0$，即 $d(\beta_{\delta j},\tilde{1})<d(\beta_{\theta j},\tilde{1})$，则方案 α_δ 在准则 c_j 下要优于 α_θ。因此，基于一般的 Hausdorff 距离的排序与第 τ 个排列组合条件下 α_δ 与 α_θ 之间的排序存在非一致性。

步骤 1 决策矩阵规范化。

一般情况下，多准则决策问题的准则分为效益型和成本型两种。根据参考文献［129］中直觉模糊数的规范方法，成本型准则可以通过以下方式转化为效益型准则：

$$\beta_{ij}=\begin{cases}\alpha_{ij}, & \text{效益型 } c_j \\ (\alpha_{ij})^C, & \text{成本型 } c_j\end{cases}\quad (i=1,2,\cdots,n;\ j=1,2,\cdots,m) \tag{6-12}$$

其中$(\alpha_{ij})^C$ 表示 α_{ij}的补集，可根据定义 3-5 进行计算。

步骤 2 确定所有方案的排列组合。

给定方案集 α，假定方案存在 $n!$ 个排列组合。P^τ 表示第 τ 个排列组合：

$$P^\tau=(\cdots,\alpha_\delta,\cdots,\alpha_\theta,\cdots)\quad (\tau=1,2,\cdots,n!) \tag{6-13}$$

其中 $\alpha_\delta,\alpha_\theta\in\alpha$，且方案 α_δ 要优于或等于方案 α_θ。

步骤 3 计算一致性指数。

根据公式（6-11），计算第 τ 个排列组合每一对方案$(\alpha_\delta,\alpha_\theta)$在准则 c_j 下的一致性指数 $\varphi_j^\tau(\alpha_\delta,\alpha_\theta)$。

步骤 4 计算加权一致性指数。

考虑到准则 $c_j\in C$ 的权重都是多值中智数，根据多值中智数的一般 Hausdorff 距离，可以计算出每一对方案$(\alpha_\delta,\alpha_\theta)(\alpha_\delta,\alpha_\theta\in\alpha)$的加权一致性指数 $\varphi^\tau(\alpha_\delta,\alpha_\theta)$：

$$\varphi^\tau(\alpha_\delta,\alpha_\theta)=\sum_{j=1}^{m}\varphi_j^\tau(\alpha_\delta,\alpha_\theta)\cdot(1-d(w_j,\tilde{1})) \tag{6-14}$$

步骤 5 计算综合一致性指数。

根据步骤 4，计算第 τ 个排列组合的综合一致性指数 φ^τ：

$$\varphi^{\tau} = \sum_{\alpha_{\delta},\alpha_{\theta} \in \alpha} \varphi^{\tau}(\alpha_{\delta},\alpha_{\theta}) \tag{6-15}$$

步骤 6　确定最终的排序。

根据多值中智数基于一般 Hausdorff 距离的比较方法可知，综合一致性指数越大，则方案的排序越优。因此，通过比较每一个排列组合 P^{τ} 的综合一致性指数 φ^{τ}，用以确定最终的排序，即

$$P^{*} = \max_{\tau=1}^{n!}\{\varphi^{\tau}\} \tag{6-16}$$

6.2.3　案例分析

考虑患者治疗方案选择问题，本案例改编于参考文献［192］。有一个 48 岁的妇女患有糖尿病，医生诊断出她患有炎症性的脱髓鞘损疾病。医生通过对患者的病史评估以及当前的身体条件提供了三种治疗方案。因此，如何选择合适的治疗方案就是一个多准则决策问题。假定有三个供选方案 $\alpha_i(i=1,2,3)$，包括类固醇治疗方案 α_1，血浆置换方案 α_2，以及清蛋白免疫治疗方案 α_3。每一个治疗方案都基于九个准则之上，记为 $c_j(j=1,2,\cdots,9)$：c_1 为存活率，c_2 为负面效应的严重性，c_3 为并发症的严重性，c_4 为痊愈的概率，c_5 为治疗过程中不舒服的程度，c_6 为成本，c_7 为住院的天数，c_8 为复发的概率，c_9 为患者自愈康复的能力。显然，其中 c_1，c_4 与 c_9 是效益型准则，其他是成本型准则。在评价信息收集过程中，对于每一个参数，同一个值重复多次并不意味着它比其他值重要，有可能在这个领域的专家给出了一个值，而非此领域的专家则给出了两个相同的值。此方法仅适用于决策者数量比较少的情况，同一个决策者可以给出多个值，但若多个决策者对某一参数给出同一个数值，则只计数一次。决策者根据九个准则对三个方案进行评估且以多值中智数的形式表示。由决策者提供的权重信息为：$w_1=\langle\{0.6,0.7\},\{0.2\},\{0.1\}\rangle$，$w_2=\langle\{0.5,0.6\},\{0.2\},\{0.2\}\rangle$，$w_3=\langle\{0.5\},\{0.2\},\{0.1,0.3\}\rangle$，$w_4=\langle\{0.3,0.4,0.5\},\{0.3\},\{0.1\}\rangle$，$w_5=\langle\{0.2,0.5\},\{0.1,0.2\},\{0.2\}\rangle$，$w_6=\langle\{0.4\},\{0.3\},\{0.3\}\rangle$，$w_7=\langle\{0.3,0.4,0.6\},\{0.1\},\{0.2\}\rangle$，$w_8=\langle\{0.7,0.8\},\{0.3\},\{0.1,0.2\}\rangle$ 与 $w_9=\langle\{0.2,0.4\},\{0.1\},\{0.1\}\rangle$。决策者对三个方案的评价信息见表 6-6。

表 6-6 评价信息

准则	方案		
	α_1	α_2	α_3
c_1	⟨{0.3,0.6,0.7},{0.4},{0.2}⟩	⟨{0.3,0.5},{0.3},{0.2}⟩	⟨{0.4,0.6,0.7},{0.3},{0.2}⟩
c_2	⟨{0.2},{0.7},{0.5,0.7}⟩	⟨{0.2},{0.9},{0.4}⟩	⟨{0.1,0.2},{0.8},{0.4,0.6}⟩
c_3	⟨{0.1},{0.8},{0.4,0.6}⟩	⟨{0.1},{0.9},{0.5,0.6,0.7}⟩	⟨{0.3},{0.8},{0.5}⟩
c_4	⟨{0.5,0.6,0.7},{0.2},{0.2}⟩	⟨{0.2,0.3,0.4},{0.2},{0.3}⟩	⟨{0.3,0.4,0.6},{0.1},{0.3}⟩
c_5	⟨{0.1},{0.8},{0.5}⟩	⟨{0.1},{0.7},{0.3,0.5}⟩	⟨{0.2},{0.8},{0.4}⟩
c_6	⟨{0.1},{0.9},{0.6,0.7}⟩	⟨{0.3},{0.8},{0.6}⟩	⟨{0.1},{0.8},{0.5,0.6,0.8}⟩
c_7	⟨{0.2},{0.9},{0.4,0.6,0.9}⟩	⟨{0.2},{0.6},{0.6,0.8}⟩	⟨{0.1},{0.8},{0.5,0.7,0.8}⟩
c_8	⟨{0.1},{0.7},{0.6,0.8}⟩	⟨{0.1},{0.8},{0.7,0.9}⟩	⟨{0.3},{0.9},{0.7}⟩
c_9	⟨{0.7,0.8,0.9},{0.1},{0.1}⟩	⟨{0.6,0.7,0.8},{0.2},{0.3}⟩	⟨{0.6,0.9},{0.2},{0.2}⟩

下面给出获得最优方案的详细决策过程。

步骤 1 决策矩阵规范化。

由于 c_1，c_4 与 c_9 是效益型准则，其他都是成本型准则。因此，根据公式(6-12)，规范化的决策矩阵见表 6-7。

表 6-7 规范化的决策矩阵

准则	方案		
	α_1	α_2	α_3
c_1	⟨{0.3,0.6,0.7},{0.1},{0.2}⟩	⟨{0.3,0.5},{0.1},{0.2}⟩	⟨{0.4,0.6,0.7},{0.3},{0.2}⟩
c_2	⟨{0.5,0.7},{0.3},{0.2}⟩	⟨{0.4},{0.1},{0.2}⟩	⟨{0.4,0.6},{0.2},{0.1,0.2}⟩
c_3	⟨{0.4,0.6},{0.2},{0.1}⟩	⟨{0.5,0.6,0.7},{0.1},{0.1}⟩	⟨{0.5},{0.2},{0.3}⟩
c_4	⟨{0.5,0.6,0.7},{0.2},{0.2}⟩	⟨{0.2,0.3,0.4},{0.2},{0.3}⟩	⟨{0.3,0.4,0.6},{0.1},{0.3}⟩
c_5	⟨{0.5},{0.2},{0.1}⟩	⟨{0.3,0.5},{0.3},{0.1}⟩	⟨{0.4},{0.2},{0.2}⟩
c_6	⟨{0.6,0.7},{0.1},{0.1}⟩	⟨{0.6},{0.2},{0.3}⟩	⟨{0.5,0.6,0.8},{0.2},{0.1}⟩
c_7	⟨{0.4,0.6,0.9},{0.1},{0.2}⟩	⟨{0.6,0.8},{0.4},{0.2}⟩	⟨{0.5,0.7,0.8},{0.2},{0.1}⟩
c_8	⟨{0.6,0.8},{0.3},{0.1}⟩	⟨{0.7,0.9},{0.2},{0.1}⟩	⟨{0.7},{0.1},{0.3}⟩
c_9	⟨{0.7,0.8,0.9},{0.1},{0.1}⟩	⟨{0.6,0.7,0.8},{0.2},{0.3}⟩	⟨{0.6,0.9},{0.2},{0.2}⟩

步骤 2　确定方案的所有排列组合。

由于 3! =6，因此存在 6 个排列组合：$P^1=(\alpha_1,\alpha_2,\alpha_3)$，$P^2=(\alpha_1,\alpha_3,\alpha_2)$，$P^3=(\alpha_2,\alpha_1,\alpha_3)$，$P^4=(\alpha_2,\alpha_3,\alpha_1)$，$P^5=(\alpha_3,\alpha_1,\alpha_2)$，$P^6=(\alpha_3,\alpha_2,\alpha_1)$。

步骤 3　计算一致性指数 $\varphi_j^\tau(\alpha_\delta,\alpha_\theta)$。

根据公式（6-11），计算排列组合 P^τ 下每一对方案$(\alpha_\delta,\alpha_\theta)(\alpha_\delta,\alpha_\theta\in\alpha)$在准则 c_j 下的一致性指数 $\varphi_j^\tau(\alpha_\delta,\alpha_\theta)$。为计算方便，取 $\lambda=1$，则一般的 Hausdorff 距离将退化为 Hamming-Hausdorff 距离，所得结果见表 6-8。

表 6-8　一致性指数

P^1	$\varphi_j^1(\alpha_1,\alpha_2)$	$\varphi_j^1(\alpha_1,\alpha_3)$	$\varphi_j^1(\alpha_2,\alpha_3)$	P^2	$\varphi_j^2(\alpha_1,\alpha_3)$	$\varphi_j^2(\alpha_1,\alpha_2)$	$\varphi_j^2(\alpha_3,\alpha_2)$
c_1	-0.0333	-0.0500	-0.0167	c_1	-0.0500	-0.0333	0.0167
c_2	0	0.0167	0.0167	c_2	0.0167	0	-0.0167
c_3	0.0667	-0.0667	-0.1333	c_3	-0.0667	0.0667	0.1333
c_4	-0.1333	-0.0500	0.0833	c_4	-0.0500	-0.1333	-0.0833
c_5	-0.0667	-0.0667	0	c_5	-0.0667	-0.0667	0
c_6	-0.1167	-0.0333	0.0833	c_6	-0.0333	-0.1167	-0.0833
c_7	-0.0833	-0.2776	0.0833	c_7	-0.2776	-0.0833	-0.0833
c_8	0.0667	0	-0.0667	c_8	0	0.0667	0.0667
c_9	-0.1333	-0.0833	0.0500	c_9	-0.0833	-0.1333	-0.0500

P^3	$\varphi_j^3(\alpha_2,\alpha_1)$	$\varphi_j^3(\alpha_2,\alpha_3)$	$\varphi_j^3(\alpha_1,\alpha_3)$	P^4	$\varphi_j^4(\alpha_2,\alpha_3)$	$\varphi_j^4(\alpha_2,\alpha_1)$	$\varphi_j^4(\alpha_3,\alpha_1)$
c_1	0.0333	-0.0167	-0.0500	c_1	-0.0167	0.0333	0.0500
c_2	0	0.0167	0.0167	c_2	0.0167	0	-0.0167
c_3	-0.0667	-0.1333	-0.0667	c_3	-0.1333	-0.0667	0.0667
c_4	0.1333	0.0833	-0.0500	c_4	0.0833	0.1333	0.0500
c_5	0.0667	0	-0.0667	c_5	0	0.0667	0.0667
c_6	0.1167	0.0833	-0.0333	c_6	0.0833	0.1167	0.0333
c_7	0.0833	0.0833	-0.2776	c_7	0.0833	0.0833	0.2776
c_8	-0.0667	-0.0667	0	c_8	-0.0667	-0.0667	0
c_9	0.1333	0.0500	-0.0833	c_9	0.0500	0.1333	0.0833

续表

P^5	$\varphi_j^5(\alpha_3,\alpha_1)$	$\varphi_j^5(\alpha_3,\alpha_2)$	$\varphi_j^5(\alpha_1,\alpha_2)$	P^6	$\varphi_j^6(\alpha_3,\alpha_2)$	$\varphi_j^6(\alpha_3,\alpha_1)$	$\varphi_j^6(\alpha_2,\alpha_1)$
c_1	0.0500	0.0167	−0.0333	c_1	0.0167	0.0500	0.0333
c_2	−0.0167	−0.0167	0	c_2	−0.0167	−0.0167	0
c_3	0.0667	0.1333	0.0667	c_3	0.1333	0.0667	−0.0667
c_4	0.0500	−0.0833	−0.1333	c_4	−0.0833	0.0500	0.1333
c_5	0.0667	0	−0.0667	c_5	0	0.0667	0.0667
c_6	0.0333	−0.0833	−0.1167	c_6	−0.0833	0.0333	0.1167
c_7	0.2776	−0.0833	−0.0833	c_7	−0.0833	0.2776	0.0833
c_8	0	0.0667	0.0667	c_8	0.0667	0	−0.0667
c_9	0.0833	−0.0500	−0.1333	c_9	−0.0500	0.0833	0.1333

步骤 4 计算加权一致性指数。

为了简单起见，令 $\lambda=1$，则可计算出每一个准则权重 w_j 与理想解 $\tilde{1}$ 之间的距离：$d(w_1,\tilde{1})=0.2167$，$d(w_2,\tilde{1})=0.2833$，$d(w_3,\tilde{1})=0.3000$，$d(w_4,\tilde{1})=0.3333$，$d(w_5,\tilde{1})=0.3333$，$d(w_6,\tilde{1})=0.4000$，$d(w_7,\tilde{1})=0.2833$，$d(w_8,\tilde{1})=0.2333$，$d(w_9,\tilde{1})=0.3000$。

根据公式（6-14），计算出加权一致性指数，见表 6-9。

表 6-9 加权一致性指数

可能度	加权一致性指数			可能度	加权一致性指数		
P^1	$\varphi^1(\alpha_1,\alpha_2)$	$\varphi^1(\alpha_1,\alpha_3)$	$\varphi^1(\alpha_2,\alpha_3)$	P^2	$\varphi^2(\alpha_1,\alpha_3)$	$\varphi^2(\alpha_1,\alpha_2)$	$\varphi^2(\alpha_3,\alpha_2)$
	−0.2846	−0.4289	0.0547		−0.4289	−0.2846	−0.0547
P^3	$\varphi^3(\alpha_2,\alpha_1)$	$\varphi^3(\alpha_2,\alpha_3)$	$\varphi^3(\alpha_1,\alpha_3)$	P^4	$\varphi^4(\alpha_2,\alpha_3)$	$\varphi^4(\alpha_2,\alpha_1)$	$\varphi^4(\alpha_3,\alpha_1)$
	0.2846	0.0547	−0.4289		0.0547	0.2846	0.4289
P^5	$\varphi^5(\alpha_3,\alpha_1)$	$\varphi^5(\alpha_3,\alpha_2)$	$\varphi^5(\alpha_1,\alpha_2)$	P^6	$\varphi^6(\alpha_3,\alpha_2)$	$\varphi^6(\alpha_3,\alpha_1)$	$\varphi^6(\alpha_2,\alpha_1)$
	0.4289	−0.0547	−0.2846		−0.0547	0.4289	0.2846

步骤 5 计算综合一致性指数。

根据公式（6-15），计算出综合一致性指数：$\varphi^1=-0.6588$，$\varphi^2=-0.7682$，

$\varphi^3=-0.0896$，$\varphi^4=0.7682$，$\varphi^5=0.0896$，$\varphi^6=0.6588$。

步骤 6　确定最优方案。

根据步骤 5 与公式（6-16）可得，$\varphi^4>\varphi^6>\varphi^5>\varphi^3>\varphi^1>\varphi^2$ 且 $P^*=\max_{\tau=1}^{n!}\{\varphi^\tau\}=P^4$。因此，最优排序为 $\alpha_2>\alpha_3>\alpha_1$，最佳方案为 α_2。

在步骤 3 与步骤 4 中利用一般多值中智 Hausdorff 距离计算一致性指数与加权一致性指数，下面通过 λ 的不同取值来观察排序的变化（灵敏度），具体结果见表 6-10。

表 6-10　灵敏度分析

λ	最终排序	最佳方案	最劣方案
$\lambda=1$	$\alpha_2>\alpha_3>\alpha_1$	α_2	α_1
$\lambda=2$	$\alpha_2>\alpha_3>\alpha_1$	α_2	α_1
$\lambda=5$	$\alpha_2>\alpha_3>\alpha_1$	α_2	α_1
$\lambda=10$	$\alpha_2>\alpha_3>\alpha_1$	α_2	α_1
$\lambda=20$	$\alpha_2>\alpha_1>\alpha_3$	α_2	α_3

由表 6-10 可知，不同的参数值可以反映出决策者的偏好，随着参数的变化，排序有微小的变化。然而，对于一般的 Hausdorff 距离，最优方案为 α_2，最劣方案是 α_1 或者 α_3。不同的距离测度能够给决策者提供更多的选择，而不同的参数值则能反映出决策者的风险态度。一般情况下，由于多值中智数中的三个参数值都在区间[0,1]内，因此数值之间的距离差非常小，若参数取值过大，则两个中智数之间的距离将越来越不明显，换言之，会影响决策结果的精度。

6.3　比较分析

为了验证所提出方法的可行性，本节对本章所提出的两种方法进行了比较分析。

由于 6.1 节中基于可能度的 QUALIFLEX 方法不能解决权重与准则评价信息同时为多值中智数的多准则决策问题，因此，比较分析需要对

6.2.3 小节中的案例权重信息进行修正。在此利用精度函数 $a(A)=\frac{1}{l_{\tilde{T}_A}\cdot l_{\tilde{I}_A}\cdot l_{\tilde{F}_A}}\sum_{\gamma_A\in\tilde{T}_A,\eta_A\in\tilde{I}_A,\xi_A\in\tilde{F}_A}(\gamma_A+\eta_A+\xi_A)/3$ 求出相应的权重，其中 $\gamma_A\in\tilde{T}_A$，$\eta_A\in\tilde{I}_A$ 且 $\xi_A\in\tilde{F}_A$；$l_{\tilde{T}_A}$，$l_{\tilde{I}_A}$ 与 $l_{\tilde{F}_A}$ 分别表示 $\tilde{T}_A$，$\tilde{I}_A$ 与 $\tilde{F}_A$ 中的元素个数。则可得规范化的权重：$w_1=0.1229$，$w_2=0.1229$，$w_3=0.1164$，$w_4=0.1035$，$w_5=0.0905$，$w_6=0.1293$，$w_7=0.0948$，$w_8=0.1552$，$w_9=0.0647$。分别利用不同方法对上述修正信息进行求解，则可得如下结论，见表 6-11。

表 6-11　比较分析

方法	6.1.3 小节案例		6.2.3 小节案例	
	最终排序	最佳方案	最终排序	最佳方案
基于可能度的 QUALIFLEX 方法	$\alpha_3>\alpha_1>\alpha_2$	α_3	$\alpha_2>\alpha_3>\alpha_1$	α_2
基于距离的 QUALIFLEX 方法	$\alpha_3>\alpha_1>\alpha_2$	α_3	$\alpha_2>\alpha_3>\alpha_1$	α_2

从表 6-11 中可以看出，当利用基于可能度的 QUALIFLEX 方法时，两个案例得到的最终排序为：$\alpha_3>\alpha_1>\alpha_2$ 与 $\alpha_2>\alpha_3>\alpha_1$，最优方案分别为 α_3 与 α_2；当利用基于距离的 QUALIFLEX 方法时，两个案例得到的最终排序仍然为：$\alpha_3>\alpha_1>\alpha_2$ 与 $\alpha_2>\alpha_3>\alpha_1$，最优方案仍为 α_3 与 α_2。显然，两种方法计算结果是一致的，从而验证了方法的有效性。同时，本章所提出的方法分别针对准则权重为数值或多值中智数的多准则决策问题，能确保最终排序的准确性，避免了偏好信息被丢失或扭曲，更符合现实决策问题。

本章所提出的两种基于 QUALIFLEX 的多值中智多准则决策方法与第 5 章中的方法类似，都可用于求解准则之间具有部分可补偿性的决策问题。但相比较而言，QUALIFLEX 决策方法则更适用于备选方案数目小于准则数目的多准则决策问题，且能处理准则权重信息完全确定或不完全确定、准则评价信息为多值中智数的决策问题。

6.4　本章小结

在实际的科学与工程问题中，存在大量信息不确定、信息不完全或信息不精确的多准则决策问题，而多值中智多准则决策方法则是解决此类问题的一个重要方法。在本章中，针对决策者评价信息为多值中智数的多准则决策问题，结合 QUALIFLEX 方法原理，提出了基于可能度的偏好关系，并在此基础上提出了基于可能度的 QUALIFLEX 多值中智多准则决策方法；同时，根据第 4 章的多值中智集的距离公式，提出了基于距离的 QUALIFLEX 多值中智多准则决策方法。最后，结合案例验证了所提出的两种方法的有效性和可行性。本章所提的方法的主要优势是有效处理准则权重与评价信息均为多值中智数的多准则决策问题，且更适用于候选方案数目远小于准则数目的多准则决策问题。

7 多值中智多准则决策方法在汽车零部件供应商选择中的应用

汽车工业是国民经济的支柱产业，是衡量一个国家发展水平的重要标志。然而，汽车是非常复杂和特殊的集合性产品，约由两万个零部件组成，而大部分零部件则由零部件供应商提供，供应商的业绩直接影响汽车制造企业的产品质量、交货水平、顾客满意度等方面。因此，如何对汽车零部件供应商进行评价与选择已成为学者们和汽车制造企业较为关注的问题。显然，供应商评价与选择过程是一个多准则决策问题，影响因素较多，且这些因素的影响难以用单一的精确数字来表示。模糊理论与灰色理论能表达决策者评价信息的不确定性，已在汽车零部件供应商评价与选择中得到了广泛应用[195-197]，这些评价方法在某种程度上推动了我国汽车零部件供应商管理的发展。然而，决策者选择目标时需要尽可能地避免失望或后悔，多个决策者对方案的评价可能持有不同的态度，即对方案的准则值有一定程度的支持、反对和不确定，且三个因素之间相互不受影响。此时，采用模糊集及其扩展形式（直觉/区间值直觉模糊集、犹豫/区间值犹豫模糊集）、灰色理论都无法较好地处理这类问题，而采用多值中智集则能准确地描述这类信息。因此，本章拟结合多值中智多准则决策方法对汽车零部件供应商的选择问题进行探讨。

本章内容安排如下：7.1 节介绍汽车零部件供应商概况；7.2 节在已有文献的基础上建立评价指标体系；7.3 节利用本书提出的多值中智多准则决策方法建立评价模型；7.4 节为案例分析；7.5 节对本书中所提出的方法与现有评价方法进行比较分析；7.6 节对本章进行小结。

7.1　汽车零部件供应商概况

世界汽车工业的发展迄今已有100多年的历史，许多发达国家和地区（如美国、欧盟、日本等）的经济依赖汽车产业的发展取得了长足的进步。到目前为止，汽车产业依然是这些国家和地区的支柱产业，保有旺盛的生命力。但现代的整车厂商大多已由传统的纵向经营、追求"大而全"的生产模式转向机构精简、以开发整车项目为主的专业化生产模式，整车厂的这种"紧缩式"机构调整使得整车厂和零部件配套厂之间的关系由零部件配套厂附属于整车厂变为彼此相对独立。近几年，中国的汽车产量突飞猛进，在国际上的排名也节节上升，但是汽车产业的综合竞争力与发达国家相比还有相当大的差距。汽车零部件产业是整个汽车产业链中的"源头"，用科学的步骤和方法对汽车零部件供应商进行评价与选择，已经成为汽车工业供应链管理的基本要求和发展趋势。因此，面对竞争日益激烈的汽车市场，汽车制造企业与汽车零部件供应商之间建立战略合作伙伴关系也显得日益重要，建立一个科学、系统、全面的供应商评价与选择体系具有重要的理论价值和现实意义。

7.2　汽车零部件供应商评价指标体系

供应商评价分为供应商选择评价和供应商绩效评价两种模式。前者主要应用于选择供应商，后者则是对现有供应商的合作效果进行跟踪评价。两种评价模式的目的不同，评价的侧重点也不同，因此在评价指标的选择上也有所区别。选择评价一般侧重于供应商的业务水平、资质和发展潜力，绩效评价则一般侧重于业务能力和合作效益。目前，针对汽车零部件供应商评价指标体系的研究较多。Dickson首次对供应商的评价与选择进行了相关研究，他通过问卷调查得出了对供应商进行评价的23项指标，并对指标的重要性进行了分类，认为质量是供应商选择中最重要的影响因素，交货、价格等因素也同等重要[198]；Ellram提出企业对供应商进行评价时，除成本、质量、交货期等量化指标外，还应考虑管理相容性、目标一致性等定性指标[199]；谌述勇与陈荣秋对神龙汽车有限公司和20家零部件供应商进行调查后，指出产品质量、产品交货期、产品价格、产品交货期与产品价格的权衡等方面是选择供应商的主要标准[200]；奚思与白庆华认为汽车零部件供应商选择与评价中应主要考虑质量、技术水平、生产组织、企业基本信息与供应链绩效五个指标[201]。本章结合上述文献将汽车零部件供应商选择指标体系分为五个准则层，分别从质量、价格、交付、节能与环保、服务五个方面建立汽车零部件供应商评价指标体系[202]，如图 7-1 所示。

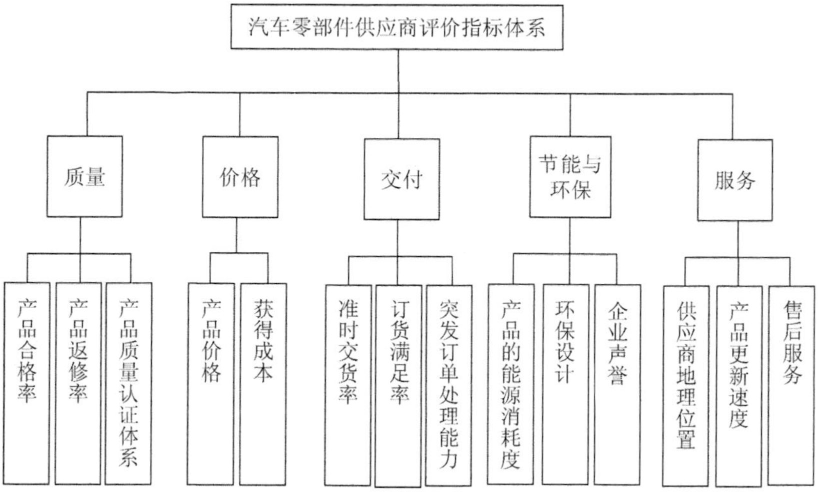

图 7-1　汽车零部件供应商评价指标体系

（1）质量

质量主要是指产品合格率、产品返修率和产品质量认证体系。汽车零部件产品合格率是汽车制造企业衡量供应商产品合格率的指标，通常用一百万个产品中不合格产品的数量来衡量产品在客户端的质量效果。产品合格率包括厂内生产过程中的合格率和产品出厂后到达客户端的合格率。在汽车制造业，由于产品在运输过程中存在一定程度的损耗，汽车制造企业比较重视产品出厂后到达客户端的合格率。产品返修率是指在报告期内已经修理出厂的零部件，由于维修质量不好而造成回厂返修零部件次数占修竣零部件次数的比例。产品返修率是衡量汽车零部件质量的指标。产品质量认证体系主要是指供应商产品通过了哪些权威性的质量体系认证，包括 TS16949、QS9000、VDA6. 1、ISO9000 系列和 ISO14001 等，从而体现供应商运作流程的标准化程度。

（2）价格

价格主要包括产品价格和获得成本。这里的价格是指采购价格加上采购所支付的各种变动费用，是一个广义的概念。在评价汽车零部件供应商产品价格是否具有竞争优势时，需要考虑产品的整体成本，而不是纯粹的价格。同时，还需要考核供应商产品的行业比较优势。

（3）交付

交付包括准时交货率、订货满足率和突发订单处理能力。准时交货率与订货满足率指供应商及时满足汽车制造企业订单的程度。在整车企业衡量供应商的供货能力时，一般是指在一定的时间内准时交货的程度越高，企业需要保留的安全库存就越低。因为交货情况直接影响到整车企业的产品交付、生产进度和库存周转率，对整车企业具有举足轻重的作用。

（4）节能与环保

节能与环保包括产品的能源消耗度、环保设计、企业声誉。产品的能源消耗度与环保设计主要考核供应商产品是否结合环保与能源节省的理念，供应商产品在生产过程中是否对周围的环境造成污染。企业声誉指供应商的市场美誉度和经营实力，若较多知名企业都选择该供应商供货，则表示该供应商具有较高的信赖度。

（5）服务

服务包括供应商地理位置、产品更新速度与售后服务。网点覆盖范围主要指供应商所在地与整车企业所在地之间的距离。供应商的地理位置对库存量有很大的影响，若产品单价较高，需求量又大，则整车企业一般会倾向于选择距离较近的供应商。产品更新速度是指供应商是否具备快速成型的技术实力，能够开发出整车企业需要的新产品以及个性化设计的需求，以适应汽车行业快速发展的环境。售后服务是指当出现不良品时，供应商是否能够及时处理，是否具有规范化的处理流程，是否有专人负责产品的返修、挑选、报废等不良现象的判断等。

综上所述，汽车零部件产品质量、价格、交付、节能与环保以及服务这五大因素中的任何一个因素发生异常状况时，都可能影响整车企业的正常运营。从五大一级指标的构成因素来看，每一指标下面的二级指标都是整车企业对供应商评价与选择时需要考虑的因素。

7.3 基于多值中智数的汽车零部件供应商评价模型

采用本书中所提出的基于多值中智数的多准则决策方法能有效处理准则权重信息完全确定或不完全确定，且准则评价信息为多值中智数的多准则决策问题。本节主要结合本书中所提出的决策问题的特点，选取相应的决策模型，对方案进行排序。其详细的决策步骤如下。

步骤 1 确定准则权重与评价信息。

对于方案的准则权重与评价信息均以多值中智数的形式给出。决策者可以从真实程度、不确定程度与谬误度三个方面来表达自己的偏好信息，且三个参数的数值均在 0 到 1 之间，相互之间不受影响。对于权重信息而言，决策者分别给出供应商评价指标“重要程度”的真实程度、不确定程度与谬误度相应的数值。对于各候选供应商准则而言，决策者分别给出供应商评价指标“优秀程度”的真实程度、不确定程度与谬误度相应的数值。

步骤 2 确定影响汽车零部件供应商评价的因素。

根据上述评价指标体系，设定评价表，见表 7-1。

表 7-1 汽车零部件供应商评价表

指标	准则	真实程度[0,1]	不确定程度[0,1]	谬误度[0,1]
质量	产品合格率、产品返修率、产品质量认证体系			
价格	产品价格、获得成本			
交付	准时交货率、订货满足率、突发订单处理能力			
节能与环保	产品的能源消耗度、环保设计、企业声誉			
服务	供应商地理位置、产品更新速度、售后服务			

步骤 3 确定汽车零部件供应商评价矩阵。

假设候选供应商的集合为 $A=\{\alpha_1,\alpha_2,\cdots,\alpha_n\}$，影响汽车零部件评价因素

的集合为 $C=\{c_1,c_2,\cdots,c_m\}$，且影响因素相应的权重为 $w=(w_1,w_2,\cdots,w_m)$。决策者根据评价指标得到相应的决策矩阵为 $\boldsymbol{R}=(\alpha_{ij})_{n\times m}$，$\alpha_{ij}=\langle\tilde{T}_{\alpha_{ij}},\tilde{I}_{\alpha_{ij}},\tilde{F}_{\alpha_{ij}}\rangle$ 为中智数。其中 $\tilde{T}_{(.)}$ 表示真实程度，$\tilde{I}_{(.)}$ 表示不确定程度，$\tilde{F}_{(.)}$ 表示谬误度。同时，一个决策者对每个参数可以给出多个评价值，当同一个评价值出现多次时，只计数一次。为方便起见，本章中将由专家在综合考虑二级指标因素的情况下直接对各供应商一级指标以及相应的权重进行评价，并都以多值中智信息的形式给出。

步骤 4　对决策矩阵进行规范化处理。

利用 6.2.2 小节中决策方法的步骤 1 对汽车零部件供应商评价矩阵进行规范化处理。

步骤 5　结合决策问题的特点，选取第 3 章至第 6 章所提出的决策模型相应的决策步骤。

步骤 6　确定最终的排序。

根据决策方法的排序规则选取最佳的供应商。

7.4　案例分析

东风商用车有限公司拥有独立的研发和生产基地，其年产能达 20 万辆。产品覆盖中重型卡车、客车整车与底盘，以及发动机、车架、车桥、变速器等关键总成。部分零部件产品仍需由其他供应商提供，采购部根据以往的经验初步筛选出三家候选供应商，分别为 α_1，α_2，α_3，需根据产品质量 c_1、价格 c_2、交付 c_3、节能与环保 c_4 以及服务 c_5 五个准则对其进行评价，最后做出选择。因此，特邀请三位采购部管理人员对预先设计好的评价表进行评价。

根据 7.3 节中的步骤 1 与步骤 2，三位管理人员给出的准则权重信息为 $w_1=\langle\{0.8,0.9\},\{0.1\},\{0.2\}\rangle$，$w_2=\langle\{0.6,0.7\},\{0.2\},\{0.2\}\rangle$，$w_3=\langle\{0.8\},\{0.1\},\{0.2\}\rangle$，$w_4=\langle\{0.6,0.7\},\{0.2\},\{0.1\}\rangle$，$w_5=\langle\{0.6\},\{0.3\},\{0.1,0.2\}\rangle$，评价矩阵见表 7-2。

表 7-2 汽车零部件供应商评价矩阵

准则	供应商		
	α_1	α_2	α_3
c_1	$\langle\{0.5,0.6\},\{0.2\},\{0.4\}\rangle$	$\langle\{0.6\},\{0.1\},\{0.0\}\rangle$	$\langle\{0.5,0.6,0.7\},\{0.2\},\{0.2\}\rangle$
c_2	$\langle\{0.5\},\{0.3\},\{0.2\}\rangle$	$\langle\{0.5\},\{0.4\},\{0.2,0.3\}\rangle$	$\langle\{0.7\},\{0.2\},\{0.1\}\rangle$
c_3	$\langle\{0.6,0.7\},\{0.1\},\{0.3\}\rangle$	$\langle\{0.5,0.7\},\{0.4\},\{0.1\}\rangle$	$\langle\{0.4,0.5,0.6\},\{0.4\},\{0.3\}\rangle$
c_4	$\langle\{0.8\},\{0.1,0.2\},\{0.1\}\rangle$	$\langle\{0.6,0.7\},\{0.2\},\{0.3\}\rangle$	$\langle\{0.7\},\{0.3\},\{0.1,0.2\}\rangle$
c_5	$\langle\{0.4,0.5\},\{0.4\},\{0.3\}\rangle$	$\langle\{0.6\},\{0.3\},\{0.1\}\rangle$	$\langle\{0.8\},\{0.2\},\{0.0\}\rangle$

根据决策模型的使用范围以及案例的特点，选取 6.2.2 小节中基于距离的 QUALIFLEX 多值中智多准则决策方法给出该公司对供应商评价的详细步骤。

步骤 1~4 对汽车零部件供应商的评价信息进行预处理。

由于 c_2 是成本型准则，其他准则都是效益型准则，因此，根据公式（6-12）规范化的决策矩阵见表 7-3。

表 7-3 规范化的汽车零部件供应商评价矩阵

准则	供应商		
	α_1	α_2	α_3
c_1	$\langle\{0.5,0.6\},\{0.2\},\{0.4\}\rangle$	$\langle\{0.6\},\{0.1\},\{0.0\}\rangle$	$\langle\{0.5,0.6,0.7\},\{0.2\},\{0.2\}\rangle$
c_2	$\langle\{0.2\},\{0.7\},\{0.5\}\rangle$	$\langle\{0.2,0.3\},\{0.6\},\{0.5\}\rangle$	$\langle\{0.1\},\{0.8\},\{0.7\}\rangle$
c_3	$\langle\{0.6,0.7\},\{0.1\},\{0.3\}\rangle$	$\langle\{0.5,0.7\},\{0.4\},\{0.1\}\rangle$	$\langle\{0.4,0.5,0.6\},\{0.4\},\{0.3\}\rangle$
c_4	$\langle\{0.8\},\{0.1,0.2\},\{0.1\}\rangle$	$\langle\{0.6,0.7\},\{0.2\},\{0.3\}\rangle$	$\langle\{0.7\},\{0.3\},\{0.1,0.2\}\rangle$
c_5	$\langle\{0.4,0.5\},\{0.4\},\{0.3\}\rangle$	$\langle\{0.6\},\{0.3\},\{0.1\}\rangle$	$\langle\{0.8\},\{0.2\},\{0.0\}\rangle$

步骤 5 确定正负理想解。

正理想解为 $\tilde{1}=\langle 1,0,0\rangle$，负理想解为 $\tilde{0}=\langle 0,1,1\rangle$。

步骤 6 确定所有方案的排列组合。

由于 3! =6，因此存在 6 个排列组合：$P^1=(\alpha_1,\alpha_2,\alpha_3)$，$P^2=(\alpha_1,\alpha_3,\alpha_2)$，$P^3=(\alpha_2,\alpha_1,\alpha_3)$，$P^4=(\alpha_2,\alpha_3,\alpha_1)$，$P^5=(\alpha_3,\alpha_1,\alpha_2)$，$P^6=(\alpha_3,\alpha_2,\alpha_1)$。

步骤 7　计算综合一致性指数。

根据 6.2.2 小节中决策方法的步骤 2~5，取 $\lambda=1$，则一般的 Hausdorff 距离退化为 Hamming-Hausdorff 距离，分别得到一致性指数（见表 7-4）与加权一致性指数（见表 7-5）。

表 7-4　一致性指数

P^1	$\varphi_j^1(\alpha_1,\alpha_2)$	$\varphi_j^1(\alpha_1,\alpha_3)$	$\varphi_j^1(\alpha_2,\alpha_3)$	P^2	$\varphi_j^2(\alpha_1,\alpha_3)$	$\varphi_j^2(\alpha_1,\alpha_2)$	$\varphi_j^2(\alpha_3,\alpha_2)$
c_1	0.1833	0.0833	-0.0100	c_1	0.0833	0.1833	0.0100
c_2	0.0500	-0.1333	-0.1833	c_2	-0.1333	0.0500	0.1833
c_3	0.0288	-0.0712	-0.1000	c_3	-0.0712	0.0288	0.1000
c_4	-0.1333	-0.1000	0.0333	c_4	-0.1000	-0.1333	-0.0333
c_5	0.1500	0.2833	0.1333	c_5	0.2833	0.1500	-0.1333
P^3	$\varphi_j^3(\alpha_2,\alpha_1)$	$\varphi_j^3(\alpha_2,\alpha_3)$	$\varphi_j^3(\alpha_1,\alpha_3)$	P^4	$\varphi_j^4(\alpha_2,\alpha_3)$	$\varphi_j^4(\alpha_2,\alpha_1)$	$\varphi_j^4(\alpha_3,\alpha_1)$
c_1	-0.1833	-0.0100	0.0833	c_1	-0.0100	-0.1833	-0.0833
c_2	-0.0500	-0.1833	-0.1333	c_2	-0.1833	-0.0500	0.1333
c_3	-0.0288	-0.1000	-0.0712	c_3	-0.1000	-0.0288	0.0712
c_4	0.1333	0.0333	-0.1000	c_4	0.0333	0.1333	0.1000
c_5	-0.1500	0.1333	0.2833	c_5	0.1333	-0.1500	-0.2833
P^5	$\varphi_j^5(\alpha_3,\alpha_1)$	$\varphi_j^5(\alpha_3,\alpha_2)$	$\varphi_j^5(\alpha_1,\alpha_2)$	P^6	$\varphi_j^6(\alpha_3,\alpha_2)$	$\varphi_j^6(\alpha_3,\alpha_1)$	$\varphi_j^6(\alpha_2,\alpha_1)$
c_1	-0.0833	0.0100	0.1833	c_1	0.0100	-0.0833	-0.1833
c_2	0.1333	0.1833	0.0500	c_2	0.1833	0.1333	-0.0500
c_3	0.0712	0.1000	0.0288	c_3	0.1000	0.0712	-0.0288
c_4	0.1000	-0.0333	-0.1333	c_4	-0.0333	0.1000	0.1333
c_5	-0.2833	-0.1333	0.1500	c_5	-0.1333	-0.2833	-0.1500

表 7-5　加权一致性指数

可能度	加权一致性指数			可能度	加权一致性指数		
P^1	$\varphi^1(\alpha_1,\ \alpha_2)$	$\varphi^1(\alpha_1,\ \alpha_3)$	$\varphi^1(\alpha_2,\ \alpha_3)$	P^2	$\varphi^2(\alpha_1,\ \alpha_3)$	$\varphi^2(\alpha_1,\ \alpha_2)$	$\varphi^2(\alpha_3,\ \alpha_2)$
	0. 2204	0. 0362	−0. 1842		0. 0362	0. 2204	0. 1077
P^3	$\varphi^3(\alpha_2,\ \alpha_1)$	$\varphi^3(\alpha_2,\ \alpha_3)$	$\varphi^3(\alpha_1,\ \alpha_3)$	P^4	$\varphi^4(\alpha_2,\ \alpha_3)$	$\varphi^4(\alpha_2,\ \alpha_1)$	$\varphi^4(\alpha_3,\ \alpha_1)$
	−0. 2204	−0. 1842	0. 0362		−0. 1842	−0. 2204	−0. 0362
P^5	$\varphi^5(\alpha_3,\ \alpha_1)$	$\varphi^5(\alpha_3,\ \alpha_2)$	$\varphi^5(\alpha_1,\ \alpha_2)$	P^6	$\varphi^6(\alpha_3,\ \alpha_2)$	$\varphi^6(\alpha_3,\ \alpha_1)$	$\varphi^6(\alpha_2,\ \alpha_1)$
	−0. 0362	0. 1077	0. 2204		0. 1077	−0. 0362	−0. 2204

根据公式（6−15），计算出综合一致性指数：$\varphi^1=0.0714$；$\varphi^2=0.3643$；$\varphi^3=-0.3684$；$\varphi^4=-0.4408$；$\varphi^5=0.2919$；$\varphi^6=-0.1489$。

步骤 8　确定最优方案。

根据步骤 7 可得，$\varphi^2>\varphi^5>\varphi^1>\varphi^6>\varphi^3>\varphi^4$ 且 $P^*=\max_{\tau=1}^{n!}\{\varphi^\tau\}=P^2$。因此，最优排序为 $\alpha_1>\alpha_3>\alpha_2$，最佳方案为 α_1。

7.5　比较分析

为了验证本书中所提出的方法的有效性和可行性，下面结合已有的方法进行比较分析。比较分析主要分为三种情况：①在多值中智信息环境下，用本书所提出的所有方法进行比较分析；②在单值中智信息决策环境下，结合已有的单值中智多准则决策方法[102,105]与本书中的方法进行比较分析；③在直觉模糊信息决策环境下，选取部分直觉模糊多准则决策方法[15,25,40,47,59]与本书中的方法进行比较分析。因本案例中供应商准则的权重是多值中智信息，没有给出具体的权重数值，因此在比较计算时，将对准则权重采取不同的处理方法。对于准则权重需要完全确定的决策方法，下面将利用精度函数 $a(A)=\frac{1}{l_{\tilde{T}_A}\cdot l_{\tilde{I}_A}\cdot l_{\tilde{F}_A}}\sum_{\gamma_A\in\tilde{T}_A,\eta_A\in\tilde{I}_A,\xi_A\in\tilde{F}_A}(\gamma_A+\eta_A+\xi_A)/3$ 求出相应的权重，其中 $\gamma_A\in\tilde{T}_A$，$\eta_A\in\tilde{I}_A$ 且 $\xi_A\in\tilde{F}_A$；$l_{\tilde{T}_A}$，$l_{\tilde{I}_A}$与 $l_{\tilde{F}_A}$分别表示 $\tilde{T}_A$，$\tilde{I}_A$ 与 $\tilde{F}_A$ 中的元素个数，再对权重进行规范化。

（1）在多值中智信息环境下，用本书所提出的所有方法进行比较分析。

由于本书中所提出的方法在各个章节中都有详细的决策步骤，下面只介绍进行方法比较时的处理结果。首先，基于集成算子的决策方法需权重信息完全确定，且基于指数集成算子的决策方法主要针对群决策问题，以便能消除不同决策者之间决策信息的较大差异性。因此，在比较分析中选取基于T模与S模的多准则决策方法，并给定相应的权重，再进行比较。其次，针对基于距离测度的多准则决策方法，因基于TOPSIS的决策方法可用于解决准则权重不完全确定的多准则决策问题，但根据案例的特点以及各方法比较的可行性，我们也将对TOPSIS与VIKOR两种方法给出确定的权重再进行比较分析。最后，由于基于ELECTRE与QUALIFLEX的两种决策方法都可用于处理准则权重信息与准则评价信息均为多值中智信息的多准则决策问题，故可以直接进行比较分析。通过上面所阐述的方法，结合案例数据得到决策结果见表7-6。

表7-6　本书中所提出的决策方法的比较结果

方法	最终排序	最优决策	最劣决策
基于T模与S模的多值中智多准则决策方法（3.2节）	$\alpha_1 > \alpha_3 > \alpha_2$ 或者 $\alpha_3 > \alpha_1 > \alpha_2$	α_1或α_3	α_2
基于TOPSIS的多值中智多准则决策方法（4.2节）	$\alpha_3 > \alpha_1 > \alpha_2$	α_3	α_2
基于VIKOR的多值中智多准则决策方法（4.3节）	$\alpha_3 > \alpha_1 > \alpha_2$	α_3	α_2
基于ELECTRE的多值中智多准则决策方法（5.3节）	$\alpha_1 > \alpha_3 > \alpha_2$	α_1	α_2
基于可能度的QUALIFLEX多值中智多准则决策方法（6.1节）	$\alpha_1 > \alpha_3 > \alpha_2$	α_1	α_2
基于距离的QUALIFLEX多值中智多准则决策方法（6.2节）	$\alpha_1 > \alpha_3 > \alpha_2$	α_1	α_2

（2）在单值中智信息决策环境下，结合已有的单值中智多准则决策方法[98,101]与本书中的方法进行比较分析。

由于案例中给出的是多值中智信息，因此需要对决策信息进行转化。结合定义3-7求出对多值中智数中每个参数的记分函数值，从而得到单值中智决策矩阵。同时由于参考文献［102］与参考文献［105］都是处理权重信息完全确定的单值中智多准则决策问题，因此在下面的比较过程中也将给定与前面一样的权重。在参考文献［102］中，先利用参考文献［105］中的加权平均算子对准则信息进行集成，再通过计算集成值与正理想解之间的交叉熵得到最终的排序。在参考文献［105］中，先利用加权平均算子对准则信息进行集成，再计算每个综合集成值与正理想解之间的相似度，从而得到供应商之间的排序。因此，利用参考文献［102，105］中的决策方法对修正的单值中智信息进行求解时，得到的决策结果见表 7-7。

表 7-7　利用单值中智信息得到的决策结果

方法	最终排序	最优决策	最劣决策
参考文献［102］	$\alpha_3 > \alpha_2 > \alpha_1$	α_3	α_1
参考文献［105］	$\alpha_3 > \alpha_1 > \alpha_2$	α_3	α_2

（3）在直觉模糊信息决策环境下，选取部分直觉模糊多准则决策方法[15,25,40,47,59]与本书中的方法进行比较分析。

同理，由于案例给出的信息是多值中智数，需要将其转化为直觉模糊数。下面我们将在（2）的基础上，将单值中智数写成直觉模糊数的形式，即去掉单值中智数中的不确定度参数。参考文献［15，40］中的决策方法是针对准则权重信息完全确定，给定与上述同样的权重，再利用集成算子对准则信息进行集成，然后根据记分函数与精度函数对方案进行排序。在参考文献［47］中，首先利用直觉模糊熵求出相应的权重，确定正、负理想解，再结合 TOPSIS 方法求出每个供应商与正理想解之间的贴近度，从而得到供应商的排序。利用参考文献［59］中的方法能直接处理准则权重信息与准则评价信息均为直觉模糊数的多准则决策问题，从而在比较过程中，结合 ELECTRE I 直接计算一致性指数与非一致性指数，得到供应商的排序。在参考文献［25］中，先计算出各供应商加权的隶属度与非隶属度，再建立单目标的线性规划模型并求出相应的参数值，最后根据修订的记分函数与精度函数对供应商进行排序。若利用参考文献［15，25，40，47，59］对修正的直觉模糊信息进行求解，则可得到以下决策结果，见表 7-8。

表 7-8　利用直觉模糊信息得到的决策结果

方法	最终排序	最优决策	最劣决策
参考文献［15］	$\alpha_2 > \alpha_3 > \alpha_1$	α_2	α_1
参考文献［25］	$\alpha_2 > \alpha_3 > \alpha_1$	α_2	α_1
参考文献［40］	$\alpha_3 > \alpha_2 > \alpha_1$	α_3	α_1
参考文献［47］	$\alpha_1 > \alpha_3 > \alpha_2$	α_1	α_2
参考文献［59］	$\alpha_1 > \alpha_3 > \alpha_2$	α_1	α_2

根据表 7-6~表 7-8 可得以下结论。①利用本书中所提出的方法对案例中的多值中智信息进行求解时，最终排序为 $\alpha_1 > \alpha_3 > \alpha_2$或者 $\alpha_3 > \alpha_1 > \alpha_2$，最优供应商是$\alpha_1$ 或α_3，最劣供应商是α_2。其中，若利用基于 T 模与 S 模的多值中智多准则决策方法选取加权平均算子，则所得结论与利用基于 ELECTRE 的多值中智多准则决策方法、基于可能度或距离的 QUALIFLEX 的多值中智多准则决策方法所得的结论一致，最终排序为 $\alpha_1 > \alpha_3 > \alpha_2$。若利用基于 T 模与 S 模的多值中智多准则决策方法选取几何平均算子，则结论与利用基于 TOPSIS 或 VIKOR 的多值中智多准则决策方法所得的结论一致，最终排序为$\alpha_3 > \alpha_1 > \alpha_2$。②当利用参考文献［102，105］中的方法对案例中修正的单值中智信息进行求解时，最终排序为 $\alpha_3 > \alpha_2 > \alpha_1$或 $\alpha_3 > \alpha_1 > \alpha_2$，两种方法所得结论基本一致，最优供应商是$\alpha_3$，最劣供应商是 α_1 或 α_2。③当利用参考文献［15，25，40，47，59］中的方法对案例中修正的直觉模糊信息进行求解时，最终排序为$\alpha_2 > \alpha_3 > \alpha_1$或 $\alpha_3 > \alpha_2 > \alpha_1$或 $\alpha_1 > \alpha_3 > \alpha_2$，最优供应商可能是 α_1 或 α_2 或 α_3，最劣供应商是 α_1 或 α_2。其中利用参考文献［15］中的方法所得结论与利用参考文献［25］中的方法所得结论一致，最终排序为 $\alpha_2 > \alpha_3 > \alpha_1$。利用参考文献［40］中的方法所得的排序为 $\alpha_3 > \alpha_2 > \alpha_1$，结论与利用参考文献［102］中的方法求解单值中智信息的结论一致。利用参考文献［47，59］中的方法所得结论与利用 5.3 节、6.1 节与 6.2 节中的方法所得结论一致，最终排序为$\alpha_1 > \alpha_3 > \alpha_2$。

现从以下几个方面阐述排序产生区别的原因。首先，利用本书中的方法对案例进行求解时出现两种排序结果。这种现象产生的原因是案例中的权重信息是以多值中智信息形式给出的，而没有确定的权重。因此，在对前三种方法进行比较时，在权重转化的过程中会出现信息的丢失，从而产生一种新的排序结果。相比之下，后三种方法都可用于处理准则权重与准则评价信息均为多值中智数的决策问题，从而这三种方法的排序结果保持一致性。其次，虽然利用参考文献［102，105］中的方法所得排序基本一致，但与本书所提出的方法得到的排序不同。因利用参考文献［102，105］中的方法进行比较时，除了其权重的转化同样会导致信息丢失外，在多值中智数转为单值中智数的过程中也会造成评价信息一定程度的丢失。同时，参考文献［102，105］中的集成算子与测度都涉及不太合理的运算规则，且计算交叉熵与相似度的过程中，权重的涉及会扩大运算规则所带来的差距。因此，由这两种方法计算出的决策结果的准确性有待进一步的研究。最后，利用参考文献［15，25，40，47，59］中的方法对案例中修正的直觉模糊信息进行求解时，不同的方法产生了不同的结论。尽管部分方法与本书中所提出的方法得到的结论一致，但仍然存在一些问题。除了上述权重转化问题外，在多值中智信息转化为单值中智信息时也造成了信息的丢失，且在单值中智信息转化为直觉模糊信息时，直接忽略了第三个参数即不确定度的信息，与最初的评价信息之间产生了差距。从而，直觉模糊集的运算规则中没有考虑不确定程度，导致计算结果不一致。同时，因在现有的直觉模糊多准则决策方法中，采用了不同的记分函数与精度函数进行排序，排序依据不一样也会导致最终决策存在差距。

本书中所提出的方法的优势主要有以下几点：①基于 T 模与 S 模的多值中智多准则决策方法能够给决策者提供更多的选择机会，决策者可以根据实际的决策环境选取不同的集成算子。如只需反映数值的重要性，可选择加权平均算子；若考虑位置关系，则选择有序的加权平均算子；若需要同时考虑数值本身的重要性和位置，则可选择混合的加权平均算子。②基于指数集成算子的多值中智多准则决策方法则用来求解群决策问题，基于 Heronian Choquet 积分算子的多值中智多准则决策方法考虑了准则之间的关联性，这两种方法能够降低不同决策者之间评价的不公平程度，从而避免评价信息的扭曲和丢失。③基于 TOPSIS 与 VIKOR 的多值中智多准则决策方法都以距离为基础，且其距离公式结合了直觉模糊数与犹豫模糊数距离公式的优点，避免了犹豫模糊数距离公式的缺陷，方法直观、便于理解，给决策者提供了更多的选择。若实际决策问题涉及绝对理想点，且准则权重信息不完全确定，则可选择 TOPSIS 方法；若实际决策问题涉及相对理想点，且需要考虑群体效用的最大化与个体遗憾的最小化以及决策者的主观偏好，则可选择 VIKOR 方法。④基于 ELECTRE 与 QUALIFLEX 的多值中智多准则决策方法主要用于求解准则之间具有部分可补偿性的决策问题，即当某个方案在一个准则上的表现比另一个方案差太多时，不再认为前一个方案比后一个方案更优。同时，用 ELECTRE 决策方法求解备选方案数目大于准则数目的多准则决策问题时，更能体现出方法的优越性。相比较而言，QUALIFLEX 决策方法则更适用于备选方案数目小于准则数目的多准则决策问题，且可用于处理准则权重信息与准则评价信息均为多值中智数的决策问题。⑤本书中的所有的多值中智多准则决策方法建立在更合理的运算规则基础之上，能够克服已有单值中智多准则决策方法的缺陷。⑥本书所提多值中智多准则决策方法不仅能够处理多值中智信息，还能处理单值中智信息与直觉模糊信息，但多值中智信息的决策问题不一定能用现有的单值中智多准则决策方法与直觉模糊决策方法解决。换言之，多值中智多准则决策方法拓展了不确定决策的应用范围。⑦本书所涉及的多值中智集结合了直觉模糊集、犹豫模糊集与单值中智集等形式的优势，更有助于信息的收集，提供了更全面、细致的不确定信息描述方式，使决策者更容易、更准确地表达自己对事物属性的判断，从而可以对现实决策问题做出更合理、更有效的决策。

7.6　本章小结

首先，本章在结合已有的汽车零部件供应商评价文献的基础上，给出较详细的汽车零部件供应商评价体系。其次，基于该评价指标体系，提出基于多值中智的汽车零部件供应商评价多准则决策模型，并应用于东风商用车零部件供应商选择问题。最后，根据问题的特点与本书所提出的方法的适用范围，选取基于距离的 QUALIFLEX 方法对案例进行分析。同时，对本书中所提出的所有多值中智多准则决策方法、已有的单值中智多准则决策方法以及部分直觉模糊多准则决策方法进行了比较分析，以验证本书中所提出的方法的有效性和可行性。

8 总结与展望

多值中智集是中智集的一个扩展形式，准则评价信息使多值中智集的多准则决策方法能够应用于经济、社会、管理等重要领域，也将成为多准则决策理论的一个重要组成部分。但现有的研究基本集中在单值中智集，对多值中智集的研究非常少。因此，本书结合中智集、单值中智集与犹豫模糊集的相关研究，对多值中智环境下的多准则决策问题进行较系统的研究。

8.1 本书的主要内容

本书对准则评价值为多值中智数的多准则决策方法进行了系统、深入的分析，主要内容包括以下几点：

（1）定义了基于 T 模与 S 模的多值中智数的运算规则，并讨论了基于不同 T 模与 S 模得出不同的多值中智数的运算规则，所提出的运算规则能够避免单值中智集运算规则的缺陷，同时定义了多值中智数的记分函数与精度函数，给出了一种多值中智数的全序排序方法。

（2）定义了一系列基于 T 模与 S 模的集成算子与指数集成算子，包括加权平均算子、几何平均算子、有序的加权平均算子、有序的几何平均算子、混合加权平均算子与混合几何平均算子；定义了指数加权平均算子与指数几何平均算子，同时分别提出了基于 T 模与 S 模集成算子的多值中智多准则决策方法、基于指数集成算子的多值中智多准则群决策方法与基于 Heronian Choquet 积分算子的多值中智多准则决策方法，并对所提方法进行对比分析，验证了所提方法的可行性和有效性。所提出的算子具有不同的特点，其中加权平均算子与几何平均算子仅考虑了数值本身的重要性，有序的加权平均算子与有序的几何平均算子则只考虑了数值所在位置的重要性，混合加权平均算子与混合几何平均算子同时考虑了数值所在位置以及数值本身的重要性，指数加权平均算子与指数几何平均算子考虑了准则之间的联系以及支持的程度，Heronian Choquet 积分算子则考虑了准则之间的关联性。因此，决策者可以根据自己的需要选择合适的集成算子进行决策。

（3）定义了一般多值中智距离、一般多值中智 Hausdorff 距离、一般加权多值中智距离与一般加权多值中智 Hausdorff 距离。在所提出的距离公式中，避免了犹豫模糊集中距离公式的缺陷，即当两个多值中智数中相应参数的元素个数不相等时，不需要主观地加入任何元素，从而避免了因决策者的主观性影响最终的排序结果。同时，结合所提出的距离公式，针对准则权重信息不完全确定的多值中智多准则决策问题提出了相应的决策方法，即基于 TOPSIS 的多值中智多准则决策方法，得到方案的最终排序；同时结合 VIKOR 方法原理，提出了基于 VIKOR 的多值中智多准则决策方法，得到最优折衷方案集，并通过案例对两种方法进行了对比分析，两种方法各有优势，所得结论的一致性表明了方法的有效性。

（4）结合 ELECTRE 方法原理，定义了多值中智数的一致性指数与非一致性指数。在此基础上定义了两个多值中智数的占优关系，讨论了相关性质，并提出了基于占优关系的多值中智多准则决策方法，通过案例展示了详细的决策过程。本书所提出的基于占优关系的多准则决策方法反映了决策者关于准则的部分可补偿性，从而避免了前面所提出的多准则决策方法的完全可补偿性假设，即当某个方案在一个准则上的表现比另一个方案差太多时，不再认为前一个方案比后一个方案更优。因此，基于 ELECTRE 的多值多准则决策方法能够给决策者提供更多的选择，并更适用于备选方案数目大于准则数目的多准则决策问题。

（5）定义了多值中智数的可能度，并给出了基于可能度的全序比较方法，讨论了性质，同时给出了多值中智数与理想值之间的距离。在此基础上，结合 QUALIFLEX 方法，分别提出了基于可能度的 QUALIFLEX 多值中智多准则决策方法与基于距离的 QUALIFLEX 多值中智多准则决策方法。本书中所提出的基于 ELECTRE 与 QUALIFLEX 的多准则决策方法都属于基于优序关系的多准则决策方法。但针对一些准则数目远大于方案数目的决策问题，如果用ELECTRE方法，则会使决策过程相当复杂，且不能更直观地给出最优方案。面对此种现实的多准则决策问题，采用基于QUALIFLEX的多准则决策方法可以克服这些缺陷。同时，本书中对所提出的基于可能度或距离的QUALIFLEX多准则决策方法的比较分析显示了其有效性。因此，本书中所提出的方法更适用于准则数目比较多、备选方案比较少的多准则决策问题。

8.2 进一步的研究方向

本书对基于多值中智信息的多准则决策方法进行了系统、深入的研究，虽然取得了一些有价值的成果，但还有很多问题需要进一步完善：

（1）本书只对多值中智集的距离测度进行了相关研究，对于多值中智集的其他测度，如熵、交叉熵、相关系数等需要进行进一步研究。

（2）本书中决策问题的权重信息是确定的或不完全确定的，但在不确定情况下，针对权重信息完全不确定的多值中智多准则方法的研究还有待进一步的开展。

（3）本书中所涉及的决策问题大部分只考虑了准则间是相互独立的情况，对于准则关联的多值多准则决策问题的研究还需要进一步开展。

（4）本书中大部分决策问题只考虑到准则权重为确定数值的情况，针对准则权重与准则评价信息均为多值中智数的多准则决策方法还有待进一步的研究。

（5）本书涉及的准则评价信息均以具体数值形式给出，但在现实决策问题中，以语言的方式给出权重信息更方便，故针对多值中智语言的多准则决策问题还有待进一步的研究。

参考文献

[1] 李荣钧. 模糊多准则决策理论与应用 [M]. 北京：科学出版社，2002.

[2] Aouam T, Chang S I, Lee E S. Fuzzy MADM: An outranking method [J]. European Journal of Operational Research, 2003, 145 (2): 317-328.

[3] Chu T C. A fuzzy number interval arithmetic based fuzzy criteria decision making algorithm [J]. Journal of Intelligent and Fuzzy Systems, 2002, 4 (4): 867-872.

[4] Liu M, Li F C, Wu C. The order structure of fuzzy numbers based on the level characteristics and its application to optimization problems [J]. Science in China Seriesies F, 2002, 45 (6): 433-441.

[5] Renato A, Krohling, de Souza, et al. Combining prospect theory and fuzzy numbers to multi-criteria decision making [J]. Expert Systems with Applications, 2012, 39: 11487-11493.

[6] Hu J H, Zhang Y, Chen X H, et al. Multi-criteria decision making method based on possibility degree of interval type-2 fuzzy number [J]. Knowledge-Based Systems, 2013, 43: 21-29.

[7] Chu T C, Charnsethikul, Peerayuth. Ordering alternatives under fuzzy multiple criteria decision making via a fuzzy number dominance based ranking approach [J]. International Journal of Fuzzy Systems, 2013, 15: 263-273.

[8] Li D F. Closeness coefficient based nonlinear programming method for interval-valued intuitionistic fuzzy multiattribute decision making with incomplete preference information [J]. Applied Soft Computing, 2011, 11 (4): 3402-3418.

[9] Li D F. The GOWA operator based approach to multiattribute decision making using intuitionistic fuzzy sets [J]. Mathematical and Computer Modelling, 2011, 53: 1182-1196.

[10] 王坚强. 信息不完全的 Fuzzy 群体多准则决策的规划方法 [J]. 系统工程与电子技术，2004，26 (11)：1604-1608.

[11] 王坚强. 信息不完全确定的多准则模糊 UTA 方法 [J]. 系统工程与电子技术，2006，28 (4)：545-550.

[12] Atanassov K. Intuitionistic fuzzy sets [J]. Fuzzy Sets and Systems, 1986, 20 (1): 87-96.

[13] Atanassov K, Gargov G. Interval-valued intuitionistic fuzzy sets [J]. Fuzzy Sets and Systems, 1989, 31 (3): 343-349.

[14] Atanassov K. Operators over interval-valued intuitionistic fuzzy sets [J]. Fuzzy Sets and Systems, 1994, 64 (2): 159-174.

[15] Zhao X F, Wei G W. Some intuitionistic fuzzy Einstein hybrid aggregation operators and their application to multiple attribute decision making [J]. Knowledge-Based Systems, 2013, 37: 472-479.

[16] Reiser, Bedregal. Interval-valued intuitionistic fuzzy implications—Construction, properties and represent ability [J]. Information Sciences, 2013, 248: 68-88.

[17] 龚艳冰，丁德臣，何建敏. 一种基于直觉模糊集相似度的多属性决策方法 [J]. 控制与决策, 2009, 24 (9): 1398-1401.

[18] Zeng S Z. Some intuitionistic fuzzy weighted distance measures and their application to group decision making [J]. Group Decision and Negotiation, 2013, 22: 281-298.

[19] Xu Z S, Chen J. Ordered weighted distance measure [J]. Journal of Systems Science and Systems Engineering, 2008, 17: 432-445.

[20] Pal N R, Bustince H, Pagola M, et al. Uncertainties with Atanassov's intuitionistic fuzzy sets: Fuzziness and lack of knowledge [J]. Information Sciences, 2013, 228: 61-74.

[21] Szmidt Eulalia, Kacprzyk Janusz, Bujnowski Pawel. Measuring the amount of knowledge for Atanassov's intuitionistic fuzzy sets [J]. Fuzzy Logic and Applications, 2011, 6857: 17-24.

[22] 吕跃进，徐改丽. 一种基于灰色关联度的多属性群决策方法 [J]. 计算机工程与应用, 2012, 48 (9): 235-237.

[23] Zhang X M, Xu Z S. A new method for ranking intuitionistic fuzzy values and its application in multi-attribute decision making [J]. Fuzzy Optimization Decision Making, 2012, 11: 135-146.

[24] 魏翠萍，夏梅梅，张玉忠. 基于区间值直觉模糊集的多准则决策方法 [J]. 控制与决策, 2009, 24 (8): 1230-1234.

[25] Pei Z, Zheng L. A novel approach to multi-attribute decision making based on intuitionistic fuzzy sets [J]. Expert Systems with Applications, 2012, 39: 2560-2566.

[26] Xu Z S, Xia M M. Identifying and eliminating dominated alternatives in multi-attribute decision making with intuitionistic fuzzy information [J]. Applied Soft Computing, 2012, 12: 1451-1456.

[27] Yue Z L, Jia Y Y. A method to aggregate crisp values into interval-valued intuitionistic fuzzy information for group decision making [J]. Applied Soft Computing, 2013, 13 (5): 2304-2317.

[28] Zhang Y J, Li P H, Ma P J, et al. Multi-attribute decision making based on entropy under interval-valued intuitionistic fuzzy environment [J]. Mathematical Problems in Engineering, 2013, Article ID 526871, 8 pages.

[29] Chen X H, Yang Y, Wang P. A Fuzzy multicriteria group decision-making method with new entropy of interval-valued intuitionistic fuzzy sets [J]. Journal of Applied Mathematics, 2013, Article ID 827268, 8 pages.

[30] Meng F Y, Zhang Q. Generalized intuitionistic fuzzy hybrid choquet averaging operators [J]. Journal of Systems Science and Systems Engineering, 2013, 22 (1): 112-122.

[31] Li B Q, He W. Intuitionistic fuzzy PRI-AND and PRI-OR aggregation operators [J]. Information Fusion, 2013, 14: 450-459.

[32] Yu X H, Xu Z S. Prioritized intuitionistic fuzzy aggregation operators [J]. Information Fusion, 2013, 14: 108-116.

[33] Meng F Y, Tan C Q, Zhang Q. The induced generalized interval-valued intuitionistic fuzzy hybrid Shapley averaging operator and its application in decision making [J]. Knowledge-Based Systems, 2013, 37: 237-249.

[34] Meng F Y, Zhang Q, Cheng H. Approaches to multiple-criteria group decision making based on interval-valued intuitionistic fuzzy Choquet integral with respect to the generalized λ-Shapley index [J]. Knowledge-Based Systems, 2013, 42: 9-19.

[35] Wang W Z, Liu X W. The multi-attribute decision making method based on interval-valued intuitionistic fuzzy Einstein hybrid weighted geometric operator [J]. Computers & Mathematics with Applications, 2013, 66: 1845-1856.

[36] Zhou L G, Tao Z F, Chen H Y, et al. Continuous interval-valued intuitionistic fuzzy aggregation operators and their applications to group decision making [J]. Applied Mathematical Modelling, 2014, 38 (7-8): 2190-2205.

[37] Liu P D. Some Hamacher aggregation operators based on the interval-valued intuitionistic fuzzy numbers and their application to group decision making [J]. IEEE Transactions on Fuzzy Systems, 2014, 22 (1): 83-97.

[38] Qi X W, Liang C Y, Zhang J L. Some generalized dependent aggregation operators with interval-valued intuitionistic fuzzy information and their application to exploitation investment

evaluation [J]. Journal of Applied Mathematics, 2013, Article ID 705159, 24 pages.

[39] Su Z X, Xia G P, Chen M Y, et al. Induced generalized intuitionistic fuzzy OWA operator for multi-attribute group decision making [J]. Expert Systems with Applications, 2012 (39): 1902-1910.

[40] He Y D, Chen H Y, He Z, et al. Multi-attribute decision making based on neutral averaging operators for intuitionistic fuzzy information [J]. Applied Soft Computing, 2015, 27: 64-76.

[41] 卫贵武. 基于投影的直觉模糊数多属性决策方法 [J]. 管理学报, 2009, 6 (9): 1154-1156.

[42] Wang J Q, Li K J, Zhang H Y. Interval-valued intuitionistic fuzzy multi-criteria decision-making approach based on prospect score function [J]. Knowledge-Based Systems, 2012, 27: 119-125.

[43] Wang J Q, Li J J. Multi-criteria fuzzy decision-making method based on cross entropy and score functions [J]. Expert Systems with Applications, 2010, 38 (1): 1032-1038.

[44] Wu J, Huang H B, Cao Q W. Research on AHP with interval-valued intuitionistic fuzzy sets and its application in multi-criteria decision making problems [J]. Applied Mathematical Modelling, 2013, 37: 9898-9906.

[45] 张尧, 樊治平. 基于随机占优思想的随机多属性决策方法与应用研究 [J]. 系统管理学报, 2010, 19 (4): 317-318.

[46] Liu S H, Yu F S, Xu W H, et al. New approach to MCDM under interval-valued intuitionistic fuzzy environment [J]. International Journal of Machine Learning and Cybernetics, 2013, 4: 671-678.

[47] Joshi D, Kumar S. Intuitionistic fuzzy entropy and distance measure based TOPSIS method for multi-criteria decision making [J]. Egyptian Informatics Journal, 2014, 15: 97-104.

[48] Tan C Q. Generalized intuitionistic fuzzy geometric aggregation operator and its application to multicriteria group decision making [J]. Soft Computing, 2011, 15 (5): 867-876.

[49] Xu Z S. A deviation-based approach to intuitionistic fuzzy multiple attribute group decision making [J]. Group Decision and Negotiation, 2010, 19 (1): 57-76.

[50] Ye J. Multiple attribute group decision-making methods with completely unknown weights in intuitionistic fuzzy setting and interval-valued intuitionistic fuzzy setting [J]. Group Decision and Negotiation, 2013, 22: 173-188.

[51] Wei G W. Some induced geometric aggregation operators with intuitionistic fuzzy information

and their application to group decision making [J]. Applied Soft Computing, 2010, 10 (2): 423-431.

[52] Yue Z L, Jia Y Y. An application of soft computing technique in group decision making under interval-valued intuitionistic fuzzy environment [J]. Applied Soft Computing, 2013, 13 (5): 2490-2503.

[53] 戚筱雯，梁昌勇，张恩桥，等. 基于熵最大化的区间直觉模糊多属性群决策方法 [J]. 系统工程与实践，2011，31 (10): 1940-1948.

[54] 戚筱雯，梁昌勇，张恩桥，等. 区间值直觉模糊多属性群决策自收敛算法 [J]. 系统工程与电子技术，2011，33 (1): 110-115.

[55] Chen T Y. An interval-valued intuitionistic fuzzy LINMAP method with inclusion comparison possibilities and hybrid averaging operations for multiple criteria group decision making [J]. Knowledge-Based Systems, 2013, 45: 134-146.

[56] Wang W Z, Liu X W. An extended LINMAP method for multi-attribute group decision making under interval-valued intuitionistic fuzzy environment [J]. Procedia Computer Science, 2013, 17: 490-497.

[57] Wan S P, Dong J Y. A possibility degree method for interval-valued intuitionistic fuzzy multi-attribute group decision making [J]. Journal of Computer and System Sciences, 2014, 80 (1): 237-256.

[58] Tan C Q. A multi-criteria interval-valued intuitionistic fuzzy group decision making with Choquet integral-based TOPSIS [J]. Expert Systems with Applications, 2011, 38 (4): 3023-3033.

[59] Yadav K D S P. A multicriteria intuitionistic fuzzy group decision making for plant location selection with ELECTRE method [J]. International Journal of Advanced Manufacturing Technology, 2013, 66: 1219-1229.

[60] 李香英. 区间犹豫模糊熵和区间犹豫模糊相似度 [J]. 计算机工程与应用，2014，50 (19): 227-231.

[61] Torra V. Hesitant fuzzy sets [J]. International Journal of Intelligent Systems, 2010, 25: 529-539.

[62] Xia M M, Xu Z S. Hesitant fuzzy information aggregation in decision making [J]. International Journal of Approximate Reasoning, 2011, 52 (3): 395-407.

[63] Xia M M, Xu Z S, Chen N. Some hesitant fuzzy aggregation operators with their application in group decision making [J]. Group Decision and Negotiation, 2013, 22 (2): 259-279.

[64] Wei G W. Hesitant fuzzy prioritized operators and their application to multiple attribute decision making [J]. Knowledge-Based Systems, 2012, 31: 176-182.

[65] Yu D J, Zhang W Y, Xu Y J. Group decision making under hesitant fuzzy environment with application to personnel evaluation [J]. Knowledge-Based Systems, 2013, 52: 1-10.

[66] Zhu B, Xu Z S, Xia M M. Hesitant fuzzy geometric Bonferroni means [J]. Information Sciences, 2012, 205: 72-85.

[67] Yu D J, Wu Y Y, Zhou W. Multi-criteria decision making based on Choquet integral under hesitant fuzzy environment [J]. Journal of Computational Information Systems, 2011, 7 (12): 4506-4513.

[68] 金飞飞，裴利丹，陈华友，等. 犹豫模糊 EWAA 算子及其多属性决策方法 [J]. 计算机工程与应用，2013，6：1-5.

[69] Liu J, Sun M. Generalized power average operator of hesitant fuzzy numbers and its application in multiple attribute decision making [J]. Journal of Computational Information Systems, 2013, 9 (8): 3051-3058.

[70] Zhang Z M. Hesitant fuzzy power aggregation operators and their application to multiple attribute group decision making [J]. Information Sciences, 2013, 234: 150-181.

[71] Zhang Z M, Wang C, Tian D Z, et al. Induced generalized hesitant fuzzy operators and their application to multiple attribute group decision making [J]. Computers & Industrial Engineering, 2014, 67: 116-138.

[72] Zhu B, Xu Z S. Hesitant fuzzy Bonferroni means for multi-criteria decision making [J]. Journal of the Operational Research Society, 2013, 64: 1831-1840.

[73] Farhadinia B. A novel method of ranking hesitant fuzzy values for multiple attribute decision-making problems [J]. International Journal of Intelligent Systems, 2013, 28: 752-767.

[74] Xu Z S, Xia M M. On distance and correlation measures of hesitant fuzzy information [J]. International Journal of Intelligent Systems, 2011, 26 (5): 410-425.

[75] Peng D H, Gao C Y, Gao Z F. Generalized hesitant fuzzy synergetic weighted distance measures and their application to multiple criteria decision-making [J]. Applied Mathematical Modelling, 2013, 37 (8): 5837-5850.

[76] Baia Z Y. Distance similarity measures for interval-valued hesitant fuzzy sets and their application in multicriteria decision making [J]. Journal of Decision Systems, 2013, 22: 190-201.

[77] Zhang N, Wei G W. Extension of VIKOR method for decision making problem based on

hesitant fuzzy set [J]. Applied Mathematical Modelling, 2013, 37 (7): 4938-4947.

[78] Xu Z S, Zhang X L. Hesitant fuzzy multi-attribute decision making based on TOPSIS with incomplete weight information [J]. Knowledge-Based Systems, 2013, 52: 53-64.

[79] Zhang J L, Qi X W, Huang H B. A hesitant fuzzy multiple attribute group decision making approach based on TOPSIS for parts supplier selection [J]. Applied Mechanics and Material, 2013, 357-360: 2730-2737.

[80] Zhu B. Studies on consistency measure of hesitant fuzzy preference relations [J]. Procedia Computer Science, 2013, 17: 457-464.

[81] Chen N, Xu Z S, Xia M M. Correlation coefficients of hesitant fuzzy sets and their applications to clustering analysis [J]. Applied Mathematical Modelling, 2013, 37 (4): 2197-2211.

[82] Xu Z S, Xia M M. Hesitant fuzzy entropy and cross-entropy and their use in multiattribute decision making [J]. International Journal of Intelligent Systems, 2012, 27: 799-822.

[83] Farhadinia B. Information measures for hesitant fuzzy sets and interval-valued hesitant fuzzy sets [J]. Information Sciences, 2013, 240: 129-144.

[84] Chen N, Xu Z S, Xia M M. The ELECTER I Multi-criteria decision-making method based on hesitant fuzzy sets [J]. International Journal of Information Technology & Decision Making, 2013 (10): 1-37.

[85] Zhang X L, Xu Z S. Hesitant fuzzy agglomerative hierarchical clustering algorithms [J]. International Journal of Systems Science, 2013: 1-15.

[86] Wei G W, Zhao X F. Induced hesitant interval-valued fuzzy Einstein aggregation operators and their application to multiple attribute decision making [J]. Journal of Intelligent and Fuzzy Systems, 2013, 24 (4): 789-803.

[87] Wei G W, Zhao X F, Lin R. Some hesitant interval-valued fuzzy aggregation operators and their applications to multiple attribute decision making [J]. Knowledge-Based Systems, 2013, 46: 43-53.

[88] Zhang Z M. Interval-valued intuitionistic hesitant fuzzy aggregation operators and their application in group decision-making [J]. Journal of Applied Mathematics, 2013, Article ID 670285, 33 pages.

[89] Zhu B, Xu Z S, Xia M M. Dual hesitant fuzzy sets [J]. Journal of Applied Mathematics, 2012, Article ID 879629, 13 pages.

[90] Zhu B, Xu Z S. Some results for dual hesitant fuzzy sets [J]. Journal of Intelligent and Fuzzy Systems, 2014, 26 (4): 1657-1668.

[91] Huang H B, Cai L N, Cai P C. Dual hesitant fuzzy information aggregation in decision making [J]. Applied Mechanics and Materials, 2013, 389: 854-859.

[92] Qian G, Wang H, Feng X Q. Generalized hesitant fuzzy sets and their application in decision support system [J]. Knowledge-Based Systems, 2013, 37: 357-365.

[93] Farhadinia B. Distance and similarity measures for higher order hesitant fuzzy sets [J]. Knowledge-Based Systems, 2014, 55: 43-48.

[94] Zhao X F, Lin R, Wei G W. Hesitant triangular fuzzy information aggregation based on Einstein operations and their application to multiple attribute decision making [J]. Expert Systems with Applications, 2014, 41: 1086-1094.

[95] Zadeh L A. Fuzzy sets [J]. Information and Control, 1965, 8 (3): 338-353.

[96] Smarandache F. A unifying field in logics. Neutrosophy: Neutrosophic probability, set and logic [M]. Rehoboth: American Research Press, 1999.

[97] Smarandache F. A unifying field in logics neutrosophic logic. Neutrosophy, neutrosophic set, neutrosophic probability [M]. Rehoboth: American Research Press, 2003.

[98] Smarandache F. Neutrosophic set—a generalization of the intuitionistic fuzzy set [C] // Granular Computing, 2006 IEEE International Conference. IEEE, 2006: 38-42.

[99] Rivieccio U. Neutrosophic logics: Prospects and problems [J]. Fuzzy Sets and Systems, 2008, 159 (14): 1860-1868.

[100] Wang H, Smarandache F, Zhang Y, et al. Single valued neutrosophic sets [J]. Multispace and Multistructure, 2010, 4: 410-413.

[101] Majumdar P, Samant S K. On similarity and entropy of neutrosophic sets [J]. Journal of Intelligent and Fuzzy Systems, 2014, 26 (3): 1245-1252.

[102] Ye J. Single valued neutrosophic cross-entropy for multicriteria decision making problems [J]. Applied Mathematical Modelling, 2014, 38 (3): 1170-1175.

[103] Ye J. Multicriteria decision-making method using the correlation coefficient under single-value neutrosophic environment [J]. International Journal of General Systems, 2013, 42 (4): 386-394.

[104] Ye J. Another form of correlation coefficient between single valued neutrosophic sets and its multiple attribute decision-making method [J]. Neutrosophic Sets and Systems, 2013, 1: 8-12.

[105] Ye J. A multicriteria decision-making method using aggregation operators for simplified neutrosophic sets [J]. Journal of Intelligent and Fuzzy Systems, 2014, 26 (5): 2459-2466.

[106] Wang H, Zhang Y Q, Sunderraman R. Soft semantic web services agent [C] //Fuzzy Information, 2004. Processing NAFIPS'04. IEEE Annual Meeting. IEEE, 2004, 1: 126-129.

[107] Wang H, Smarandache F, Sunderraman R, et al. Interval neutrosophic sets and logic: theory and applications in computing [M]. Infinite Study, 2005.

[108] Lupiáñez F G. Interval neutrosophic sets and topology [J]. Kybernetes, 2009, 38 (3/4): 621-624.

[109] Ye J. Similarity measures between interval neutrosophic sets and their applications in multicriteria decision-making [J]. Journal of Intelligent and Fuzzy Systems, 2014, 26 (1): 165-172.

[110] Ye J. Fuzzy cross entropy of interval-valued intuitionistic fuzzy sets and its optimal decision-making method based on the weights of alternatives [J]. Expert Systems with Applications, 2011, 38 (5): 6179-6183.

[111] Kraipeerapun P, Fung C C, Wong K W. Ensemble Neural Networks Using Interval Neutrosophic Sets and Bagging [C] //Natural Computation, 2007. ICNC 2007. Third International Conference. IEEE, 2007, 1: 386-390.

[112] Kraipeerapun P, Fung C C. Binary classification using ensemble neural networks and interval neutrosophic sets [J]. Neurocomputing, 2009, 72 (13-15): 2845-2856.

[113] Kraipeerapun P, Wong K W, Fung C C, et al. Quantification of uncertainty in mineral prospectivity prediction using neural network ensembles and interval neutrosophic sets [C] //Neural Networks, 2006. IJCNN'06. International Joint Conference. IEEE, 2006: 3034-3039.

[114] Kraipeerapun P, Fung C C, Brown W, et al. Neural network ensembles using interval neutrosophic sets and bagging for mineral prospectivity prediction and quantification of uncertainty [C] //Cybernetics and Intelligent Systems, 2006 IEEE Conference. IEEE, 2006: 1-6.

[115] Sengur A, Guo Y. Color texture image segmentation based on neutrosophic set and wavelet transformation [J]. Computer Vision and Image Understanding, 2011, 115 (8): 1134-1144.

[116] Guo Y, Sengur A. A Novel Color Image Segmentation Approach Based on Neutrosophic Set and Modified Fuzzy c-Means [J]. Circuits, Systems, and Signal Processing, 2012: 1-25.

[117] Guo Y, Cheng H D. New neutrosophic approach to image segmentation [J]. Pattern Recognition, 2009, 42 (5): 587-595.

[118] Smarandache F. Neutrosophic masses & indeterminate models: Applications to information

fusion [C] //Information Fusion (FUSION), 2012 15th International Conference. IEEE, 2012: 1051-1057.

[119] Khoshnevisan M, Bhattacharya S. Neutrosophic information fusion applied to financial market [C] //Information Fusion, 2003. Proceedings of the Sixth International Conference. IEEE, 2003, 2: 1252-1257.

[120] Hong D H, Choi C H. Multicriteria fuzzy decision-making problems based on vague set theory [J]. Fuzzy Sets and Systems, 2000, 114 : 103-113.

[121] Xu Z S. Intuitionistic fuzzy aggregation operations [J]. IEEE Transactions on Fuzzy Systems, 2007, 15: 1179-1187.

[122] Nguyen H T, Walker R A. A first course in fuzzy logic [M]. Boca Raton: CRC press, 1997.

[123] Klement E P, Mesiar R. Logical, algebraic, analytic, and probabilistic aspects of triangular norms [M]. New York: Elsevier, 2005.

[124] Klir G, Yuan B. Fuzzy sets and fuzzy logic: theory and applications [M]. Upper Saddle River: Prentice Hall, 1995.

[125] Beliakov G, Pradera A, Calvo T. Aggregation functions: a guide for practitioners [M]. Heidelberg: Springer, 2007.

[126] 王坚强，李新娥. 基于多值中智集的 TODIM 方法 [J]. 控制与决策，2015，30 (6): 1139-1142.

[127] Yager R R. The power average operator, Man and Cybemetics, Part A: Systems and Humans [J]. IEEE Transactions on Systems, 2001, 31 (6): 724-731.

[128] Klement E P, Mesiar R, Pap E. Triangular norms. position paper I: Basic analytical and algebraic properties [J]. Fuzzy Sets and Systems, 2004, 143: 5-26.

[129] Xu Z S, Hu H. Projection models for intuitionistic fuzzy multiple attribute decision making [J]. International Journal of Information Technology and Decision Making, 2010, 9: 267-280.

[130] 王坚强，任健. 基于 WC-OWA 算子的随机多准则决策方法 [J]. 控制与决策，2007，22 (12): 1429-1432.

[131] Wang W Z, Liu X W. Intuitionistic fuzzy geometric aggregation operators based on Einstein operations [J]. International Journal of Intelligent Systems, 2011, 26: 1049-1075.

[132] Sugeno M. Theory of fuzzy integral and its application, Doctorial Dissertation [R]. Tokyo Institute of Technology, 1974.

[133] Wang Z, Klir G J. Fuzzy measure theory [M]. New York: Plenum Press, 1992.

[134] Choquet G. Theory of capacities [J]. Annales de l'institut Fourier, 1953, 5: 131-295.

[135] Xu Z S. Approaches to multiple attribute group decision making based on intuitionistic fuzzy power aggregation operators [J]. Knowledge-Based Systems, 2011, 24 (6): 749-760.

[136] Liu H Z, Pei D W. HOWA operator and its application to multi-attribute decision making [J]. Journal of Zhejiang Sci-Tech University, 2012, 25: 138-142.

[137] Chu Y C, Liu P D. Some two-dimensional uncertain linguistic Heronian mean operators and their application in multiple-attribute decision making [J]. Neural Computing and Applications, 2015, 26 (6) : 1461-1480.

[138] Hwang C L, Yoon K. Multiple attributes decision making: methods and applications [M]. New York: Springer, 1981.

[139] Opricovic S. Multicriteria optimization of civil engineering systems [M]. Belgrade: Faculty of Civil Engineering, 1998.

[140] Jahanshahloo G R, Lotfi F H, Izadikhah M. An algorithmic method to extend TOPSIS for decision-making problems with interval data [J]. Applied Mathematics and Computation, 2006, 175: 1375-1384.

[141] Wang Y M, Elhag T M S. Fuzzy TOPSIS method based on alpha level sets with an application to bridge risk assessment [J]. Expert Systems with Applications, 2006, 31: 309-319.

[142] Yue Z L. An extended TOPSIS for determining weights of decision makers with interval numbers [J]. Knowledge-Based Systems, 2011, 24: 146-153.

[143] Bai C G, Dhavale D, Sarkis J. Integrating fuzzy C-means and TOPSIS for performance evaluation: an application and comparative analysis [J]. Expert Systems with Applications, 2014, 41: 4186-4196.

[144] Lourenzutti R A, Krohling R. The hellinger distance in multicriteria decision making: an illustration to the TOPSIS and TODIM methods [J]. Expert Systems with Applications, 2014, 41: 4414-4421.

[145] Yue Z L. TOPSIS-based group decision-making methodology in intuitionistic fuzzy setting [J]. Information Sciences, 2014, 277: 141-153.

[146] Yuen K K F. Combining compound linguistic ordinal scale and cognitive pairwise comparison in the rectified fuzzy TOPSIS method for group decision making [J]. Fuzzy Optimization and Decision Making, 2014, 13: 105-130.

[147] Taylan O, Bafail O A, Abdulaal M S, et al. Construction projects selection and risk as-

sessment by fuzzy AHP and fuzzy TOPSIS methodologies [J]. Applied Soft Computing, 2014, 17: 105-116.

[148] Zhu X Q, Wang F, Wang H Y, et al. TOPSIS method for quality credit evaluation: A case of air-conditioning market in China [J]. Journal of Computational Science, 2014, 5: 99-105.

[149] Chen L Y, Wang T C. Optimizing partners' choice in IS/IT outsourcing projects: the strategic decision of fuzzy VIKOR [J]. International Journal of Production Economics, 2009, 120: 233-242.

[150] Cristóbal J S. Multi-criteria decision-making in the selection of a renewable energy project in Spain: the VIKOR method [J]. Renewable Energy, 2011, 36: 498-502.

[151] 索玮岚. 基于扩展 VIKOR 的不确定语言多属性群决策方法 [J]. 控制与决策, 2013, 28 (9): 1431-1435.

[152] Devi K. Extension of VIKOR method in intuitionistic fuzzy environment for robot selection [J]. Expert Systems with Applications, 2011, 38 (11): 14163-14168.

[153] 孙红霞, 张强. 区间数型模糊 VIKOR 方法 [J]. 模糊系统与数学, 2011, 25 (5): 122-128.

[154] 苏志欣, 王理, 夏国平. 区间数动态多属性决策的 VIKOR 扩展方法 [J]. 控制与决策, 2010, 25 (6): 836-840.

[155] Opricovic S. Fuzzy VIKOR with an application to water resources planning [J]. Expert Systems with Applications, 2011, 38 (10): 12983-12990.

[156] Chen C T. Extensions of the TOPSIS for group decision-making under fuzzy environment [J]. Fuzzy Sets and Systems, 2000, 114: 1-9.

[157] Chen T Y, Tsao C Y. The interval-valued fuzzy TOPSIS method and experimental analysis [J]. Fuzzy Sets and Systems, 2008, 159: 1410-1428.

[158] Boran F E, Genc S, Kurt M, et al. A multi-criteria intuitionistic fuzzy group decision making for supplier selection with TOPSIS method [J]. Expert Systems with Applications, 2009, 36: 11363-11368.

[159] Beg I, Rashid T. TOPSIS for hesitant fuzzy linguistic term sets [J]. International Journal of Intelligent Systems, 2013, 28: 1162-1171.

[160] Zhang X L, Xu Z S. Extension of TOPSIS to multiple criteria decision making with Pythagorean fuzzy sets [J]. International Journal of Intelligent Systems, 2004, 10: 1-18.

[161] Ye F, Li Y. An extended TOPSIS model based on the possibility theory under fuzzy envi-

ronment [J]. Knowlege-Based Systems, 2014, 67: 263-269.

[162] Sayadi M K, Heydari M, Shahanaghi K. Extension of VIKOR method for decision making problem with interval numbers [J]. Applied Mathematical Modelling, 2009, 33: 2257-2262.

[163] Vahdani B, Hadipour H, Sadaghiani J S, et al. Extension of VIKOR method based on interval-valued fuzzy sets [J]. International Journal of Manufacturing Technology, 2010, 47: 1231-1239.

[164] Sanayei A, Farid Mousavi S, Yazdankhah A. Group decision making process for supplier selection with VIKOR under fuzzy environment [J]. Expert Systems with Applications, 2010, 37: 24-30.

[165] Liao H C, Xu Z S. A VIKOR-based method for hesitant fuzzy multi-criteria decision making [J]. Fuzzy Optimization and Decision Making, 2013, 12 (4): 373-392.

[166] Benayoun R, Roy B, Sussman B. ELECTRE: Une méthode pour guider le choix en présence de points de vue multiples [M]. Note de travail, 1996: 49.

[167] Roy B. The outranking approach and the foundations of ELECTRE methods [J]. Theory and Decision, 1991, 31: 49-73.

[168] Figueira J, Mousseau V, Roy B. ELECTRE methods, In: Fuguera J, Greco S, Ehrgott M (eds) Multiple criteria decision analysis: state of the art surveys [C]. Boston: Springer, 2005, 39: 133-153.

[169] Wang X, Triantaphyllou E. Ranking irregularities when evaluating alternatives by using some ELECTRE methods [J]. Omega, 2008, 36 (1): 45-63.

[170] Hanandeh A E, El-Zein A. The development and application of multi-criteria decision-making tool with consideration of uncertainty: the selection of a management strategy for the bio-degradable fraction in the municipal solid waste [J]. Bioresource Technology, 2010, 101: 555-561.

[171] Ermatita, Hartati S, Wardoyo R, et al. Electre methods in solving group decision support system bioinformatics on gene mutation detection simulation [J]. International Journal of Computer Science & Information Technology, 2011, 3 (1): 40-52.

[172] Bojković N, Anić I, Pejčić-Tarle S. One solution for cross-country transport-sustainability evaluation using a modified ELECTRE method [J]. Ecological Economics, 2010, 69: 1176-1186.

[173] Marzouk M M. ELECTRE III model for value engineering applications [J]. Automation in Construction, 2011, 20: 596-600.

[174] Figueira J R, Almeida-Dias J, Matiasd S, et al. Electre Tri-C, a multiple criteria decision aiding sorting model applied to assisted reproduction [J]. International Journal of Medical Informatics, 2011, 80: 262-273.

[175] Yang W E, Wang J Q. Multi-criteria semantic dominance: a linguistic decision aiding technique based on incomplete preference information [J]. European Journal of Operational Research, 2013, 231 (1): 171-181.

[176] Wang J Q, Wang D D, Zhang H Y, et al. Multi-criteria outranking approach with hesitant fuzzy sets [J]. OR Spectrumm, 2014, 36: 1001-1019.

[177] Chen T Y. An ELECTRE-based outranking method for multiple criteria group decision making using interval type-2 fuzzy sets [J]. Information Sciences, 2014, 263 (3): 1-21.

[178] Vahdani B, Hadipour H. Extension of the ELECTRE method based on interval-valued fuzzy sets [J]. Soft Computing, 2011, 15: 569-579.

[179] Yang W E, Wang J Q, Wang X F. An outranking method for multi-criteria decision making with duplex linguistic information [J]. Fuzzy Sets and Systems, 2012, 198: 20-33.

[180] Wang J Q, Wang J, Chen Q H, et al. An outranking approach for multi-criteria decision-making with hesitant fuzzy linguistic term sets [J]. Information Sciences, 2014, 280: 338-351.

[181] Chen T Y. Multiple criteria decision analysis using a likelihood-based outranking method based on interval-valued intuitionistic fuzzy sets [J]. Information Sciences, 2014, 286: 188-208.

[182] Shen L, Olfat L, Govindan K, et al. A fuzzy multi-criteria approach for evaluating green supplier's performance in green supply chain with linguistic preferences [J]. Resources, Conservation and Recycling, 2013, 74: 170-179.

[183] Paelinck J H P. Qualitative multiple criteria analysis, environmental protection and multiregional development [J]. Papers in Regional Science, 1976, 36: 59-76.

[184] Paelinck J H P. Qualitative multicriteria analysis: an application to airport location [J]. Environment and Planning A, 1977, 9: 883-895.

[185] Paelinck J H P. Qualiflex: a flexible multiple-criteria method [J]. Economics Letters, 1978, 1: 193-197.

[186] Lahdelma R, Miettinen K, Salminen P. Ordinal criteria in stochastic multicriteria acceptability analysis (SMAA) [J]. European Journal of Operational Research, 2003, 147: 117-127.

[187] Martel J M, Matarazzo B. In Multiple Criteria Decision Analysis: State of the Art Sur-

veys [M]. New York: Springer, 2005: 197-259.

[188] Chen T Y. Interval-valued intuitionistic fuzzy QUALIFLEX method with a likelihood-based comparison approach for multiple criteria decision analysis [J]. Information Sciences, 2014, 261: 149-169.

[189] Wang J C, Tsao C Y, Chen T Y. A likelihood-based QUALIFLEX method with interval type-2 fuzzy sets for multiple criteria decision analysis [J]. Soft Computing, 2014, doi: 10.1007/s00500-014-1404-8.

[190] Lee L W, Chen S M. Fuzzy decision making based on likelihood-based comparison relations of hesitant fuzzy linguistic term sets and hesitant fuzzy linguistic operators [J]. Information Sciences, 2015, 294: 513-529.

[191] Chen T Y. Likelihoods of interval type-2 trapezoidal fuzzy preference relations and their application to multiple criteria decision analysis [J]. Information Sciences, 2015, 295: 303-322.

[192] Chen T Y, Chang C H, Lu J F R. The extended QUALIFLEX method for multiple criteria decision analysis based on interval type-2 fuzzy sets and applications to medical decision making [J]. European Journal of Operational Research, 2013, 226: 615-625.

[193] Chen T Y. A signed-distance-based approach to importance assessment and multi-criteria group decision analysis based on interval type-2 fuzzy set [J]. Knowledge and Information Systems, 2013, 35: 193-231.

[194] Zhang X L, Xu Z S. Hesitant fuzzy QUALIFLEX approach with a signed distance-based comparison method for multiple criteria decision analysis [J]. Expert Systems with Applications, 2015, 42: 873-884.

[195] 刘小国，彭玲. 基于熵权的灰色关联度分析方法在汽车零部件供应商选择中的应用 [J]. 产业经济，2009，9：98-99.

[196] 卢宇. 模糊综合评价法在汽车零部件供应商选择中的应用 [J]. 汽车工业研究，2013，12：47-52.

[197] 陈思云，邹艳. 汽车零部件供应商选择方法应用研究 [J]. 商品储运与养护，2008，30 (8)：132-135.

[198] Dickson G W. An Analysis of Vendor Selection Systems and Decisions [J]. Journal of Purchasing, 1966, 2 (1): 5-17.

[199] Ellram L M. Supply management's involvement in the target costing process [J]. European Journal of Purchasing & Supply Management, 2002, 8 (4): 235-244.

[200] 谌述勇，陈荣秋. 论 JIT 环境下制造商和供应商之间的关系：中国汽车工业中的 JIT 采购与供应［J］. 管理工程学报，1998，12（3）：48-51.

[201] 奚思，白庆华. 供应链中的汽车零部件供应商的指标评价［J］. 城市车辆，2007，8：51-52.

[202] 施国洪，夏丹丹. 基于粗糙集理论的汽车零部件供应商评价分析［J］. 供应链管理，2014，33（7）：318-320.